내가 잘못 알았던 127가지 성경 이야기

어, 그게 아니네?

이 진 희 지음

쿰란출판사

어, 그게 아니네?

제1장 선입견을 버리고 성경을 읽었더니…

▼ 법궤,
1985년 이스라엘 발행

▼ 케투바(결혼 계약서)
1978년 이스라엘 발행

▲ 사해 온천,
1979년 이
스라엘 발행

▶ 사해, 1989년
이스라엘 발행

▲ 엠마오 도상의 부활하신 예수 그리스도(렘브
란트 작품), St. Vincent에서 발행.

▲ 크리스마스 우표(Botticelli
의 작품), 1999년 Grenada
에서 발행

▲ 고난받는 그리스도(Anthony Van Dyck 작품), 2000년, Sierra Leone 발행

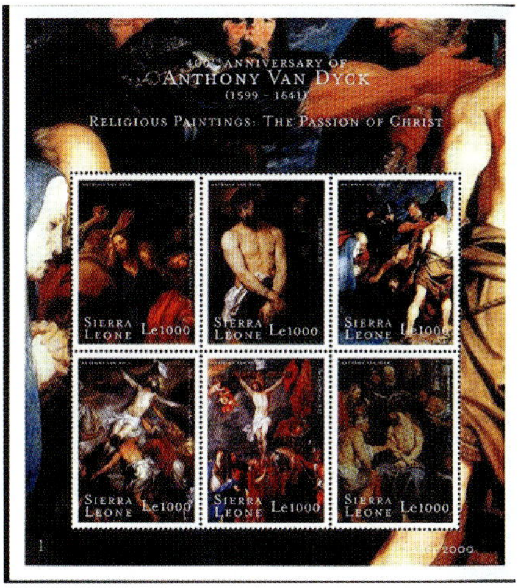

▲ 고난받는 그리스도(Anthony Van Dyck 작품), Sierra Leone 발행

▲ 24장으로 이루어진 요나의 이야기. Palau에서 발행

▲ 다윗과 골리앗의 대결, Guyana에서 발행

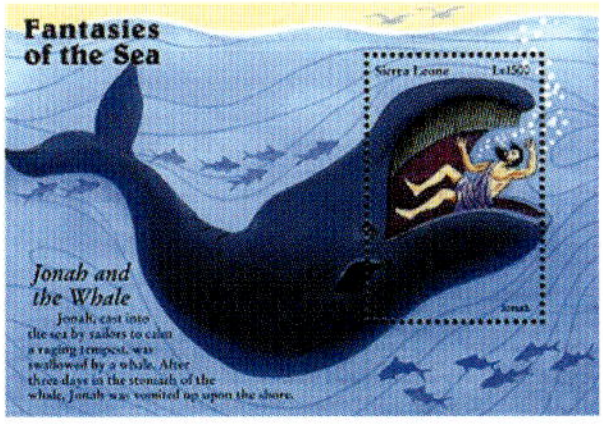

▲ 고래 뱃속의 요나 이야기, Sierra Leone 발행

▲ 동방 박사, Marshall Island에서 발행

▲ 1996년에 팔레스타인 자치정부가 발행한 크리스마스 우표

▼ 아담과 하와, Micronesia에서 발행

▲ 24장의 우표로 이루어진 홍해가 갈라지는 장면. Guyana에서 발행

▲ Liberia에서 발행한 "최후의 만찬"

▲ 토라 두루마리를 들고 있는 랍비(샤갈 작품), Grenada에서 발행

◀ 크리스마스 우표, 1998년 Tubalu에서 발행

▲ 가버나움의 "All Apostles Church", 2000년 이스라엘 발행

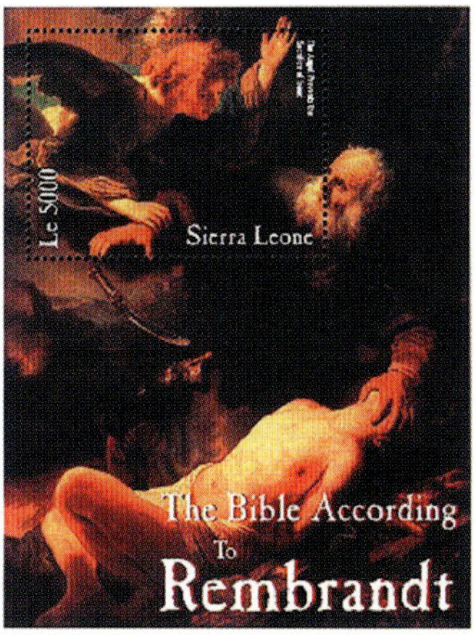

▲ 이삭을 제물로 바치는 아브라함 (렘브란트 작품), Sierra Leone에서 발행

아, 그렇구나!

제2장 다시 한 번 생각하며 성경을 읽었더니…

▲ 통곡의 벽(어린이의 작품), 1979년 이스라엘 발행

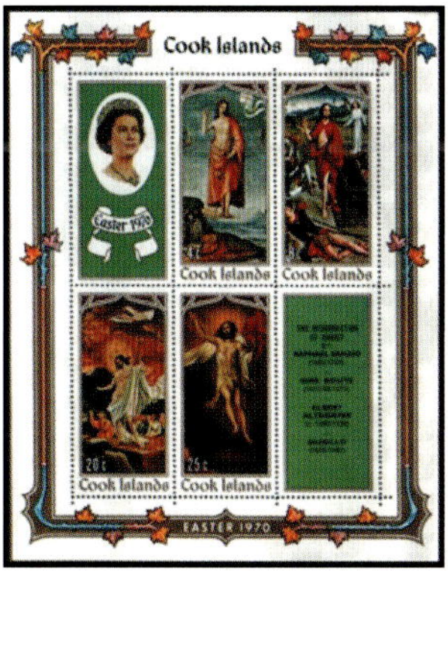

◀ Cook Islands에서 1970년에 발행한 부활절 우표

▲ 25장으로 이루어진 사자굴 속의 다니엘, Guyana에서 발행

▲ 스데반에게 돌을 던지는 군중들(렘브란트 작품), St. Vincent에서 발행

아니, 이럴 수가?

제3장 원어를 찾아 가며 성경을 읽었더니…

▲ 야곱의 꿈(어린이 작품) 이스라엘 발행

▲ 솔로몬 성전과 다윗성, 1998년 이스라엘 발행

▲ 요셉의 생애, Guyana에서 발행

▲ 생명과 물의 근원인 갈릴리 호수 1992년 이스라엘 발행

▶ 꿈꾸는 야곱(Jose de Ribera의 작품), Gambia에서 발행

◀ 예언자 예레미야, Sierra Leone에서 발행

역시 배경을 알아야 돼!

제4장 배경을 알고서 성경을 읽었더니…

◀ "19세기의 성지 개발," 1987년 이스라엘 발행

▶ 갈릴리 호수에서 발굴된 1세기의 배, 1999년 이스라엘 발행

▼오순절 상징. 2002년 이스라엘 발행

▼유월절 상징. 2002년 이스라엘 발행

▼마다바(예루살렘 지도). 1978년 이스라엘 발행

내가 잘못 알았던 127가지 성경 이야기

어, 그게 아니네?

들어가는 말

국어 책 읽듯이만 성경을 읽어도…

초등학교 시험 문제에 이런 문제가 나왔다고 합니다. “다음 중 가구가 아닌 것은?” 4개 중에 하나를 고르는 것이었는데, 답은 전화기였습니다. 그런데 의외로 많은 아이들이 침대라고 답을 했다고 합니다. 이유는 “침대는 가구가 아닙니다”라는 TV 광고 때문이었습니다.

우리도 성경을 읽을 때, 그런 식으로 선입견을 갖고 읽을 때가 많습니다. 성경을 펼쳐서 우리 눈으로 읽기 전에, 먼저 주일학교 선생님을 통해서 성경 이야기를 들어왔습니다. 그 때 들은 이야기가 평생 남아 있습니다. 요나가 고래 뱃속에 들어갔다가 살아 나온 이야기는 듣고 또 들어도 질리지 않았지요. 요나서를 읽어서 요나에 관한 이야기를 아는 것이 아니라, 주일학교 선생님이 재미있게 들려주던 요나 이야기를 통해서 요나를 알게 된 것입니다. 우리는 요나가 고래 뱃속에 들어갔다 나온 것으로만 알고 있습니다. 그렇게 배웠으니까, 당연한 사실로 받아들이는 것이지요. 그 후 장성해서 요나서를 읽긴 하지만, 요나서에 고래가 등장하지 않는다는 사실을 발견하는 것은 쉽지 않습니다. 분명히 “큰 물고기”라고 되어 있는데도, 우리 눈에는 “고래”로 읽혀지는 것입니다. 선입견을 갖고 성경을 읽기 때문입니다.

첫 번 성탄절 하면 무엇이 머릿속에 떠오릅니까? 마리아가 베들레헴에 도착하자마자 산기가 돌아서 여관을 구하고 있습니다. 그러나 여관을 구하지 못하고 마구간에서 아기를 해산합니다. 동방 박사 세 사람이 낙타를 타고 산을 넘고 물을 건너 베들레헴까지 와서 마구간에 누워 계신 아기 예수를 목자들과 함께 경배하고 있습니다. 대강 이런 장면들이 떠오를 것입니다.

그러나 성경 어디에도 성탄절을 그렇게 묘사하고 있지 않습니다. 마리아는 베들레헴에 도착하자마자 해산하지 않았습니다. 동방 박사가 세 사람이었다는 말은 어디에도 나오지 않습니다. 아기 예수는 마구간에 누워 계셨던 것이 아니라 "구유"에 누워 계셨습니다. 구유가 있으니 마구간이겠지 하는 생각은 한국적인 사고방식일 뿐입니다. 첫 번 성탄절날 밤에 아기 예수를 경배하러 온 사람은 목자들이었지, 동방박사들은 아닙니다. 그들은 훨씬 나중에 아기 예수를 "집"으로 찾아와서 경배를 드렸습니다.

최후의 만찬 하면 떠오르는 것이 그 유명한 다 빈치의 성화입니다. 12 제자가 의자에 앉아 있습니다. 테이블 위에는 빵과 물고기가 올라와 있고요. 뒤에서는 어스름한 불빛이 비쳐오고 있습니다. 이 작품이 세계적인 걸작품이긴 하지만, 성서적으로 볼 때는 한마디로 엉터리입니다. 맞는 것이 하나도 없거든요. 그런데 우리는 성경을 통해서가 아니라 이 엉터리 그림을 통해서 최후의 만찬을 알고 있기 때문에 최후의 만찬에 대해 잘못 알고 있는 것이 많습니다.

필자는 우리가 알고 있는 사실들이 정말 사실인가 확인하기 위해 국어 책 읽듯이 성경을 다시 읽기 시작했습니다. 성경에 대해

들어가는 말

아무것도 모른다는 생각으로, 처음으로 성경을 읽는다는 생각으로 성경을 읽기 시작했습니다. 선입견을 버리고 성경을 읽기 위해 서였습니다. 그런데 놀랐습니다. "어, 그게 아니네?" 우리가 알고 있던 것이, 들어왔던 것이, 당연한 사실로 여겼던 것들이 "사실"이 아닌 것이 너무 많았기 때문입니다.

성경은 일점일획도 변함이 없는, 완전무오한, 영원히 없어지지 아니할 하나님의 책이라고 강조들은 많이 하지만, 그러나 그런 성경을 우리가 잘못 알고 있는 것이 많은 것 같습니다. 다른 것은 몰라도 성경만큼은 바로 알고 바로 가르쳐야 하지 않을까요? 성경 공부한다고 원어 성경이나 주석, 성경 사전, 컨코던스(concordance), 강해 설교집 같은 것 펼쳐놓기보다, 먼저 선입견을 버리고, 아무것도 모른다는 생각으로, 국어 책 읽듯이 성경을 먼저 읽는 것이 좋을 것 같습니다. 성경을 깊이 아는 것도 좋지만 먼저 바로 아는 것이 더 중요하니까요.

"베뢰아의 유대 사람들은 데살로니가의 유대 사람들보다 더 고결한 사람들이어서, 아주 기꺼이 말씀을 받아들이고, 그것이 사실인지 알아보려고 날마다 성경을 상고하였다. 따라서 그들 가운데서 믿는 사람이 많이 생겼다"(행 17:11~12).

이 책이 나오기까지 감사할 분들이 있습니다. 쿰란출판사에서 4번째 책을 내게 되었는데, 계속 필자의 책을 내주고 계신 이형규 장로님에게 감사를 드립니다. 제가 섬기고 있는 달라스 웨슬리 연합 감리교회 성도들에게도 감사를 드립니다. 누구보다 감사한 사람은 아내입니다. 어렵고 힘든 목회의 무거운 짐을 묵묵히 같이 지고 가고 있는 아내에게 고마운 마음을 전하고 싶습니다. 마지막으로 그러나 가장 큰 감사를 이 책을 읽고있는 바로 당신에게 드리고 싶습니다. 글쓰는 사람에게 자기 글을 읽어주는 사람보다 고맙고 소중한 사람이 또 누가 있겠습니까? 이 책을 읽고 다음에 나올 책을 기대한다면 얼마나 좋을까… 그런 행복한 상상을 하면서 이 책을 세상에 내놓습니다.

2004년 3월 20일
달라스에서 이진희

차례

제2장 아, 그렇구나! 다시 한 번 생각하며 성경을 읽었더니…

차례

아니, 이럴 수가?

제3장 원어를 찾아 가며 성경을 읽었더니…

역시 배경을 알아야 돼!

제4장 배경을 알고서 성경을 읽었더니…

어, 그게 아니네?

제1장 선입견을 버리고 성경을 읽었더니…

선악과는 사과와 비슷하였을까?

에덴 동산에는 각종 과일 나무가 있었다. 그러나 구체적으로 언급되고 있는 나무는 세 가지이다. 선악과와 생명 나무, 그리고 무화과나무이다. 그러면 선악과는 어떤 열매와 비슷하였을까? 거의 모든 그림에서 이 선악과는 사과와 비슷하게 그려지고 있다. 남자의 목에 있는 결후도를 adam' s apple이라고 부르는데, 아담이 먹다가 목에 걸린 사과라는 것이다. 밀턴의 유명한 소설 「실락원」에서도 금단의 열매를 '사과' 로 표현하고 있다.

성경에서 사과는 어떻게 나타나고 있을까? 사과는 달고 매력적이며(아 2:3), 향기가 있고(7:8), 먹으면 원기를 준다(2:5). 색깔은 금빛이고 잎사귀는 은빛이다(잠 25:11). 또한 커서 그늘을 만들어 준다(아 2:3, 8:5). 사과나무는 모든 과실 나무 가운데 가장 아름다운 나무이다(아 2:3). 그래서 성경은 사랑하는 연인을 사과로 표현하고 있다(아 2:3). 영어에서도 가장 사랑하는 사람을 "내 눈의 사과(the apple of my eye)"라고 부르며 눈동자를 apple of the eye(눈의 사과)라고 표현한다.

사과는 팔레스타인 토종품이 아니다. 팔레스타인에서는 무더운 기후로 인해 잘 자라지도 않는다. 구약시대에는 아마 사과가 팔레스타인에 알려지지 않았을 것이다. 구약에 나오는 사과에 대한 묘사를 보면 고대 시대의 사과와는 거리가 먼 것을 알 수 있다. 개량되기 전의 사과는 나무가 작고 신맛이 나며, 금빛이 아니다.

식물학자들은 성경에 나오는 사과는 실상은 살구였을 것으로 본다. 살구나무는 성경시대에 팔레스타인에서 많이 자라고 있었다. 열매가 황금빛이며 단맛이 난다. 나무도 10미터까지 자란다. 즉 성경에 나오는 사과에 대한 묘사와 똑같다. 잠언 25장 11절에서는 "경우에 합당한 말은 아로새긴 은쟁반에 금사과니라"라고 표현하고 있다. 아마 이런 표현을 하게 된 것은, 살구나무는 은빛을 이루고 있으며, 거기에 달린 살구는 황금빛이었기 때문이 아닐까? 이 경우에도 사과가 아니라 살구로 보는 것이 더 적절할 것이다.

오늘날 서구 사람들은 이 선악과를 사과처럼 생긴 것으로 이해를 하지만, 유대인들은 그렇지 않다. 성경시대의 사람들에게는 사과가 잘 알려져 있지 않았기 때문이다. 유대의 주석가 가운데 가장 유명한 랍비 라쉬(Rashi)는 무화과나무가 선악과였다고 생각한다. 그는 이렇게 설명하고 있다. 아담과 하와가 죄를 범한 후, 그들은 발가벗은 것에 대해 수치심을 느꼈다. 그래서 이 나무 저 나무에게 자신들의 몸을 가릴 수 있게 나뭇잎을 좀 달라고 부탁했다. 그러나 모든 나무들이 다 거절을 했다. "당신처럼 하나님의 명령을 어기고 죄를 범한 사람에게는 절대로 내 잎을 줄 수가 없습니다. 나를 만지지도 마십시오." 그러나 유일하게 그들을 받아 주는 나무가 하나 있었다. 바로 무화과나무였다. 그들이 열매를 따먹은 무화과나무만이 그들에게 가지를 벌리고

아담과 하와, Micronesia에서 발행

그들을 받아 주었다.

이스라엘에서 많이 볼 수 있는 나무 가운데 에트로그(etrog)라고 하는 과일 나무가 있다. 성경에서는 이 나무를 "좋은 나무"라고 부르며(레 23:40), 장막절에 이 과실을 사용한다. 미드라쉬(고대 랍비들의 성경 주석)는 이 에트로그를 선악과라고 보고 있다. 왜냐하면 모든 과일 나무 가운데 가장 "보암직하고 먹음직하고 탐스러운" 열매이기 때문이라고 한다.

또 유대인들에게 가장 잘 알려져 있는 과일은 포도였다. 그래서 그들은 선악과를 포도로 이해하기도 한다. 선악과가 인간에게 불행을 가져다 준 것처럼, 흔히 포도주는 사람들에게 불행을 가져다 주기 때문에, 포도를 선악과로 생각하는 것이다.

"가인의 표"는 죄인이라는 낙인이었는가?

하나님께서 가인에게 "표(mark)"를 해 주셨다. 흔히 이 표는 그에게 형벌로 주어진 것으로 이해된다. 누가 보든지 간에 '아, 저 사람은 살인자구나' 라고 알아챌 수 있도록 하기 위해서 주어진 표로 이해하는 것이다. 그래서 가인은 평생을 죄책감에 시달리며 살아가야 했을 것이라고 생각한다.

그러나 그렇지 않다. 가인의 표는 살인자라는 낙인만이 아니었다. 하나님은 가인에게 벌을 주기 위해서가 아니라, 반대로 가인의 생명을 보호해 주시기 위해 그 표를 만들어 주신 것이었다. 가인이 그를 만나는 사람들이 자신을 죽이려 할 것을 우려해 하나님께 호소하자, 하나님께서 그에게 "표"를 해 주신 것이었다.

"오늘 이 땅에서 저를 쫓아내시니, 하나님을 뵙지도 못하고, 이 땅 위에서 쉬지도 못하고, 떠돌아다니게 될 것입니다. 그렇게 되면, 저를 만나는 사람마다 저를 죽이려고 할 것입니다." 주께서 그에게 말씀하셨다. "그렇지 않다. 가인을 죽이는 자는 일곱 갑절로 벌을 받을 것이다." 주께서는 가인에게 표를 찍어 주셔서, 어느 누가 그를 만나더라도, 그를 죽이지 못하게 하셨다(창 4:14~15).

이렇게 가인의 표는 누구도 가인에게 손을 대지 못하도록 하기 위해서 해 주신 것이었다. 아이러니컬하게도 이 표는 "이 사람은 살인자요"라는 낙인이었지만, 동시에 "그러나 이 사람에게 손을 대면 절대로 안 됨"이라는 경고요 보호 마크였다.

그러면 하나님은 가인에게 어떤 표시를 해 주셨을까? 랍비들은 다양한 의견을 내놓았다.

1) 가인에게 문둥병이 걸리게 해서 다른 사람들이 그에게 접근하지 못하도록 했을 것이다.

2) 가인의 이마에 뿔이 나게 해서 공격을 받을 때 들이박을 수 있게 했을 것이다.

3) 가인의 이마에 하나님의 이름을 새겨 주었을 것이다.

이마에 표를 해 주었을 것이라고 믿는 것은, 이마는 다른 사람들에게 가장 쉽게 보일 수 있는 곳이기 때문이다.

중세시대에 기독교인들은 "가인의 표"를 유대인들과 동일시하였다. 중세시대에는 유대인들에 대한 적대 감정이 편만해 있었다. 1215년 이노센트 3세(Innocent III)의 주도하에, 모든 유대인들은 기독교인들이 보통 입는 옷과는 다른 옷을 입도록 하는 법이 만들어졌다. 정치적으로, 사회적으로, 그리고 경제적으로 유대인들을 격리시키기 위한 일환이었다. 이노센트 3세는 유대인들에게 가인의 배지(badge)가 새겨진 옷을 입고 다니도록 했다. 이 가인의 표는 저주의 상징처럼 잘못 인식되었던 것이다.

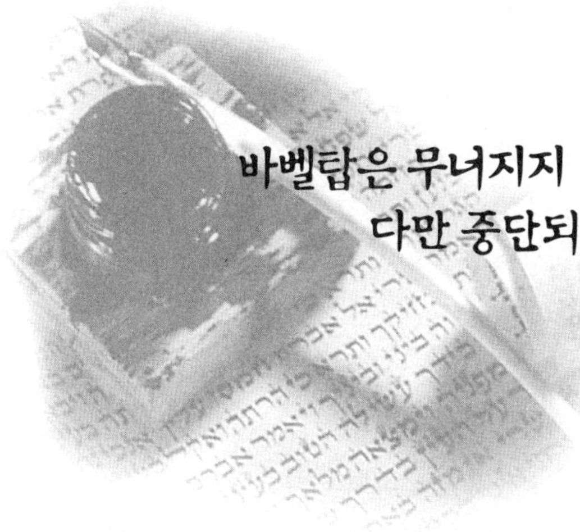

바벨탑은 무너지지 않았다. 다만 중단되었을 뿐이다

우리는 흔히 하나님의 심판으로 바벨탑이 무너졌다고 생각한다. 그러나 그것은 우리의 선입견일 뿐, 그렇지 않다. 본문 말씀을 자세히 읽어보라.

처음에 세상에는 언어가 하나뿐이어서, 모두가 같은 말을 썼다. 사람들이 동쪽에서 이동하여 오다가, 시날 땅 한 들판에 이르러서, 거기에 자리를 잡았다. 그들은 서로 말하였다. "자, 벽돌을 빚어서, 단단히 구워 내자." 사람들은 돌 대신에 벽돌을 쓰고, 흙 대신에 역청을 썼다. 그들은 또 말하였다. "자, 도시를 세우고, 그 안에 탑을 쌓고서, 탑 꼭대기가 하늘에 닿게 하여, 우리의 이름을 날리고, 온 땅 위에 흩어지지 않게 하자." 주께서는, 사람들이 짓고 있는 도시와 탑을 보려고 내려오셨다. 주께서 말씀하셨다. "보아라, 만일 사람들이 같은 말을 쓰는 한 백성으로서, 이렇게 이런 일을 하기 시작하였으니, 이제 그들은,

하고자 하는 것은 무엇이든지, 하지 못할 일이 없을 것이다. 자, 우리가 내려가서, 그들이 거기에서 하는 말을 뒤섞어서, 그들이 서로 알아듣지 못하게 하자." 주께서 거기에서 그들을 온 땅으로 흩으셨다. 그래서 그들은 도시 세우는 일을 그만두었다. 주께서 거기에서 온 세상의 말을 뒤섞으셨다고 하여, 사람들은 그곳의 이름을 바벨이라고 한다. 주께서 거기에서 사람들을 온 땅에 흩으셨다(창 11:1~9).

바벨탑이 무너졌다는 이야기는 없다. 다만 하나님이 바벨탑 공사를 중단시키셨을 뿐이다. 바벨탑을 쌓던 사람들 사이에 의사소통을 할 수 없게 만들어서 공사가 중단되도록 하신 것이다.

그러면 왜 하나님이 바벨탑을 무너뜨리지 않으셨을까? 하나님은 홍수로 세상을 심판하신 분이다. 소돔과 고모라 성을 불로 태워 멸망시키신 분이다. 그러나 바벨탑 사건의 경우는 한 사람도 죽거나 탑이 무너지거나 하는 일이 없었다. 왜 그렇게 관대하셨을까?

노아의 홍수 때에는 죄악이 관영하여 하늘에까지 사무쳤다고 했다. 소돔과 고모라 성에는 의인 10명이 없어서 멸망당하고 말았다. 그러나 바벨탑 사건의 경우는 좀 다르다. 유대인들은 하나님이 심판의 강도를 예상보다 훨씬 낮추신 데는 그만한 이유가 있다고 보았다.

사람들은 바벨탑을 쌓는 데 한마음이 되었다. 마음을 합하고 뜻을 합하고 힘을 모아서 바벨탑을 쌓았다. 비록 잘못된 동기에서 그렇게 하긴 했지만, 하나님은 사람들이 한마음, 한뜻이 되어 하나가 된 것을 인정해 주신 것이었다. 그들의 '형제애'를 기특하게 여기셔서 그들을 멸절시키지 않으시고 다만 흩어지게 하는 데서 이 사건을 마무리지으신 것이라고 한다(Rashi).

아브라함이 이삭을 바칠 때 이삭은 어린아이가 아니었다

아브라함이 아들을 바치려고 했을 때, 이삭의 나이는 얼마나 되었을까? 성경은 이에 대하여 아무런 언급도 하고 있지 않다. 랍비들은 아브라함이 이삭을 바치려고 했을 때 이삭의 나이를 37세로 본다. 37이란 숫자는 어떻게 나온 것인가?

성경은 아브라함에게 아들 이삭을 바치라는 시험에 곧 이어서 사라의 죽음을 기술하고 있다. 이를 랍비들은 연대기적으로 받아들여 시험 사건에 곧 이어 사라가 죽은 것으로 이해를 했다. 사라가 90세 때에 이삭을 낳았고 127세에 죽었으므로, 사라가 죽었을 때 이삭은 37세였던 것이다.

우리가 이삭의 나이를 추정할 수 있는 몇 가지가 근거가 있다.

1) 이삭은 아버지와 함께 사흘 길을 갔다. 물론 나귀를 타고 가기도 했을 것이고 걸어가기도 했을 것이다. 이삭은 왕복 엿새 길을 여행할 만큼 자란 나이였다(창 22:4).

2) 또 이삭은 아브라함에게 제물로 바칠 짐승은 어디 있느냐고 묻기도 하였다(창 22:7).

3) 아브라함은 이삭으로 하여금 등에 제물을 불사를 나무를 짊어지고 모리아 산을 올라가게 하였다(창 22:6).

4) 아브라함은 이삭을 제물로 바치기 위해 그의 몸을 묶어야 했다. 저항하지 못하도록 하기 위한 것이었다(창 22:9).

이상에서 우리는 이삭이 결코 어린 나이가 아니었음을 알 수 있다. 랍비들이 생각하듯이 이삭은 많으면 37세 정도가 되었을 수도 있다. 그렇다고 한다면, 아브라함은 137세였다. 상상해 보라. 137세가 된 할아버지가 37세의 젊은이를 꽁꽁 묶고 그를 향하여 칼을 내리치는 모습을. 37세의 장정이 137세나 된 할아버지가 죽이려고 하는데 가만히 있겠는가? 그를 묶는다고 해서 묶이겠는가? 그에게 칼을 들어 내리치는데, 내리치는 아버지의 손을 저지하지 못하겠는가? 이삭이 아버지가 하는 일에 협조(?)하지 않았다면, 이런 일은 일어날 수 없었을 것임에 분명하다.

이삭을 제물로 바치는 아브라함(렘브란트 작품), Sierra Leone에서 발행

여기에 근거해서 고대 문헌들은 아브라함과 더불어 이삭도 하나님 앞에 순종하였다고 해석하고 있다. 다시 말해 이 일은 아브라함의 순종만으로는 불가능한 일이었다는 것이다. 이삭도 기꺼이 자기 자신을 하나님 앞에 제물로 바치려는 뜻이 없었다면, 아브라함은 이삭을 바칠 수가 없었을 것이다. 아버지 아브라함은 하나님의 명령에 순종하여 아들

이삭을 바치려고 했으며, 아들 이삭은 하나님의 명령에 순종하여 기꺼이 자신을 제물로 바치려고 했던 것이다. 그 아버지에 그 아들이었다. 비록 그때 이삭의 나이가 37세가 아니었다 하더라도 마찬가지이다. 이삭이 그렇게 어린 나이는 아니었을 것임이 분명하다. 그렇다면 할아버지 나이인 아브라함은 아들 이삭을 그렇게 쉽게 마음대로 다룰 수가 없었을 것이다.

9세기의 한 랍비의 주석에 따르면 이삭이 이렇게 이야기했다고 한다. "아버지, 저를 아주 꽁꽁 묶어 주세요. 저는 지금 무척 떨리는데, 혹시라도 제가 몸부림치다가 잘못 상처라도 나면 하나님 앞에 온전한 제물이 될 수가 없습니다. 그러니 저를 꽁꽁 묶어 주세요." 이것이 사실이라면 아브라함은 더 괴로웠을지도 모른다. 그는 속으로 이렇게 생각했을 것이다. '이 녀석아, 왜 좀 도망을 가지 않니? 네가 원하면 얼마든지 이 줄을 끊어 버리고 도망갈 수 있지 않으냐? 그런데 왜 내가 너를 죽이도록 가만히 있느냐? 제발 지금이라도 도망을 가거라. 그러면 내가 하나님 앞에 할 말이 있잖니? 나는 너를 제물로 바치려고 묶으려고까지 했는데, 힘센 그 녀석이 그만 도망을 가버리고 말았습니다. 저도 어떻게 할 수가 없었습니다…그렇게 구실이라도 댈 수 있잖니? 그런데 왜 이 녀석아, 가만히 있는 거냐?' 아브라함은 '날 죽여도 좋습니다. 하나님께 제물로 바치십시오' 하고 가만히 있는 이삭이 그렇게 야속하고 원망스러울 수가 없었을지도 모른다. 물론 한편으로는 순종하는 아들이 고맙게 느껴지기도 했겠지만.

아브라함 혼자만의 힘으로는 하나님께 아들을 바칠 수가 없었다. 이삭은 아무것도 모르고 아버지를 따라가 묶여서 제단에 놓여진 것이 아니라, 모든 것을 아는 가운데 아버지에게 적극 협력했던 것이다. 이삭이 기꺼이 자신을 희생 제물로 바치려는 의도가 없었다면, 이 일은 불가능했을 것이다.

역사상 가장 유명한 오역으로 알려진 "홍해"

히브리 성경에는 '홍해(Red Sea)' 라는 말이 나오지 않는다. 유대인들이 출애굽 할 때 건넌 것은 '홍해' 가 아니라 '갈대 바다(Reed Sea)' 였다. 그런데 우리 성경에는 홍해로 나와 있다. 히브리어 성경만 제외하고 한글 성경뿐만 아니라 모든 성경이 다 홍해로 되어 있다. <공동번역 성경에서도 '홍해' 라고 번역하였다. 그러나 두 군데에서는 '갈대 바다' 라고 번역하고 있는데(신 11:4; 느 9:9), 아마 실수였던 것 같다. 그래서 개정판 공동번역 성경에서는 다시 '홍해' 로 고쳤다.> 이 바다가 히브리어로는 '얌 수프(yam suph)' 로 되어 있는데, 이는 갈대 바다라는 뜻이다.

그런데 왜 갈대 바다를 홍해라고 번역한 것일까? 이것은 역사상 가장 유명한 오역으로 알려져 있다. 우리는 한 번 오역된 것을 그대로 사용하고 있는 것이다. 오역인 줄 알면서도 고치지 않는 것이다. 그 이유는 아마도 성경의 홍해 사건이 그만큼 널리 알려져 있기 때문일 것이다.

Red와 Reed의 차이는 글자 한 자이다. 원래는 Reed인데, 성경 번역자 또는 인쇄자가 깜빡 잊고 그만 글자 한 자를 빼먹은 것일까? 예를 들면, 예루살렘에 가면 예수님의 무덤이라고 해서 정원 무덤을 방문하게 된다. 이 무덤이 왜 정원 무덤으로 알려지게 되었는가? 원래는 고든 장군이 발견했다고 해서 Tomb of Gordon이라고 불렀었다. 그런데 후에 어떻게 하다가 Tomb of Garden으로 바뀌게 되었다. Gorden과 Garden의 발음이 거의 같기 때문에 생긴 일이다. 어떤 글에서, 몇 세기 전에 영국에서 지도에 표기를 할 때 Reed Sea에서 한 자를 빼먹어 Red Sea로 인쇄를 하게 된 후로 홍해로 불리게 되었다고 하는 설명을 보았다. 정말 그랬을까?

이것은 영어 표기의 문제가 아니다. 주전 3세기에 이집트의 알렉산드리아에서 유대인들이 히브리어 성경(구약)을 헬라어로 번역했다. 이것이 그 유명한 70인역 성경인데, 여기에서 Yam Suph를 홍해라는 뜻을 가진 Erythra Thallas라고 번역을 했다. 여기에서부터 갈대 바다가 홍해로 불리게 된 것이다. 신약 성경에서도 갈대 바다를 홍해라고 표기하고 있는데, 이는 70인역 헬라어 성경의 영향 때문이다.

이렇게 70인역에서 잘못 번역한 것을 라틴어 불가타 성경에서 수정하지 않고 그대로 홍해라고 번역하였다. 그리고 이 라틴어 성경을 영어로 번역하는 과정에서도 오역은 고쳐지지 않았다. 그래서 킹 제임스 성경에도 홍해라고 기록되어 있는 것이다. 이렇게 해서 갈대 바다가 오늘날까지 홍해로 불리고 있다.

홍해는 수에즈 만과 아카바 만, 그리고 페르시아 만까지 걸쳐 있는 바다를 일컫는다. 그러면 왜 홍해(붉은 바다)라는 이름이 생겨나게 되었을까? 분명 바다가 붉기 때문에 이런 이름이 생겼을 텐데, 실제 홍해는 붉은 바다가 아니라 푸른 바다이다. 그런데 왜 그런 이름을 붙였을까? 홍해 해안에는 수많은 산호초들이 자라고 있다. 보름 때, 물이 밀려 나가면 바닷속 깊이 들어 있던 산호초들이 수면 가까이 자리를 잡게 된다. 그때 붉은 산호초들로 인해서 바다가 온통 붉게 보인다고 한다. 이러한 산호초는 홍해 전체에 걸쳐 많이 자라고 있어서, 아마 홍해라는 이름이 붙여진 것으로 보인다.

그런가 하면 아카바 만 동쪽에 있는 아라비아 반도와 페르시아 만까지 걸쳐서 큰 붉은 산맥들이 바다와 만나는데, 이 때문에 붉은빛이 바다에 비쳐서 붉게 보인다고 한다. 그래서 고대로부터 이 지역을 홍해라고 불렀다.

그러면 왜 갈대 바다를 홍해라고 번역했을까? 콜린은 그의 책에서 한 가지 가능성 있는 답을 제시한다(Colin Humphreys, The Miracle of Exodus). 학자들 간에는 갈대 바다가, 내륙에 있는 갈대가 많은 호수였을 것이라고 추정하기도 한다(팀사 호수, 쓴물 호수 등). 갈대는

24장의 우표로 이루어진 홍해가 갈라지는
장면. Guyana에서 발행

민물에서만 자라기 때문이다. 그러나 아카바 만에서는 갈대들이 자란다. 세계에서 거의 유일하게 갈대가 자라는 바닷가로 알려져 있다. 콜린은 이렇게 갈대는 민물에서만 자라는데, 바닷가에 갈대가 자라는 것을 이상히 여긴 고대의 여행자들이 이 바다를 '갈대 바다'로 불렀을 것이라고 생각한다.

그의 주장은 홍해나 갈대 바다나 같은 곳을 일컫는 말이라는 것이다. 그래서 갈대 바다라는 용어를, 널리 알려진 홍해로 바꿔서 번역한 것이라고 한다. 그의 주장이 사실이라면, 70인역 번역자들이 지금까지 역사상 최대의 오역을 한 사람들로 알려져 있는데, 그들의 누명이 벗겨지게 되는 셈이다.

그러나 콜린의 주장을 선뜻 받아들일 수 없는 것은, 그의 주장에 따르면 홍해 사건이 아카바 만에서 일어난 것이 되기 때문이다. 홍해 사건이 아카바 만 근처에서 일어났을 것이라는 학설도 있지만, 일반적으로 홍해 사건은 수에즈 만에서 일어난 것으로 보고 있다.

십계명은 10개의 계명?

유대인, 가톨릭 교도, 그리고 기독교인이 함께 모인 자리에서 성경 퀴즈로 십계명을 순서대로 나열하라고 한다면, 대답은 제각각일 것이다. 계명의 내용뿐만 아니라 순서도 다르게 답할 것이다. 왜냐하면 각 종교마다 십계명을 다르게 이해하고 있기 때문이다. 우선 가톨릭과 개신교의 십계명 분류법을 살펴보자.

가톨릭의 십계명

1. 다른 신을 섬기지 말라.
2. 하나님의 이름을 망령되이 부르지 말라.
3. 안식일을 기억하라.
4. 부모를 공경하라.

개신교의 십계명

1. 다른 신을 섬기지 말라.
2. 신의 형상을 만들지 말라.
3. 하나님의 이름을 망령되이 부르지 말라.
4. 안식일을 기억하라.

5. 살인하지 말라.
6. 간음하지 말라.
7. 도적질하지 말라.
8. 거짓 증언하지 말라.
9. 이웃의 집을 탐내지 말라.
10. 이웃 아내를 탐내지 말라.

5. 부모를 공경하라
6. 살인하지 말라.
7. 간음하지 말라.
8. 도적질하지 말라.
9. 거짓 증언하지 말라.
10. 탐내지 말라.

십계명은 두 부분으로 나눌 수 있다. 첫 부분은 하나님과 인간의 관계에 대한 규정이고, 두 번째 부분은 인간과 인간의 관계에 대한 규정이다. 가톨릭에서는 하나님과 인간의 관계에 대한 계명을 3가지로 규정하는 반면, 개신교에서는 4가지로 규정하고 있다. 개신교에서는 신의 형상을 만들지 말라는 계명을 덧붙이고 있는 것이다.

한편 가톨릭에서는 개신교에서 하나로 분류한 "탐내지 말라"는 계명을 둘로 구분하여 "이웃의 집"과 "이웃집 아내"를 탐내지 말라는 계명으로 분류하고 있다.

십계명에 대한 전통적인 유대인들의 분류는 가톨릭이나 개신교와는 색다른 차이를 보이고 있다. 그들의 분류법은 다음과 같다.

1. 나는 너의 하나님 여호와라.
2. 내 앞에 다른 신을 두지 말라.
3. 하나님의 이름을 망령되이 일컫지 말라.
4. 안식일을 기억하여 거룩하게 지키라.
5. 부모를 공경하라.
6. 살인하지 말라.
7. 간음하지 말라.
8. 도적질하지 말라.

9. 이웃에게 해가 되는 거짓 증거를 하지 말라.

10. 탐내지 말라.

여기에서 우리는 사회법에 대한 분류는 세 종교가 비슷한 것을 볼 수 있다. 차이점이 있다면 탐내지 말라는 계명을 유대교나 기독교와는 달리 가톨릭에서는 둘로 구분하고 있다는 점이다. 유대교와 기독교는 사회법에 관한 한, 순서나 내용에 있어서 똑같다. 그러나 하나님과 인간의 관계에 대한 계명이 세 종교 모두 상당히 다르다.

기독교

1. 다른 신을 섬기지 말라.
2. 신의 형상을 만들지 말라.
3. 하나님의 이름을 망령되이 일컫지 말라.
4. 안식일을 기억하라.

가톨릭

1. 다른 신을 섬기지 말라.
2. 하나님의 이름을 망령되이 일컫지 말라.
3. 안식일을 기억하라.

유대교

1. 나는 너의 하나님 여호와라.
2. 내 앞에 다른 신을 두지 말라.
3. 하나님의 이름을 망령되이 일컫지 말라.
4. 안식일을 기억하여 거룩히 지키라.

그러면 성경에 나오는 십계명을 왜 이렇게 제각기 다르게 구분하고 있는가? 십계명은 성경에 분명하게 나오고 있지 않은가? 그런데 종교에 따라서 어떤 계명은 첨가하고 어떤 계명은 빼는 이유는 무엇인가?

이른바 우리가 "십계명"이라고 하는 것은 출애굽기 20장에 처음 나오며, 신명기 5장에서 반복되어 나타난다. 여기에서 보면, 찬송가의 속표지에 나오듯이 분명하게 "제1은 무엇이고, 제2는 무엇이며, 제3은 무엇이다…"라는 식으로 나와 있지 않은 것을 발견하게 된다. 번호는 편의상 붙인 것뿐이다.

"십계명"이 기록되어 있는 출애굽기 20장 1~17절이나 신명기 5장 1~21절에 나오는 계명은 분류하기에 따라서 10개도 되고, 11개도 되며, 12개도 될 수 있다. 위에서 비교한 대로, 유대교와 가톨릭, 기독교의 십계명 분류법에 나온 계명들을 다 합치면 12개가 된다.

나는 너의 하나님 여호와라.
내 앞에 다른 신을 두지 말라.
신의 형상을 만들지 말라.
하나님의 이름을 망령되이 일컫지 말라.
안식일을 기억하여 거룩하게 지키라.
부모를 공경하라.
살인하지 말라.
간음하지 말라.
도적질하지 말라.
이웃에게 해가 되는 거짓 증거를 하지 말라.
이웃의 집을 탐내지 말라.
이웃 아내를 탐내지 말라.

그러나 세 종교가 다 하나님께서 시내 산에서 10개의 계명을 주신 것이라고 믿고 계명들을 10개로 분류하고 있다. 이는 출애굽기 34장 28절에서 "10개의 계명"이 주어졌다고 기록하고 있기 때문이다.

바울은 율법에 정통한 랍비였다. 그러나 그는 십계명 가운데서 "간음하지 말라, 살인하지 말라, 도적질하지 말라, 탐내지 말라"는 계명만을 언급하였다(롬 13:9). 십계명에 대한 바울의 인용에서 한가지 주목할 만한 사실은, 바울은 순서 없이 그 계명들을 인용했다는 것이다. 부모 공경과 거짓 증언에 대한 언급이 없을 뿐만 아니라, 간음하지 말라는 계명과 살인하지 말라는 계명도 순서가 서로 바뀌었다. 물론 바울도 당시의 다른 사람들처럼 십계명에 대해서 잘 알고 또한 암송하고 있었을 것이다. 따라서 십계명을 순서대로, 빠뜨리지 않고 인용할 수 있었으나, 그는 내용이나 순서에는 신경을 쓰지 않았던 것 같다. 즉 그에게는 그러한 것이 중요하지 않았던 것 같다.

“이에는 이로, 눈에는 눈으로”
–복수법인가? 보상법인가?

성경의 대표적인 형벌 원칙을 동태복수법(“이에는 이로, 눈에는 눈으로”)으로 보는 사람이 있다. 그러나 이 원칙은 이미 바빌론의 함무라비 법전에 나타나고 있다. 함무라비 법전에서는 많은 경우에 있어서, 특별히 상해의 경우들에 있어서, 이 원칙을 적용하고 있다(제116, 196, 197, 200, 219, 229, 230, 231, 235, 263, 267조 등). 성경에도 이 원칙이 제시되어 있기는 하지만(출 21:22~25; 레 24:19 이하; 신 19:21), 이러한 형벌 원칙이 구체적으로 적용된 예라든가 법규는 발견되지 않는다.

그러면 “눈에는 눈으로, 이에는 이로”가 나오는 구절을 살펴보자.

“사람이 서로 싸우다가 임신한 여인을 쳐서 낙태하게 하였으나 다른 해가 없으면 그 남편의 청구대로 반드시 벌금을 내되 재판장의 판결을 따라 낼 것이니라. 그러나 다른 해가 있으면 갚되, 생명은 생명으로, 눈은 눈으로, 이는 이로, 손은 손으로, 발은 발로, 덴 것은 덴 것으로, 상하게 한 것은 상함으로, 때린 것은 때림으로 갚을지니라"(출 21:22~25 개역개정판).

눈은 눈으로 갚고, 이는 이로 갚으라는 그 유명한 구절은 일반적인 법규 원칙이 아니라, 특별한 경우에 적용하는 원칙임을 발견할 수 있다. 즉 임신한 여인을 쳐서 낙태하게 한 경우에 적용하는 법규이다.

70인역 헬라어 성경에서는, 만일 이 사고로 태아가 완전히 자라서 나오지 않았다면, 그는 벌금을 내야 하지만 태아가 완전히 다 자라서 나왔으면, 이에는 이로, 눈에는 눈으로 배상해야 한다고 번역하고 있다. 그러나 의미가 모호해 무슨 뜻인지 정확하지가 않다.

라틴어 성경에서는, 만일 이 사고로 태아는 죽었지만 임신한 여자는 죽지 않았다면, 벌금을 물어야 한다. 그러나 그녀가 죽었다면, 그 사람은 눈에는 눈으로, 이에는 이로 대가를 지불해야 한다는 의미로 번역되었다. 헬라어 성경과는 전혀 다른 의미로 번역되었음을 알 수 있다. 이렇게 이 구절은 해석상 많은 문제가 있다.

보통 "이에는 이로, 눈에는 눈으로"라는 원리는 동태복수법으로 알려져 있다. 이를 하나 부러뜨렸으면, 가해자의 이도 하나 부러뜨려야

토라 두루마리를 들고 있는 랍비(샤갈 작품), Grenada에서 발행

하고, 한쪽 눈을 실명시켰으면, 가해자의 눈도 실명시켜야 한다는 법규 원칙으로 이해되고 있다. 그러나 이 법규는 복수법이 아니라 보상법이다(Alt). 즉 피해자가 가해자에게 보복을 할 수 있는 근거를 마련해 주는 법규가 아니라, 가해자가 피해자에게 보상을 해 주어야 한다는 법규이다. 상대방의 이를 부러뜨렸으면 내 이라도 뽑아서 보상을 해야 하고, 눈을 다치게 했으면 내 눈이라도 뽑아서 주어야 한다는 의미이다.

"갚을지니라"는 원수를 갚으라, 보복을 하라는 뜻이 아니라 보상을 하라, 주라는 뜻이다. 여기에 사용된 단어는 '주다(nathan)'라는 동사이다. '네 눈을 빼서 상대방에게 주라… 네 이를 빼서 상대방에게 주라…' 그런 의미이다. 말틴 부버의 말대로, "최악의 경우에는 상대방의 눈을 보상(치료)하기 위하여 자신의 눈을 빼주어야 하며, 빠진 이를 보상하기 위해서는 내 이를 빼주어야 한다"는 뜻이다.

"눈에는 눈으로, 이에는 이로"의 법규는 레위기에도 나온다. "사람이 만일 그의 이웃에게 상해를 입혔으면 그가 행한 대로 그에게 행할 것이니, 상처에는 상처로, 눈에는 눈으로, 이에는 이로 갚을지라"(레 24:19~20 개역개정판). 신명기 19장 21절에도 같은 법규가 나온다. 여기서는 동태복수법을 규정하고 있다. 그러나 이것은 개인적으로 보복을 해도 좋다는 의미가 아니다. 보복은 하나님만이 하신다. 누구도 보복을 해서는 안 된다. 개별적인 보복은 성경에서 금지되어 있다(레 19:18; 신 32:35). 이 법규는 법정에서 재판관이 판결을 할 때 고려되어야 하는 기본적인 원칙으로 주어진 것이지, 개인적으로 보복할 수 있는 정당성을 부여해 주는 법규가 아니다.

십일조는 1/10인가?

레위 지파는 성전에서 하나님을 섬기는 일만 했다. 그들은 생계를 위해서 다른 일을 하지 않았다. 나머지 11지파가 바치는 것들을 가지고 살았다. 유대인들은 거두어 들인 것들 가운데 2%를 제사장을 위해 드렸다. 그리고 그 나머지 중의 십의 일을 레위인들을 위해 드렸다. 예를 들면 보리를 100가마 거두어들였다고 했을 때, 2가마는 제사장들을 위해 바치고, 98가마 중의 10%인 9.8가마는 레위인들을 위해서 바쳤던 것이다.

한편 레위인도 그들이 받은 것들 가운데 십일조를 떼어 제사장들에게 바쳤다. 제사장도 십일조를 떼었다. 그러나 그들은 자신이 뗀 십일조를 자신이 취할 수도 있었다. 그들은 십일조를 떼어 불사르거나 아니면 다른 제사장들에게 주기도 하였다. 그러나 어떤 경우에든 제사장도 일단은 십일조를 성별하여 떼어놓아야 했다.

우리는 '십일조' 하면 수입의 10%를 드리는 것으로만 알고 있다. 그러나 그렇게 간단하지만은 않다. 성경과 유대의 문헌들은 십일조에 대하여 조금씩 다르게 규정하고 있다. 십일조의 종류도 다양했다. 레위인을 위해 바치는 십일조("첫 번째 십일조"), 그리고 예루살렘에 올라가 명절을 지키는 데 사용하기 위해 따로 마련해 놓는 십일조("두 번째 십일조"), 마지막으로 가난한 사람을 위해 바치는 십일조 등이 있었다.

미쉬나(Mishnah, 오랫동안 구전으로 내려오던 전승들을 200년경에 편찬한 유대문헌)에는 7년 주기에 12번의 십일조를 드리도록 규정하고 있다. 안식년을 제외하고 해마다 제사장과 레위인을 위하여 십일조를 드렸다. 그리고 1, 2, 4, 5년 차에는 십일조를 바치고 난 나머지의 십일조에 해당하는 금액을 모아놓도록 했는데, 이것은 절기를 지키러 예루살렘에 올라갈 때 사용하기 위한 것이었다. 그리고 3, 6년 차에는 가난한 사람들을 위해서 십일조를 바치도록 하였다. 이 십일조는 공동체에서 모아 가난한 사람들을 위하여 사용하였다. 유대인들은 예루살렘에 올라갔을 때, 그들이 가난한 자들을 위한 십일조를 제대로 바쳤음을 성전에서 고백하여야 했다(신 26:12~15).

성경이 규정하고 있는 십일조의 대상은 옥수수, 포도주, 기름인데, 여기에서 옥수수라 함은 보리, 밀, 귀리 등의 곡물을 포함하는 것이다. 그러나 랍비들은 모든 과일에 대해서도 십일조를 바쳐야 한다고 가르쳤다. 율법에는 이러한 헌물들은 이스라엘에 사는 유대인들만이 바치도록 되어 있다. 그러나 랍비들은 이것을 확대시켜 유대인은 어디에 살든지 이러한 헌물들을 바치도록 했다.

유대인들은, 하나님을 섬기는 사람들이 생계를 유지할 수 있도록 그들을 도와주는 사람들은 하나님께서 복을 주신다고 믿었다. 그래서 이스라엘의 현자들은 십일조는 부를 가져다 준다고 말했던 것이다. 왜냐하면 십일조는 제사장과 레위인들의 생계를 위한 것이었기 때문이다.

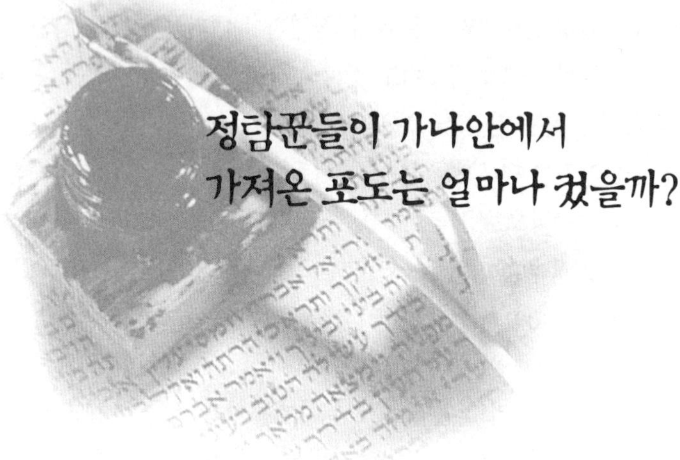

정탐꾼들이 가나안에서 가져온 포도는 얼마나 컸을까?

이스라엘 백성이 광야에서 그들이 장차 들어가게 될 땅을 탐지하도록 하기 위하여 모세는 12명의 정탐꾼들을 보냈다. 그들은 가나안에 올라가 무화과와 석류, 그리고 포도를 따왔다. 그런데 특별히 포도는 두 사람의 장정이 막대기에 꿰어 둘러메고 왔다(민 13:23~28). 이스라엘 관광청의 상징이 바로 두 사람이 포도송이를 막대기에 꿰서 오는 그림이다. 포도송이가 얼마나 크면 장정 둘이 둘러메고 올 정도였을까?

성경에는 포도송이가 엄청나게 컸었다는 이야기는 한 번도 나오지 않는다. 너무 커서 그렇게 운반해 왔다는 이야기도 나오지 않는다. 포도송이가 정말 어마어마하게 컸다면, 정탐꾼들은 "포도송이가 이렇게 큽니다" 하고 자랑스럽게 보고했을 것이다. 이스라엘 백성들은 그 포도송이를 보고 다 놀랐을 것이다. 그러나 그런 이야기는 전혀 기록되어 있지 않다. 과실이 큰 것이 아니라, 그곳에 사는 사람들이 얼마나 큰지, 그들에 비하면 자신들은 메뚜기밖에 안 된다고 하는 보고만이 있었을 뿐이다.

또한, 가나안 땅이 기름져서 그렇게 포도송이가 컸다고 한다면, 다른 과실들도 마찬가지로 엄청나게 컸어야 한다. 포도만 잘 자라고 다른 과실 나무들은 그렇지 않다고 보기는 어렵다. 토지가 기름져서 포도송이가 그렇게 컸다고 하면 석류나 무화과도 크고 무거워서 여러 사람이 메고 와야 했을 것이다. 그러나 포도만 나무에 꿰어서 메고 왔다고 했다.

정탐꾼들이 가져온 포도가 그렇게 큰 것이 아니었다고 하는 주장에 선뜻 동의하지 않을 수도 있을 것이다. 왜냐하면 유전자 변형으로 열매를 얼마든지 크게 만들 수 있기 때문이다. 그렇다면 왜 옛날에는 그렇게 큰 포도가 있었는데, 지금은 그런 포도가 없는 것일까? 옛날에 그런 포도가 있었다고 한다면 지금도 그런 포도가 있어야 하지 않는가? 유전자 변형을 통해 그런 포도를 만들 수 있어야 하는 것 아닌가? 옛날에는 큰 포도가 있었는데, 지금은 없다고 하는 것은 생물학적으로 설명하기 어려운 일이다.

그러면 왜 포도송이를 막대기에 꿰어 두 사람이 메고 왔을까? 가나안이 얼마나 살기 좋은 땅인가를 보여 주기 위해서 그들은 가장 좋은 열매들을 땄을 것이다. 여기에서 보관의 문제가 생기게 된다. 그것을 가지고 오는 동안에, 잘못 보관을 하면 다 시들시들해지거나 마르거나 볼품이 없어지게 될 것이고, 그런 과실들을 보여 주면 이스라엘 백성들이 보고 실망하게 될 것이다. 그러므로 그들은 최상의 상태로 그 과실들을 운반해야 했다.

석류나 무화과는 바구니에 넣었을 것이다. 그래도 아무 문제가 없다. 그러나 포도는 그렇지 않다. 포도는 한 송이를 가져가야 했다. 그래야 "포도 한 송이에 이렇게 많이 열립니다"라고 말할 수 있기 때문이다. 그런데 포도송이를 석류나 무화과처럼 바구니에 구깃구깃 넣으면 포도알들이 떨어지게 될 것이다. 그리고 포도알끼리 부딪쳐서 터지기도 하고 상하기도 할 것이다. 포도는 석류나 무화과와는 달리 보관과 운반이 어렵다. 결국 포도를 최상의 상태로 운반하기 위하여 막대기에 꿰어 포도송이를 잘 펼쳐서, 가지들이 뒤엉키지 않게 하고 포도알이 떨어지지 않도록 조심스럽게 운반했던 것이 아닐까?

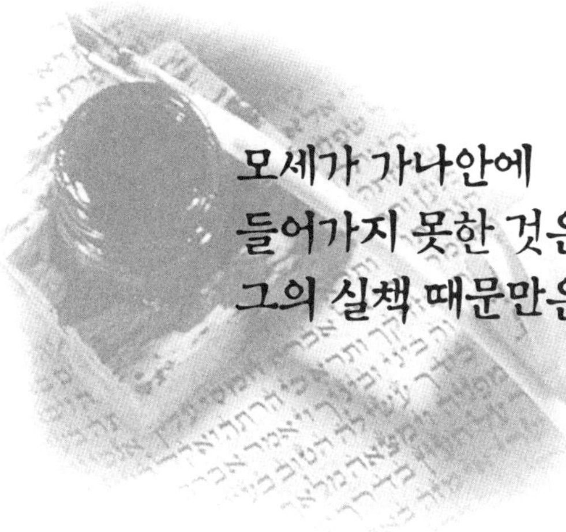

모세가 가나안에 들어가지 못한 것은 그의 실책 때문만은 아니었다

이스라엘 백성이 40년 광야생활을 마치고 드디어 가나안에 들어가게 되었다. 40일이면 넉넉히 갈 수 있는 길을 돌고 돌아 40년이나 걸렸던 것이다. 40년 동안 이스라엘 백성들을 가나안으로 인도하느라 모세가 얼마나 고생과 수고가 많았겠는가? 이제 요단 강만 건너면 꿈에도 그리던 젖과 꿀이 흐르는 가나안 땅에 들어가게 된다. 그러니 얼마나 감격스러웠겠는가? 꿈만 같았을 것이다.

모세는 요단 강 동편에 있는 느보 산에 혼자 올라갔다. 느보 산은 해발 800미터가 된다. 그러나 해저 400미터에 위치한 사해에서 시작되기 때문에 실제로는 1,200미터나 된다고 할 수 있다. 산봉우리에 올라가니, 눈앞에 펼쳐진 가나안 땅이 한눈에 들어왔다. 북으로는 단으로부터 남으로는 사해 남쪽 소알 성까지 푸르른 들판이 펼쳐져 있었다. 얼마나 감개무량했을까? 푸르른 땅이 40년 동안 암갈색 광야에서 살아왔던 모세의 눈을 휘둥그레하게 만들었을 것이다. "아, 하나님이 이렇게 아름다운 땅을 주시려고 40년 광야 그 험하고 모진 길을 걸어 오게 하셨군요… 하나님이 우리 백성에게 주실 이 땅을 저에게 보여 주시니, 이제 죽어도 한이 없겠습니다…"

모세가 가나안 땅을 바라보며 감개무량하기도 했겠지만, 얼마나 안타까웠겠는가? 요단 강만 건너면 꿈에도 그리던 약속의 땅을 밟아보게 되는데, 그곳에 들어가기 위해 40년간 그 고생과 고초를 다 겪었는데, 모세는 약속의 땅을 바라만 보고 들어가지는 못했던 것이다.

우리는 모세가 가나안 땅에 들어가지 못한 이유를 잘 알고 있다. "이는 네가 신 광야에 있는 가데스의 므리바 샘에서 물이 터질 때에, 이스라엘 자손이 보는 데서 믿음 없는 행동을 하고, 이스라엘 자손에게 나의 거룩함을 나타내지 않았기 때문이다. 너는, 내가 이스라엘 자손에게 주는 저 땅을 눈으로 바라보기만 하고, 그리로 들어가지는 못할 것이다"(신 32:51~52 참조, 민 20:1~13).

므리바에서 어떤 일이 있었기에, 하나님이 그렇게 크게 노하셨던 것일까? 이스라엘 백성들은 사흘 동안 광야에서 물을 먹을 수가 없었다. 광야에서는 이틀 동안만 물을 마시지 못해도 생명의 위협을 당하게 된다. 회중들은 모세를 원망하기 시작했다. 심지어는 돌로 쳐죽이려고까지 했다. 이해가 되는 일이다. 그러자 하나님이 모세에게 반석을 치라고 하셨다. 그때 모세는 화를 내면서 바위를 두 번 쳤다. 물이 터져 나왔다. 그러나 하나님은 당신의 거룩함을 드러내지 않았다고 해서 모세에게 가나안에 들어가지 못하게 하겠다고 하셨다.

모세는 평생 이 일을 후회했을 것이다. 한 번의 실책으로 평생 돌이킬 수 없는 대가를 치르게 된 것이다. 그러나 하나님도 너무하신 것이 아닌가? 한 번의 실수를 가지고 가나안에 들어가지 못하게 하실 것까지는 없지 않는가? 더군다나, 그는 하나님을 위해서 40년간 이스라엘의 지도자 역할을 하지 않았는가?

모세가 약속의 땅에 들어가지 못한 것은 므리바 사건 때문만은 아니다. 또 다른 이유가 있다. 므리바에서 실수를 저지르지 않았다고 할지라도, 모세는 가나안 땅에 들어갈 수 없게 되어 있었다.

우리는 12정탐꾼의 이야기를 잘 알고 있다. 모세는 가데스바네아에서 12명의 정탐꾼(정찰대)을 가나안 땅으로 보내 두루 살펴보고 오도록 명하였다. 12명 가운데 여호수아와 갈렙을 제외하고는 모두 가나안 땅 거민이 강대하기 때문에, 그곳에 들어가는 것은 불가능하다고 보고했다. 그러자 백성들은 하나님을 원망하면서, 그곳으로 올라가려고 하지 않았다. 하나님은 당신을 믿지 않는 백성들에게 크게 노하시면서, 그들로 하여금 38년간 가나안에 들어가지 못하게 하시고 광야에서 방황하게 하셨다. 그리고 그들 가운데는 여호수아와 갈렙만을 제외하고는 그 누구도 가나안 땅에 들어가지 못하게 하겠다고 하셨다(민 14:1~25; 신 1:19~45). "이 악한 세대의 사람들 가운데는, 내가 너희의 조상에게 주기로 맹세한 좋은 땅을 볼 사람이 하나도 없을 것이다"(신 1:35). 모세도 예외는 아니었다. "주께서는 너희 때문에 나에게까지 진노하셔서 말씀하시기를, '너 모세도 그리로 들어가지 못한다.' 하셨다"(신 1:37).

므리바 사건이 있기 훨씬 전에 있었던 12명의 정탐꾼 사건으로 인해 이미 모세와 이스라엘 백성들은 가나안에 들어가지 못하게 되어 있었던 것이다. 출애굽 할 때 어른(18세 이상)이었던 사람들은 여호수아와 갈렙을 제외하고는 아무도 가나안에 들어가지 못하고 광야에서 다 죽었다(민 14:35, 32:11). 가나안에는 그 다음 세대들만이 들어갔던 것이다.

그러나 이들이 가나안에 들어가지 못한 것은 단순히 정탐꾼 사건이나 므리바 사건 때문만은 아니었다. 그들은 수도 없이 광야에서 하나님을 시험하고 배반한 대가를 받은 것이다.

"내가 이집트와 광야에서 보여 준 이적을 보고도, 열 번이나 거듭 나를 시험하고 내 말에 순종하지 않은 사람들은, 어느 누구도, 내가 그들의 조상들에게 주기로 맹세한 그 땅을 못 볼 것이다. 나를 멸시한 사람은, 어느 누구도 그 땅을 못 볼 것이다"(민 14:22~23).

결국 이스라엘 백성을 대표하는 모세는 수도 없이 하나님을 반역한 이스라엘 백성과 함께 가나안에 들어가지 못했던 것이다.

법궤 안에 만나와 아론의 지팡이가 들어 있었는가?

"법궤를 찾아서"라고 하는, 법궤의 행방을 추적하는 스릴 만점의 영화가 있었다. 이 영화에서는 "법궤"를 미국 정보국의 어느 창고에 보관하는 것으로 되어 있다. 물론 영화이기 때문에 사실로 착각할 사람은 없을 것이다. "법궤"의 행방에 대해서는 아직도 풀리지 않는 수수께끼가 많이 있다. 언제 사라지게 된 것인지, 그 이유가 무엇이었는지, 어디로 갔는지, 아직까지 존재하고 있는지도 묘연하다. 법궤의 행방에 대해 여러 가능성 있는 곳이 지적되고 있으나, 그 중 에디오피아가 가장 유력한 곳으로 알려져 있다.

법궤 안에는 무엇이 들어 있었을까? 성경 퀴즈에 단골로 등장하는 문제 가운데 하나이다. 십계명 돌판과 만나가 들어 있는 항아리, 그리고 아론의 싹난 지팡이, 이 세 가지가 들어 있는 것으로 알려져 있다. "그 속에는 만나를 담은 금 항아리와 싹이 난 아론의 지팡이와 언약을 새긴 두 돌판이 들어 있었습니다"(히 9:4).

법궤, 1985년 이스라엘 발행

그런데 사실은 법궤 안에는 십계명 돌판만 들어 있었다.

"내가 너에게 준 증거판을 그 궤 속에 넣어 두어라"(출 25:16).

만나가 들어 있는 항아리와 아론의 싹난 지팡이를 법궤 속에 넣으라는 지시는 없다. 그러면 그런 것들은 어디에 보관했을까?

" '항아리 하나를 가져 와서, 거기에 만나 한 오멜을 담아 가지고 주 앞에 두어서, 대대로 간수하게 하십시오.' 그래서 아론은 주께서 모세에게 명하신 대로, 그것을 증거판 앞에 두고서, 늘 거기에 있게 하였다"(출 16:33~34).

"아론의 지팡이는 증거궤 앞으로 도로 가져다 놓아, 반역하는 사람들에게 표적이 되도록 잘 간직하여라"(민 17:10).

만나가 담긴 항아리와 아론의 싹난 지팡이는 법궤 속이 아니라 법궤 앞에 놓았던 것을 알 수 있다. 그런데 히브리서에는 법궤 안에 놓였던 것으로 되어 있다. 후대에 그것을 법궤 안에 놓았는지는 알 수 없으나, 본래 법궤 안에는 십계명만이 들어 있었다. 그러나 대개는 히브리서의 말씀에 근거해서 법궤 안에 세 가지가 다 들어가 있었던 것으로 생각한다.

분향단이 지성소에 있었는가?

성막은 성막 뜰과 성소, 그리고 지성소로 구분되어 있다. 성막 뜰은 제물을 잡는 곳이다. 그곳에는 제사장이 제의를 행하기 위해 손을 씻는 물두멍이 있고, 제물을 잡는 도구와 번제단이 있다. 이곳에는 제물을 가진 사람만이 들어올 수 있다. 성막은 제사장만이 들어갈 수 있는 곳으로, 그곳에는 빵을 진열해 놓는 진설상과 등대가 놓여 있다. 그 안쪽으로 지성소가 있는데, 성소와 지성소 사이에 휘장이 쳐져 있다. 지성소에는 대제사장만이 들어갈 수가 있으며, 법궤가 놓여 있다.

그러면 분향단은 어디에 위치하고 있었을까? 히브리서에는 분향단이 지성소에 있다고 되어 있는데, 우리가 알기로는 분향단은 성소에 있다. 우리가 잘못 알고 있는 것일까?

"그 제단을 증거궤 위 속죄소 맞은편 곧 증거궤 앞에 있는 휘장 밖에 두라"(출 30:6, 개역개정판)

"너는 분향단을 증거궤 앞, 곧 증거판을 덮고 있는 속죄판 앞, 휘장

정면에 놓아 두어라"(출 30:6, 표준 새번역).

"그 분향단을 증거궤를 가리는 휘장 앞, 내가 너를 만나 대화를 나눌 곳, 증거판을 덮는 속죄소 앞에 두어라(출 30:6, 공동번역).

분향단의 위치를 언급한 구절이 서로 다르게 번역되어 있음을 볼 수 있다. 개역성경에서는 성소에, 공동번역에서는 지성소에 위치하고 있는 것으로 되어 있다.

"또 금 분향단을 증거궤 앞에 놓고, 성막 어귀에 휘장을 달아라"(출 40:5).

여기서는 지성소에 놓도록 되어 있다.

"금제단을 회막 안, 휘장 앞에 들여놓고, 그 위에 향기로운 향을 피웠다"(출 40:26~27).

"…심지어는 성소에 속하여 있는 제단들까지도, 모두 금으로 입혔다"(왕상 6:22).

성소에 분향단을 놓았음을 볼 수 있다.

이렇게 분향단의 위치에 대해서 분명하지가 않다. 그러나 일반적으로 성소에 위치하고 있는 것으로 알려져 있다. 히브리서에는 분향단이 지성소에 위치하고 있는 것으로 되어 있는데, 잘못된 것만은 아니다.

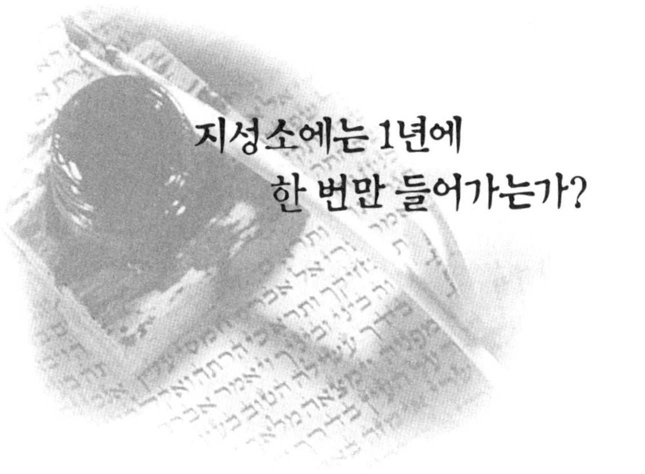

지성소에는 1년에 한 번만 들어가는가?

유대인들이 1년 중 가장 거룩하게 지키는 날이 속죄일(Yom Kippur)이다. 우리는 흔히 대속죄일이라고 부르지만, 성경에서는 대속죄일이라는 용어를 사용하지 않는다. 단순히 속죄일로 부른다. 대속죄일은 속죄일이 따로 있고, 대속죄일이 따로 있는 것처럼 잘못 생각하게 만든다. 대속죄일이라고 하지만, 그것을 큰 속죄일(大贖罪日)이라는 뜻으로 사용하는 것인지 아니면 죄를 대속받는 날(代贖罪日)이라는 뜻으로 사용하는 것인지도 분명하지 않다.

이 날은 하나님이 인간의 죄를 사해 주시기 위해 정해 주신 날이다. 모든 유대인들이 1년에 단 한 번 의무적으로 금식하며 기도하게 되어 있는데, 속죄일이 바로 그 날이다. 속죄일은(유대인들의) 새해가 시작되고 열흘째 되는 날이다(2004년 9월 25일, 2005년 10월 13일, 2006년 10월 2일, 2007년 9월 22일). 열흘 동안 금식과 기도와 회개를 통해 하나님 앞에 죄 사함받을 준비를 한다. 그리고 열흘째 되는 날 속죄일에 대제사장이 이 땅에서 가장 거룩한 장소인 지성소에 들어가서 하나님 앞에서 이스라엘 백성의 모든 죄를 다 사함받게 한다.

우리는 속죄일에 대하여 다음과 같은 식으로 알고 있다. 지성소는 가장 거룩한 곳으로 대제사장이 1년에 단 한 차례 속죄일에 들어간다. 지성소에 들어갔다가 실수라도 하면 대제사장이 살아서 나오지 못한다. 대제사장은 지성소에 들어갈 때 방울을 매고 들어간다. 지성소에서 방울소리가 나면 대제사장이 아직 살아 있는 것이다. 그러나 아무 소리도 들리지 않으면 죽은 것은 아닌가 하고 긴장하게 된다. 이렇게 대제사장이 죽었는지 살았는지 확인하기 위해 방울을 매고 들어갔다.

대제사장이 지성소에서 잘못해서 하나님의 벌을 받아 죽으면 큰 일이다. 누구도 그 지성소에 들어갈 수가 없어 시체를 내올 수가 없기 때문이다. 그래서 죽으면 끌어내기 위해서 대제사장의 발에 밧줄을 매고 들여보냈다.

그러나 사실은 지성소에서 잘못하면 죽게 된다는 말은 성경 어디에도 없다. 그리고 지성소에서는 역사상 단 한 번도 방울소리가 난 적이 없다. 지성소에는 대제사장이 방울을 매고 들어간 일이 없기 때문이다.

대제사장의 옷은 대단히 권위 있고 비싼 것이었다. 옷 가장자리에는 금방울이 달려 있었다. 그래서 움직일 때마다 딸랑딸랑 울렸다. 그러나 속죄일에는 이 옷을 입지 않았다. 속죄일에는 가장 단순한 흰 세마포인 고운 모시옷을 입게 되어 있다. "모시로 만든 거룩한 속옷을 입고, 그 안에는 맨살에다 모시로 만든 홑옷을 입어야 한다. 모시로 만든 띠를 띠고 모시로 만든 관을 써야 한다"(레 16:4). 다른 때는 항상 대제사장 복을 입었지만, 속죄일에는 그 옷을 벗고 세마포 옷을 입었던 것이다. 물론 세마포에는 방울이 달려 있지 않다. 그러므로 방울소리가 날 수 없는 것이다. 지성소에 들어갈 때는 방울이 달린 대제사장복을 입지 않는다는 사실을 간과했기 때문에 방울에 관한 이야기가 만들어진 것이다.

또한 우리는 대제사장이 지성소에 1년에 단 한 번 들어가는 것으로 알고 있다. 히브리서에 1년 1차라고 나와 있기 때문이다(히 9:7). 그러나 1년에 속죄일 하루만 지성소에 들어간다는 의미이지, 단 한 번만 들어간다는 의미는 아니다. 대제사장은 속죄일에 지성소에 3번 들어간다. 들어갈 때는 세마포 옷을 입고, 나와서는 대제사장 복으로 갈아입는다. 그리고 다시 들어갈 때는 세마포 옷으로 또 갈아입는다.

이렇게 대제사장은 이날만큼은 고운 모시옷을 입고 지성소에 들어가 하나님 앞에 죄 사함받게 해달라고 하는 의식을 거행하고, 그동안 백성들은 회당으로 모인다. 이 날은 남자나 여자나 다 흰옷을 입고 회당에 와서 회개의 기도를 한다. 서서 몸을 약간 앞으로 기울이고, 기도서를 통해서 죄를 고백한다. 44가지 죄를 일일이 나열하면서 죄를 고백하는데, 이때 오른손으로 왼쪽 가슴을 치면서 죄를 하나하나 고백한다. 죄 지은 것을 애통해하며 가슴을 치면서 회개의 기도를 하는 것이다.

골리앗이 물맷돌에 맞아 죽었을까?

"이렇게 다윗은 무릿매와 돌 하나로 그 블레셋 사람을 이겼다. 그는 칼도 들고 가지 않고 그 블레셋 사람을 죽였다. 다윗이 달려가서 그 블레셋 사람을 밟고 서서, 그의 칼집에서 칼을 빼어 그의 목을 잘라 죽였다"(삼상 17:50~51).

어린 소년 다윗과 구척 장신인 블레셋 장군 골리앗의 싸움은 너무도 유명하다. 블레셋 장군 골리앗은 완전 무장을 했다. 그러나 다윗은 칼도 차지 않았다. 물맷돌 하나 들고 골리앗과 대결을 벌였다. 다윗이 물맷돌 하나로 골리앗의 이마를 정통으로 맞혀 골리앗을 넘어뜨렸다. 그는 목동이었기 때문에 물맷돌 던지는 솜씨가 뛰어났던 것이다. 다윗은 바로 그 솜씨를 발휘해서 이번에는 사자가 아니라 적장을 쓰러뜨렸다. 여기까지가 우리가 잘 아는 이야기이다. 그러나 이야기는 여기서 끝나지 않는다.

다윗과 골리앗의 대결, Guyana에서 발행

적장을 쓰러뜨린 다윗은 그에게 달려가서 골리앗의 칼집에서 칼을 잽싸게 빼내어 그를 찔렀다. 그리고 골리앗의 머리를 베었다(삼상 17:50~51). 이 구절을 어떻게 이해해야 하는가? 골리앗은 이미 다윗의 물맷돌에 맞아 쓰러져 죽지 않았는가? 그런데 죽은 사람의 목을 다시 쳤다는 말인가? 그렇다면 너무 잔인한 것 아닌가?

그래서 이렇게 해석하기도 한다. 다윗이 던진 돌에 이마를 맞아 골리앗이 기절해서 쓰러졌다. 그러자 다윗이 달려가서 골리앗의 칼집에서 칼을 꺼내 그의 목을 베었다는 것이다.

사실 본문은 이렇게 말하고 있다: 다윗은 칼이 없었다. “그래서” 달려갔다. 그리고 골리앗의 칼을 취했다. 다윗이 골리앗을 넘어뜨리자마자 달려간 것은 그에게 칼이 없어서, 칼을 빼앗기 위해서였다는 것이다. 이미 죽었는데, 칼을 뺏기 위해 달려갈 필요가 있었을까? 아마 다윗은 골리앗이 기절했을 것이라고 생각을 했는지도 모른다. 그래서 달려가서 칼로 목을 벤 것이 아닐까? Darby 성경에서는 골리앗을 칼로 목을 베어 "완전히" 죽였다고 번역하고 있다. 이 말은 골리앗이 아직 완전히 죽지 않았다는 말이 된다. 이것이 사실이라고 한다면 다윗의 행동은 정당한 것이었다고 할 수 있을 것이다. 그러나 일반적으로 알려진 대로, 다윗이 죽은 골리앗을 다시 칼로 찌르고 목을 벤 것이라면 그것은 참으로 잔인한 일이 아닐 수 없다. 그렇지만 성경은 분명히 다윗이 던진 물맷돌을 맞고 골리앗이 "죽었다"고 했다.

다윗은 그 머리를 예루살렘으로 가져가고 갑주는 자기 집에 보관했다(삼상 17장). 골리앗의 참수 장면을 연상하니 참수형을 당한 세례 요한의 머리가 떠오르지 않는가? 세례자 요한의 머리를 쟁반 위에 담아 헤롯 안티파스 앞에 가져왔을 때, 얼마나 끔찍했겠는가? 그런데 다윗도 골리앗의 머리를 베어 예루살렘에 가져와 길거리에다 '전시'를 했던 것이다.

850:1인가, 450:1인가?

갈멜 산에서 엘리야가 바알의 선지자들과 대결하게 되었다. 하나님이 제단에 불을 내리는가 아니면 바알이 제단에 불을 내리는가 하는 것을 가지고 대결했던 것이다. 바알의 선지자들은 하루 종일 제단 주위에서 큰 소리를 지르고 춤을 추며 야단법석을 떨었다. 그러나 아무 응답도 없었다. 그러자 그들은 칼로 자기들의 몸에 상처를 입히며 더 울부짖으며 기도했지만 바알은 묵묵부답이었다.

이번에는 엘리야의 차례가 되었다. 엘리야가 제단을 쌓고 제물을 그 위에 올려놓았다. 그리고 거기에 12동이의 물을 길어다가 부었다. 하늘에서 불을 내려 제물을 불사르는가 내기를 하고 있는 마당에, 물을 붓는다는 것은 말이 안 되지 않는가? 그러면 불이 붙다가도 꺼지고 말지 않겠는가? 물을 부을 것이 아니라 기름을 갖다 부어야 하는 것 아닌가? 바알의 선지자들이 다 엘리야를 보고 정신이 나갔다고 생각했을 것이다.

가뭄이 3년째 계속되고 있었다. 그런데 엘리야가 산꼭대기에서 어떻게 그렇게 많은 물을 구할 수 있었을까? 오늘날 엘리야를 기념하는 수도원이 세워진 산에는 해발 50미터와 350미터 지점에 큰 샘이 있는데, 극심한 가뭄이 들어도 그 샘에서 12동이의 물을 길을 수 있다고 한다. 이렇게 주변에 큰 샘이 있었으니 엘리야가 그 샘에서 물을 길어다 제단과 제물에 부을 수가 있었던 것이다.

엘리야가 이렇게 제단을 쌓고 제물을 잡아서 올려놓고 그 위에 물을 잔뜩 길어다 붓고는 기도를 했다. 그러자 한순간에 하늘에서 불이 내리더니 그 제물을 통째로 다 불살랐다. 하나님의 불은 다르다. 모세에게 나타나실 때, 마른 나무에 불이 붙었는 데도 나무가 타지를 않았다. 반대로 엘리야의 제단에 불이 내릴 때에는, 제물이 물로 흠뻑 젖었는데도 하나님의 불이 그것들을 다 살라 버렸다.

우리는 엘리야가 850명의 선지자들과 싸워 이긴 것으로 알고 있다. 그러나 사실은 그렇지 않다. 엘리야는 아합 왕에게 바알의 선지자 450명, 그리고 아세라 선지자 400명을 불러 줄 것을 요구했다. 그러나 어떻게 된 일인지, 아세라 선지자들은 나타나지 않았고 다만 450명의 바알의 선지자들만 나타났다. 그래서 엘리야는 바알의 선지자들하고만 대결을 벌이게 되었고, 여기에서 대승리를 거두게 된 것이다(왕상 18:19~22, 40). 850:1의 승리가 아니고 450:1의 승리였던 것이다!

갈멜 산 꼭대기에는 바알의 선지자들을 무찌른 엘리야를 기념하는 수도원이 세워져 있다. 이 수도원은 1868년에 세워졌는데, 원래 이 자리는 십자군들이 요새를 세운 자리였다. 수도원 뜰에는 동상이 하나 세워져 있다. 엘리야가 바알의 선지자들을 발로 밟고 오른손으로 칼을 들고 그들을 향하여 내리치려는 자세를 취하고 있다. 바알의 선지자들이 엘리야의 발등상이 된 것이다. "발등상이 되게 한다"는 표현이 성경에 많이 나온다.

“여호와께서 내 주에게 말씀하시기를 내가 네 원수로 네 발등상 되게 하기까지 너는 내 우편에 앉으라 하셨도다”(시 110:1, 개역성서; 참조. 행 2:35).

갈멜 산에 세워진 엘리야의 동상. 바알의 선지자들을 밟고 서 있다.

“그 후에 자기 원수들로 자기 발등상이 되게 하실 때까지 기다리시나니”(히 10:13, 개역성서).

이는 고대 근동 지방의 풍습에서 비롯된 것으로, 전쟁에서 적군을 사로잡았을 때에는 그를 왕 앞으로 끌고 온다. 그리고 땅 바닥에 엎드리게 한다. 왕은 발로 그의 목을 밟는다. 이렇게 되면 적군이 패배한 것이고 아군이 승리하게 된 것이다. ‘발등상이 되게 하다’는 ‘굴복시키다’, ‘패배시키다’는 의미이다.

갈멜 산에 세워져 있는 엘리야의 동상은 엘리야의 승리를 잘 보여주고 있다. 그는 450명에 이르는 바알의 선지자들을 그의 발등상이 되게 했던 것이다. 바울은 사단과의 영적인 전쟁에서 우리가 승리할 것임을 이렇게 선포하고 있다.

“평화의 하나님께서 곧 사탄을 여러분의 발 밑에 짓밟히게 하실 것입니다”(롬 16:20).

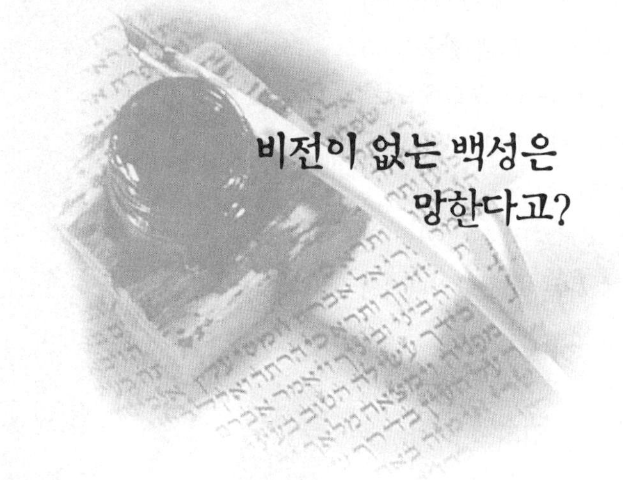

비전이 없는 백성은 망한다고?

꿈과 야망과 비전! 듣기만 해도 가슴 설레이게 하는 말들이다. "Boys, be ambitious!" 소년들이여, 야망을 가지라! 교과서에도 나오는 명언 아닌가? 성공한 지도자마다, 꿈을 가지라! 야망을 가지라! 비전을 가지라! 꿈을 꾸는 자만이 그 꿈을 이룰 수 있으며, 야망을 가진 자만이 인생의 성공자가 될 수 있으며, 비전이 있는 자만이 미래가 있다고 외친다. 더욱 큰 꿈과 야망과 비전을 갖고 살라고 외친다. 그런 메시지들을 들으면 어떤 꿈이든지 야망이든지 비전이든지 다 이룰 수 있을 것만 같은 자신감이 생긴다. 참으로 마술적인 용어가 아닌가 싶다.

꿈과 야망, 비전이라는 말은 비슷하면서도 뉘앙스에 차이가 있다. 꿈은 어릴 때부터 갖는다. 꿈이 없는 사람은 없다. 그러나 그 꿈은 어디까지나 꿈으로 남는 경우가 많다. 이루지 못해도 항상 우리 마음속에는 꿈이 남아 있다. 이룰 수 없는 것을 막연히 동경하는 것이 꿈이 아닌가 싶다.

야망은 좀더 강렬한 단어이다. 야망은 대개가 이기적인 성격을 갖고 있다. 인생에서 성공하기 위해서는 목표가 있어야 한다. 성공하기 위해서는 수단과 방법을 가리지 않는다. 야망을 위해서는 사랑도 의리도 버린다. 야망을 좇다가 허망하게 무너지는 드라마들을 많이 보지 않는가? 야망은 위험한 것이다.

비전은 더욱 구체화된 꿈이라고 할 수 있을 것이다. 비전은 실현 가능한 꿈을 꾸는 것을 말한다. 구체적인 목표를 갖는 것이다. 비전은 자신만을 위한 이기적인 목표를 설정하는 야망과는 다르다. 비전은 모든 사람을 이롭게 한다. 비전을 갖고 사는 사람은 추진력이 있다. 분명한 목표가 있다. 삶에 생동감이 넘친다. 지도자는 반드시 비전을 가져야 한다.

1992년, 미국의 클린턴 대통령이 민주당 전당대회에서 대통령 후보로 지명되었을 때, 수락 연설에서 이런 말을 했다. "Where there is no vision, people perish(비전이 없는 백성은 망합니다!)" 유명한 말 아닌가? 그런데 이 말은 잠언 29장 18절에서 인용한 것이다.

교회 안에서도 비전이라는 말을 많이 하지만, 딱히 성경에서 비전에 관한 구절을 찾는 것이 쉽지 않다. 그런데 다행히도(?) 잠언서에 "Where there is no vision, people perish."라는 구절이 나온다. 그래서 비전을 말하는 사람들의 입에 자주 오르내린다. "우리에게는 비전이 있어야 합니다. 비전이 없는 백성에게는 희망이 없습니다. 비전이 없는 백성은 망한다고 하지 않았습니까?" 하면서 잠언 29장 18절을 인용한다.

이 구절을 잘 살펴보자. "계시가 없으면 백성은 방자해지나…"(표준 새번역). "묵시가 없으면 백성이 방자히 행하거니와…"(개역성서). 우리말 성경에는 분명 "묵시" 또는 "계시"라고 되었으나 영어성경에는 vision이라고 되어 있다. 영어의 'vision'에는 여러 가지 뜻이 있다.

환상이라는 뜻도 있고, 지금 말하고 있는 비전이라는 뜻도 있다. 잠언에서 말하는 비전은 히브리어로 chazon이라고 되어 있는데, '계시' '환상' 또는 '묵시'를 뜻한다. 인간이 어떤 인생의 원대한 목표를 세우는 것을 말하는 것이 아니라, 하나님께서 인간에게 당신의 뜻을 보여 주시는 계시를 말한다.

"묵시가 없으면 백성이 방자히 행하거니와"에 이어지는 말씀이 있다. "율법을 지키는 자는 복이 있느니라." 묵시와 율법이 대조를 이루고 있는 것을 보게 된다. 잠언은 같은 의미의 단어를 다르게 표현하면서, 말하고자 하는 것을 강조하는 대구법을 많이 사용하고 있다. 여기에서도 그런 표현법이 사용되어졌다. 묵시라는 단어의 의미는 율법(하나님의 말씀)과 같은 의미로 사용되어진 것이다. 이 구절을 인용하면서 비전을 말하는 것은 잘못이다. 미국의 클린턴 대통령도 이 구절을 잘못 인용한 것이다.

잠언은 우리가 비전이 없어서 망하는 것이 아니라, 하나님의 묵시가 주어지지 않아서, 계시가 임하지 않아서 망한다고 경고하고 있다. 우리에게 필요한 것은 비전이 아니라 하나님의 계시, 하나님의 말씀이다. 그것이 없으면 백성들이 방자히 행하게 된다고 했다. 비전이 없어서 방자히 행하는 것이 아니라, 하나님의 말씀이 없어서, 하나님의 말씀에 귀를 기울이지 않아서 방자히 행하게 되는 것이고, 망하게 되는 것이다. 비전이 없는 백성이 망하는 것이 아니라 하나님의 말씀이 없는 백성이 망하는 것이다. 우리에게 정말 필요한 것은 비전이 아니라 하나님의 말씀이다.

한국 교회에서 가장 왜곡되어진 성경 두 구절

아마 한국 교회에서 가장 왜곡되어진 성경 구절을 들라고 하면 이사야서에 나오는 두 구절을 들 수 있을 것이다.

1) 하나님의 말씀에는 다 짝이 있다?

"너희는 여호와의 책에서 읽어보라. 이것들 가운데서 빠진 것이 하나도 없고 제 짝이 없는 것이 없으리니 이는 여호와의 입이 이를 명령하셨고 그의 영이 이것들을 모으셨음이라"(사 34:16, 개역개정판).

이 구절은 성경은 성경으로 풀어야 한다고 주장할 때 가장 많이 인용되는 말씀이다. 이를테면 다음과 같이 해석하는 것이다.

여호와의 책—성경.

빠진 것이 하나도 없고 제 짝이 없는 것이 없다—자세히 살펴보면 하나님의 말씀에는 다 짝이 있다. 그 짝을 찾아서 해석해야 한다.

여호와의 입이 이를 명하셨고—성경은 하나님께서 말씀하신 책이다.

그의 신이 이것들을 모으셨음이라—성령이 짝을 찾아 해석할 수 있게 해 주신다. 이렇게 해서 우리는 성경을 영적으로 해석할 수 있게 된다.

그러나 이 구절은 전혀 다른 의미를 갖고 있다. 표준 새번역을 보자. "주의 책을 자세히 읽어 보아라. 이 **짐승들** 가운데서 어느 것 하나 빠지는 것이 없겠고, 하나도 그 짝이 없는 짐승은 없을 것이다. 주께서 친히 입을 열어 그렇게 되라고 명하셨고, 주의 영이 친히 그 짐승들을 모으실 것이기 때문이다."

성경 해석하고는 아무 관계도 없는 구절임을 알 수 있다. "이것들"은 성경 구절들이 아니라 "짐승들"을 말한다. 이러한 사실은 컨텍스트를 볼 때 더욱 분명해진다. 13절에서 15절까지는 승냥이, 타조, 숫염소, 밤짐승, 부엉이, 솔개 등 짐승들에 대해 언급하면서, 그 짐승들이 짝을 이룰 것에 대해 말하고 있다. "들짐승이 이리와 만나며, 숫염소가 그 동류를 부르며…솔개들도 각각 제 짝과 함께 거기에 모이리라"(34:14~15).

"이것들"이 성경구절이 아니라 짐승들을 의미한다고 하는 사실은 그 다음 구절에서 더욱 분명하게 드러난다.

"여호와께서 그것들을 위하여 제비를 뽑으시며, 그의 손으로 줄을 띠어 그 땅을 그것들에게 나누어 주셨으니 그들이 영원히 차지하며 대대로 거기에 살리라"(34:17).

"이것들"이라는 지시대명사를 잘못 이해하여 전혀 엉뚱하게 이 구절을 해석하게 된 것이다.

2) 금식 기도는 만사형통?

"내가 기뻐하는 금식은 흉악의 결박을 풀어 주며 멍에의 줄을 끌러 주며 압제당하는 자를 자유하게 하며 모든 멍에를 꺾는 것이 아니겠느냐…네 빛이 새벽같이 비칠 것이며 네 치유가 급속할 것이며 네 공의가 네 앞에 행하고 여호와의 영광이 네 뒤에 호위하리니 네가 부를 때에는 나 여호와가 응답하겠고 네가 부르짖을 때에는 내가 여기 있다 하리라"(사 58:6, 8~9, 개역개정판).

기도원 집회 광고를 할 때 단골로 등장하는 말씀이다. 금식 기도의 능력을 이보다 더 잘 묘사할 수 있을까? 이 구절을 읽기만 해도 저절로 금식 기도하고 싶은 마음이 들게 된다.

금식 기도는 대개 절박한 상황 속에서 하게 된다. 하나님 앞에 좋은 의미의 단식 투쟁을 하는 것이라고 볼 수도 있다. 금식할 때 흉악의 결박과 멍에의 줄이 풀려지며, 모든 멍에가 끊어지게 된다. 치유의 역사가 급속히 나타난다. 여호와의 영광을 체험하게 된다. 금식하며 기도할 때 하나님이 응답하신다. 하나님을 찾을 때 "내가 여기에 있다"라고 하나님이 금방 나타나신다. 참으로 금식 기도하는 이들에게 힘을 주는 말씀이 아닐 수 없다.

그러나 불행하게도(?) 이 구절은 금식 기도의 능력과 아무런 관련이 없는 말씀이다. 이 구절은 금식의 능력이 아니라 참된 금식이 무엇인가를 말씀하고 있다. 금식하라고 하는 말씀이 아니라, 바르게 살지도 못하면서 금식하려면 아예 그만두라는 말씀이다.

"너희의 목소리를 저 높은 곳에 들리게 할 생각이 있다면, 오늘과 같은 이런 금식을 해서는 안 된다. '이것이 어찌 내가 기뻐하는 금식이겠느냐'?"(사 58:4~5)

금식을 하려면 이런 금식을 하라고 말씀하고 있다.

"내가 기뻐하는 금식은 부당한 결박을 풀어 주는 것, 멍에의 줄을 끌러 주는 것, 압제받는 사람들을 놓아 주는 것, 모든 멍에를 꺾어 버리는 것, 바로 이런 것들이 아니냐? 또한 굶주린 사람에게 너의 양식을 나누어 주는 것, 떠도는 불쌍한 사람을 집에 맞아들이는 것이 아니겠느냐? 헐벗은 사람을 보았을 때에 그에게 옷을 입혀 주는 것, 너의 골육을 피하여 숨지 않는 것이 아니겠느냐?"(사 58:6~7)

음식을 먹지 않는 것이 금식이 아니다. 바르게 살아가는 것, 하나님의 뜻을 행하는 것, 이웃을 억울하게 하지 않는 것, 이웃을 사랑하는 것이 바로 하나님이 기뻐하시는 참된 금식이라는 것이다. 먹지 않고 금식할 때 놀라운 금식 기도의 역사가 나타나는 것이 아니라, 하나님이 원하시는 대로 바르게 살아가고 억울한 이들을 도와줄 때, "네 빛이 새벽 햇살처럼 비칠 것이며, 네 상처가 빨리 나을 것이다…주의 영광이 네 뒤에서 호위할 것이다. 그때에 네가 주님을 부르면 주께서 응답하실 것이다. 네가 부르짖을 때에 주께서 '내가 여기에 있다' 하고 대답하실 것이다…너는 마치 물 댄 동산처럼 되고, 물이 끊어지지 않는 샘처럼 될 것이다"(사 58:8~9, 11).

살아 있는 바다, 사해

에스겔이 성전에서 환상을 보았다. 성전 문에서 물이 흘러나와 점점 그 물이 깊어져 헤엄쳐 건너야 할 정도가 된다. 그 물이 동쪽으로 흘러가 "아라바"로 내려가서 "바다"에 이르게 된다. 그러자 이 "바다"가 소성하게 된다. 이 "바다"에는 "큰 바다"만큼 고기가 심히 많아진다(겔 47:8~11).

원래 이 바다는 고기가 살지 않는 곳이라고 했다. 이 바닷가에 엔게디와 에네글라임이란 성읍이 있다고 했다. 또한 그 바다 주변은 여전히 소금 땅으로 남아 있다고 했다. 여기에서 우리는 이 "바다"가 고기가 살지 못하는 소금 바다인 사해임을 분명하게 알 수 있다.

에스겔 47장 8절을 개역성서에서는 "바닷물이 소성함을 얻겠고"라고 옮겼으며, 표준 새번역에서는 "죽은 물이 살아날 것이다"라고 했다. NIV에서는 "신선하게 될 것이다(fresh)"라고 옮겼다. 히브리어를 그대로 옮기면 다음과 같다. "그 물들이 고침('라파'라는 동사가 사용

사해 온천, 1979년 이스라엘 발행

사해, 1989년 이스라엘 발행

됨)을 받게 될 것이다." 표준 새번역은 너무 의역을 한 것 같다. 이렇게 번역한 데는 사해가 문자 그대로 '죽은 바다'라는 생각이 작용한 것으로 보인다. 그러나 그것은 사해에 대한 편견에 지나지 않는다.

사실 표준 새번역에서 이 바다를 "사해"라고 옮긴 것도 그렇게 바람직한 번역은 아니다(겔 47:9, 18). 왜냐하면 성경에서는 우리가 사해라고 부르는 이 바다를 단 한 번도 사해라고 부른 적이 없기 때문이다. 성경은 사해를 다음과 같은 명칭으로 불렀다.

1) 아라바 바다(신 3:17, 4:49; 수 3:16, 12:3; 왕하 14:25)—아라바 지역에 있는 바다

2) 염해(신 3:17; 수 3:16, 12:3)—소금이 많은 바다

3) 동해(겔 47:18; 욜 2:20; 슥 14:8)—동쪽에 있는 바다

'사해'라는 명칭은 주전 1세기의 문서에도 나타나기는 하지만, 대체적으로 주후 2세기 말부터 사용된 것으로 보인다. 유럽 사람들이 이곳을 방문했을 때, 이 바다 주변의 황량한 유대 광야와 물고기가 살지 않는 바다를 보고 '죽음의 바다'라고 이름붙였던 것이다. 그러나 이 바다는 결코 죽음의 바다가 아니다. 사해는 그 바다를 잘못 알고, 한 부분만 보고 붙인 이름이다. 유대인들은 이 바다를 사해라고 부르지 않고 '염해'라고 부른다. 다만 영어 지도에만 사해라고 표기되어 있다.

우리에게 사해라는 이름이 주는 이미지는 죽은 바다 또는 썩은 바

다이다. 물을 받기만 하고 내보내지는 않아 썩은 바다, 죽은 바다라는 이미지가 강하다. 그러나 이 바다는 썩거나 더러운 바다가 아니다. 정반대로 더없이 맑고 깨끗하고 아름다운 바다이다. 충만한 삶과 살아 숨쉬는 생명으로 가득한 바다이다. 염도가 너무 높아 어떤 생명체도 살 수 없는 것은 사실이다. 그러나 그 사실 하나로 '죽음의 바다'라고 부를 수는 없다.

서구인들에게는 죽은 바다로 보였던 이 바다가 지금은 무한한 자원의 보고가 되었다. 이 바다는 무한한 광물질을 포함하고 있다. 바다 속 400m까지 광물질이 침전되어 있는데, 이러한 광물질은 사해 밑에서 터져나오는 온천물로 인해 생긴 것들이다. 사해 주변에서 나오는 진흙과 온천은 피부에 더없이 좋은 것으로 알려져 있다. 클레오파트라도 이곳에서 진흙으로 머드팩을 했다고 한다. 사해 주변에는 특수 피부 치료 병원들이 자리잡고 있으며, 사해에서 추출되는 진흙과 광물질을 이용한 화장품들이 세계적으로 인기를 얻고 있다.

또한 이곳은 연중 330일 동안 계속되는 쾌청한 날씨와 신선한 공기 때문에 많은 관광객들이 찾아온다. 또 사해는 다량의 온천물로 이루어져 있고 사해 밑에서는 엄청난 양의 온천들이 터져나오고 있다. 그래서 사해 주변에 많은 온천이 자리잡고 있다.

이렇듯이 사해는 결코 죽은 바다가 아니다. 표준 새번역에서 "죽은 물이 살아날 것이다"(겔 47:8)라고 했는데, 히브리어 본문에는 "죽은 물"이라는 말은 없다. 다만 "물"이라고만 되어 있을 뿐이다. 성경 번역자의 선입견이 작용한 것을 볼 수 있다.

영어 성경에는 고래가 요나를 삼켰다고 되어 있는데…

아이들이 가장 좋아하는 성경 이야기 가운데 하나가 요나 이야기일 것이다. 어렸을 적에 주일학교 선생님에게 듣던 기억이 아직도 생생할 것이다. 요나 이야기가 아이들의 관심을 끄는 것은, 요나가 고래 뱃속에 들어갔다가 살아서 나오는 대목 때문일 것이다. 그러나 성경을 조금만 관심 있게 읽게 되면, 요나 이야기에는 고래가 등장하지 않는다는 사실을 발견할 수 있다. 요나를 삼킨 고기는 고래가 아니라 "큰 물고기"라고 되어 있다.

"주께서는 큰 물고기 한 마리를 마련하여 두셨다가, 요나를 삼키게 하셨다"(욘 1:17).

"주께서 그 물고기에게 명하시니, 물고기가 요나를 물에다가 뱉어냈다"(욘 2:10).

그런데 주일학교 선생님들은 고래라고 가르쳤던 것이다. 아마 우리가 알고 있는 가장 큰 물고기는 고래이기 때문일 것이다. "큰 고기"라고 하면 실감이 안 난다. 그리고 막연하다. 구체적으로 어떤 고기라고 하는 것을 말해줘야 아이들에게 호소력이 있기 때문에 "고래"라고 가르쳤는지도 모른다.

그런데 놀라운 것은, 영어 성경에서도 요나를 삼켰던 고기가 "고래(whale)"로 되어 있다는 것이다(우리가 어렸을 때 벌써 주일학교 선생님들이 영어 성경을 보고 가르쳤단 말인가? 놀라운 일이다!).

KJV

For as Jonah was three days and three nights in the whale's belly; so shall the Son of man be three days and three nights in the heart of the earth(마 12:40).

RSV

For as Jonah was three days and three nights in the belly of the whale, so will the Son of man be three days and three nights in the heart of the earth.

Palau에서 발행한
25장으로 이루어진
고래 뱃속의 요나

고기 뱃속의 요나, Sierra Leone 발행.

ASV

For as Jonah was three days and three nights in the belly of the whale; so shall the Son of man be three days and three nights in the heart of the earth.

요나서 1장 17절에서는 "dag"라는 단어가 사용되었는데, 단순히 '물고기' 라는 의미이다. 이 단어 앞에 "큰" 이라는 형용사가 붙어 "큰 물고기"라고 되어 있다. 그런데 예수께서 말씀하신 ketos는 고래, 거대한 물고기, 바다 공룡이라는 뜻을 갖고 있다. 그러나 구약의 의미를 참조해서 NIV나 NKJV, NASV처럼 "큰 물고기"라고 번역해야 될 것이다. 우리 성경에서는 "큰 물고기"라고 번역되어 있다.

그러나 고래도 물고기이므로 100% 틀린 것만은 아니다. 고래가 어떻게 물고기냐고 따질 수도 있을 것이다. 고래는 엄밀하게 말해서 어류가 아니라 포유류이기 때문이다. 그러나 물고기라는 뜻으로 사용되는 dag라는 히브리어는 바다에서 사는 모든 것들을 총칭하는 말이다. 따라서 고래도 여기에 속한다.

어떤 학자들은 요나 이야기가 사실이 아닌 소설 같은 문학 작품이라고 주장하기도 한다. 그러나 예수께서는 요나서의 역사성을 인정하셨다(마 12:40). 근대에 들어서 요나처럼 물고기에게 삼켜졌다가 살아난 사람들이 실제로 있었다. 그 중에 한 사람 이야기가 프린스턴 신학교에서 발행하는 학술지에 발표된 적이 있다.

1900년대 초에 한 어부가 포크랜드 섬 근처에서 고래에게 잡혀 먹혔다. 3일 후 다행히 그는 살아날 수 있었고, 의식을 잃었었지만 바로 회복되었다. 피부에만 약간의 상처가 있었을 뿐, 다른 곳은 이상이 없었다(A. J. Wilson, Princeton Theological Review, XXV, October 1927, p. 636).

베들레헴에 여관이 있었을까?

베들레헴은 양을 많이 치던 곳이다. 다윗도 이곳에서 어린 시절 양을 쳤으며, 예수님 탄생하시던 날 밤 목자들이 들에서 양을 치던 곳도 바로 이 베들레헴이었다. 베들레헴은 높은 산악지대에 위치하고 있으며 베들레헴을 벗어나면 바로 광야가 펼쳐지기 때문에 양을 치기에 적합한 곳이었다.

베들레헴에서 많은 동굴들이 발굴되었다. 고대 시대에는 동굴에서 많이 살았는데, 동굴은 여름에는 시원하고 겨울에는 따뜻하기 때문이다. 동굴 입구 안쪽은 2층으로 이뤄져 있어서, 위층에는 사람들이 살고 아래쪽에는 짐승들이 살았다.

그러면 베들레헴에서는 어떤 짐승들을 키웠을까? 소나 말이 아니고 양이다. 예수님이 태어나신 구유는 말이나 소에게 먹이를 주는 말구유가 아니라, 양들에게 먹이를 주는 구유였다. 이 구유는 어디에 놓여 있었을까? 대부분의 사람들은 양이나 염소의 은신처를 집 밖에 따로 세우지 않고, 위에서 살펴본 대로 동굴 안에 마련해주었다. 동굴 안에서 사람들과 같이 지내게 했던 것이다.

이야기를 요약해보자. 예수님은 외양간이나 마구간이 아니라 양 우리에서 태어나셨다. 말구유가 아니라 양에게 먹이를 주는 구유에서 태어나셨다. 왜 양 우리에서 태어나셨을까? 왜 양에게 먹이를 주는 구유에서 태어나셨을까? 이유는 간단하다. 그분은 이 세상에 선한 목자로 오신 메시아셨기 때문이다. 목자가 양 우리에 있는 것이 당연한 것 아닌가? 이렇게 이 세상에 목자로 오신 메시아 예수님은 양들이 지켜보는 가운데 양들에게 둘러싸여 태어나셨다. 단순하게 방이 없어서 구유에 태어나신 것이 아니다.

많은 이들이 예수님이 사관(여관)에 방이 없어서 긴박하게 여관 뜰에 있는 말구유에서 태어나신 것이라고 생각한다. 고대 시대에 여행하는 사람들은 말이나 나귀를 이용했다. 여관에는 그런 짐승들을 위해 마련해둔 마구간이 있었는데, 바로 그곳에서 태어났다고 하는 것이다. 그러나 여관 이야기는 잘못된 것이다. 베들레헴은 예수님 당시

크리스마스 우표(Botticelli의 작품), 1999년 Grenada에서 발행

에 300여 명이 사는 작은 마을이었다. 그런 시골에 무슨 여관이 있었겠는가? 더군다나 베들레헴은 여행자들이 지나가는 곳이었지 머무는 곳이 아니었다. 예루살렘을 가거나 예루살렘에서 돌아갈 때 들르는 곳이었다. 베들레헴은 예루살렘에서 8Km도 안 되는 곳에 있다. 여행자들이 목적지인 예루살렘을 20여 리 앞에 두고 베들레헴에서 머물지는 않을 것이다. 만일 베들레헴에 여관이 있었다면 예루살렘에 있는 여관들과 경쟁이 안 되어 벌써 문을 닫고 말았을 것이다.

그러나 분명히 성경에는 "이는 사관에 있을 곳이 없음이라"(눅 2:7)고 되어 있지 않은가? 여기에 나오는 사관은 헬라어로 kataruma이다. 최후의 만찬 장소로 사용된 장소에도 이 단어가 사용되었는데 그곳에서는 "사관"이라고 옮기지 않고 "객실"(손님방)이라고 옮겼다(막 14:14; 눅 22:11). 선한 사마리아인의 비유에 "여관"이 나온다(눅 10:34). 여기에 사용된 단어는 누가복음 2장 7절에서 사용된 kataruma가 아니라 pandokeion이다. 이 단어가 바로 우리가 말하는 여관이다. 그러나 마리아가 찾았던 방은 여관이 아니라 객실(손님방)이었던 것이다. 그러나 그때는 집집마다 호적하러 온 친척들로 가득 차 있었다. 그래서 마리아는 방을 얻지 못하고 동굴 속에 있는 양 우리에서 예수님을 낳았던 것이다. 이런 장면은 영화 "The Nativity Story"에도 잘 묘사되어 있다. 이 영화에 보면 요셉이 방을 얻기 위해 여관을 찾아가는 것이 아니라 동네 집집마다 다 다니면서 문을 두드리고 있다. 그러나 결국 방을 얻지 못하고 마리아는 동굴에 있는 양 우리에서 아이를 해산하게 된다.

동방박사 세 사람이 낙타를 타고 왔다는데…

1. 대부분 동방박사들이 예수님이 탄생하시던 날 밤에 예수께 경배한 것으로 생각한다.

그러나 마태는 동방박사들이 예수께 경배하던 그날 밤에 예수님의 가족이 이집트로 피신을 갔다고 전하고 있다(마 2:12~15). 만일 그들이 예수님이 탄생하신 날 밤에 예수님을 찾아갔다면, 이는 마리아가 예수님을 낳은 지 33일 만에 예루살렘 성전에 올라가 정결 예식을 행하고 대속제물을 드렸다고 하는 누가의 전승과 상충한다. 따라서 마태와 누가의 전승을 다 받아들인다면, 마리아의 정결 예식이 다 끝나기까지 동방박사들은 예수님을 방문하지 않았다고 보아야 할 것이다.

2. 대개의 성화들을 보면 마구간에서 목자들과 동방박사들이 함께 아기 예수께 경배를 드리고 있다.

그러나 마태는 동방박사들이 별이 머무른 "집"에 들어가 예수께 경배했다고 전하고 있다(마 2:11). 만일 이 일이 예수님이 태어나신 밤에 이루어진 것이라면, 누가의 구유 전승과 상충된다. 그래서 학자들 가운데는 예수님이 태어난 곳은 구유였고, 동방박사들은 그 후에 마리아가 산후 조리를 하고 있었던 "집"으로 예수님을 찾아갔던 것이라고 설명하기도 한다.

3. 몇 명의 동방박사들이 예수님을 경배하기 위하여 왔는가?

"동방박사 세 사람 귀한 예물 가지고 산을 넘고 물을 건너 별 따라 왔도다…." 대표적인 성탄 노래 가운데 한 곡으로, 동방박사가 세 사람이었다고 되어 있다. 그러나 아기 예수께 경배하기 위해 동방에서 온 박사들이 몇 명이었는지는 성경에 나오지 않는다. "동방으로부터 박사들이 예루살렘에 와서"(마 2:1)라고만 되어 있다. 대부분 그들이 세 명이었다고 믿고 있으나, 어거스틴이나 크리소스톰 같은 이들은 그들이 12명이었을 것이라고 말하기도 한다. 세 명이라고 생각하는 것은 그들이 바친 예물이 세 가지 종류였다는 데서 비롯된 것으로 보인다.

4. 동방박사들이 이용한 교통 수단은 무엇이었는가라고 질문하면 누구나 자신 있게 낙타라고 대답할 것이다.

그러나 복음서는 그들이 무엇을 타고 왔는지에 대해서는 침묵을 지키고 있다. 교회에서 그들이 낙타를 타고 왔다고 가르쳐 온 이유는, 이사야서 60장 6절에 근거한 것이다. 여기에 보면, 마지막에 예루살렘이 다시 회복할 때 세계 곳곳에서 많은 민족들이 금과 유향을 싣고 예루살렘에 올라올 것이라고 예언하고 있다. 이때 그들이 이용하는 교통 수단이 낙타로 되어 있다.

동방박사들도 황금과 유향을 가지고 왔는데, 교회에서는 예수님의 탄생 사건과 예루살렘의 회복 사건을 연관시켜서 동방박사들도 낙타를 타고 왔다고 가르친 것이다. 이러한 식으로 성경을 해석하는 것을 '미드라쉬(Midrash)' 라고 하는데, 유대인들이 가장 많이 사용하는 성경 해석 방법이다.

5. 한편, 동방박사들이 가지고 온 예물들은 위에서 언급한 황금과 유향 외에도 몰약이 있었다.

학자들 간에는 마태가 동방박사들이 몰약을 예물로 가져왔다는 이야기의 배경을 열왕기상 10장에서 찾기도 한다. 여기에 보면, 스바 여왕이 솔로몬 왕의 이야기를 듣고 그를 만나기 위해 올 때 향료를 가져왔다. 당시에 스바의 향료 가운데 가장 대표적인 것은 바로 이 몰약이었다. 사실상, 동방박사들이 가져온 예물들은 새로 태어난 아기에게 어울리는 것들이 아니었다. 이 예물들을 각 나라의 특산물로도 볼 수 있으나, 마태가 이 세 가지 예물을 특별히 제시한 것은, 예수의 메시아성을 부각시키기 위함이었던 것으로 보인다.

6. 그러면 이 동방박사들은 어디에서 온 사람들이었겠는가?

대부분 페르시아라고 믿고 있다. 그러나 이 동방박사들이 중국인일 가능성도 높다는 흥미로운 학설도 있다. 동방박사들이 점성술에 능한

동방 박사, Marshall Island에서 발행

사람들이었음은 널리 알려진 사실이다. 그런데 예수님이 태어나실 당시 세계 제일의 천문학이 발달한 곳은 한나라의 효명 황제 당시이다(A.D. 1~6). 당시 유명한 천문학자 유향(劉向)이 천문을 관측하는 중에 특별한 왕별을 발견하였다. 그는 두 명의 제자를 데리고 그 별을 따라 서방으로 산 넘고 물 건너 1년간 여행하여 어린 왕을 배알하고 황금과 유향과 몰약을 예물로 드리고 왔다는 기록이 남아 있다.

한편 페르시아에는 황금과 유향과 몰약이 전혀 나지 않았으나, 중국에서는 많이 생산되어 다른 나라로 수출이 되었다고 한다. 따라서 이 동방박사는 유향(劉向)이 아니었겠느냐라고 생각하는 것이다(이삼열, 중국의 기독교 역사 이야기).

1996년에 팔레스타인 자치정부가 발행한 크리스마스 우표

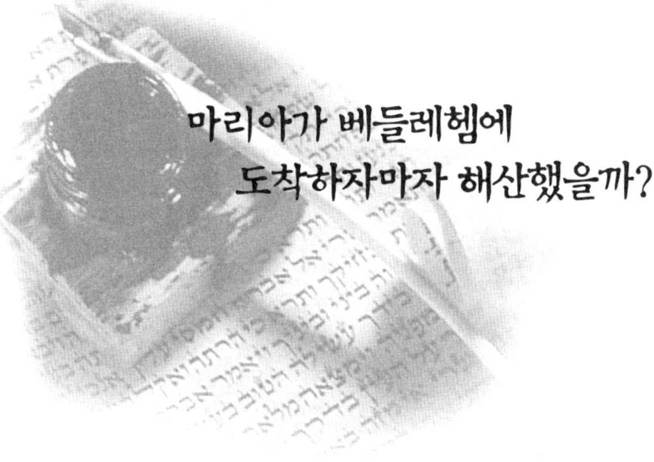

마리아가 베들레헴에 도착하자마자 해산했을까?

우리는 위에서 동방박사 세 사람이 낙타를 타고 와서 아기 예수께 경배했다고 하는 이야기는 사실이 아님을 살펴보았다. 마구간에서 태어나신 것도 사실이 아니라는 것을 확인했다. 우리가 잘못 알고 있는 것은 여기서 끝나지 않는다.

마리아가 나사렛을 떠나 4~5일이나 걸리는 먼 길을 와 베들레헴에 도착했다. 그런데 그날 밤 갑자기 산기가 있는 것이었다. 그래서 이곳 저곳 다 찾아다녀 보았지만, 빈 방이 하나도 없었다. 사정 이야기를 했지만, 아무도 그들을 위해서 자기 방을 내어 주는 사람이 없었다. 다급해진 마리아는 어쩔 수 없이 마구간에서 해산했다. 대부분 성탄극이 이런 식으로 진행되어진다. 그러나 실제로는 이것도 사실과는 다르다.

"그들이 거기에 머물러 있는 동안에, 마리아가 해산할 날이 되었다. 마리아가 첫아들을 낳아, 포대기에 싸서, 구유에 눕혀 두었다. 여관에는 그들이 들어갈 방이 없었기 때문이다"(눅 2:6~7).

도착하자마자 해산을 한 것이 아니라, 베들레헴에 도착하고 얼마 후에 해산했던 것임을 알 수 있다.

크리스마스 우표, 1998년 Tubalu에서 발행

동박박사들은 그때 그 자리에 없었다

예수님의 탄생을 그린 성화들을 보면 한결같이 아기 예수님과 요셉, 그리고 목자들과 동방박사들이 등장한다. 그리고 그들이 모여 있는 마구간에는 어김없이 소나 나귀 같은 가축이 등장한다. 우리는 이런 장면에 익숙해 있기 때문에, 당연히 동방박사들과 목자들이 함께 아기 예수께 경배한 것으로 알고 있다. 그러나 사실은 그렇지 않다.

예수께서 태어나신 날 밤에 그 자리에 있었던 사람들은 요셉과 마리아, 그리고 목자들뿐이었다. 동방박사들은 없었다. 그들은 오고 있는 중이었다. 그들이 아기 예수를 찾아와 경배한 것은 한 달도 훨씬 지난 뒤였다. 어떻게 그것을 알 수 있는가?

마리아는 정결 예식을 행하기 위해 예루살렘 성전으로 올라갔다. 해산을 했을 때 사내 아이를 낳으면 33일, 여자 아이를 낳으면 66일 후에야 집에서 나올 수 있었다(레 12:4~5). 피를 흘리며 해산했기 때문에 부정하게 여겼던 것이다. 마리아는 33일이 지난 다음에 예루살렘 성전에 올라갔다. 그리고 얼마 후에 동방박사들이 찾아왔다.

동방박사들이 정결 예식을 행한 다음에 예수님을 찾아왔다는 것을 어떻게 알 수 있는가? 동방박사들이 찾아온 후에, 천사가 요셉에게 현몽하여 이집트로 피난 갈 것을 지시했다(마 2:13~14). 그날 밤으로 예수의 가족은 이집트로 피난 길을 떠났다. 보통 생각하듯이, 동방박사들이 예수께서 태어나시던 날 밤에 찾아왔다면, 마리아가 성전에 올라간 이야기는 설명할 길이 없다. 이미 그들은 이집트에 가 있었을 것이기 때문이다.

그리고 동방박사들은 구유가 아니라 "집"에 가서 아기 예수께 경배했다고 했다(마 2:11). 예수께서 태어나시던 날 밤에 예수님을 찾아갔다면 당연히 예수님이 누워계신 구유를 찾아가 경배했어야 할 것이다. 아마 이때쯤 마리아는 산후 조리를 하기 위해 집에 머물러 있었던 것으로 보이며, 그래서 동방박사들은 바로 그 집으로 찾아갔던 것이다.

성탄 이야기를 순서대로 나열하면 다음과 같다.

1) 마리아가 베들레헴에 도착.

2) 얼마 후 마리아가 해산함.

3) 그날 밤 목자들이 말구유로 찾아와 경배를 드림.

4) 8일 후 할례를 행함.

5) 33일이 지난 후, 예루살렘 성전에 올라가 정결례를 행함.

6) 동방박사들이 헤롯을 찾아옴.

7) 동방박사들이 아기 예수가 머물고 있던 "집"을 찾아와 경배함.

8) 동방박사들이 떠난 후 이집트로 피신을 감.

9) 헤롯이 베들레헴에 살고 있던 두 살 이하의 아이들을 학살함.

우리가 알고 있는 성탄 스토리에는 이런 순서가 뒤죽박죽되어 있어서, 성탄 사건을 잘못 이해하고 있다.

베드로는 반석이 아니다

예수님이 빌립보 가이사랴로 가시는 길에 제자들에게 물으셨다. "너희는 나를 누구라고 하느냐?" 그러자 시몬 베드로가 "주는 그리스도시요, 살아 계신 하나님의 아들이시니이다"라고 고백했다(마 16:15~16). 예수님은 그의 신앙고백을 들으시고 그 자리에서 그의 이름을 베드로로 바꿔주셨다. 베드로는 무슨 뜻일까? 보통 '반석(바위)' 이라는 의미로만 알고 있는데 그렇지 않다.

반석은 헬라어로 petra이다. 반면 '베드로' 라는 이름은 petros로서 '반석에서 떼어낸 돌' 이라는 의미이다. petra와 petros는 엄연히 다르다. 그런데 우리는 petra와 petros를 구분하지 않고 사용하고 있다. petros(반석에서 떼어낸 돌)를 petra(반석)로 여기는 것이다. 베드로는 petra가 아니다. petros일 뿐이다. 반석이 아니라 반석에서 떼어낸 돌일 뿐이라는 것이다.

"내가 이 반석 위에 내 교회를 세우리니"(18절, 개역성경). 이 구절을 해석하는 데 있어서 가톨릭과 개신교는 큰 차이를 보이고 있다. 가톨릭에서는 베드로를 '반석'으로 여겨, 베드로 사도 위에 교회를 세우신 것으로 이해한다. 그러나 한 개인이 교회의 기초가 될 수는 없다. 교회의 영원한 반석은 예수님이시다. 구약에서 하나님을 반석이라고 고백하는 곳이 많다(시 18:2, 31, 46, 19:14, 28:1. 31:3, 42:9, 62:2, 6, 71:3, 73:26, 78:35, 94:22, 95:1, 144:1). 하나님이나 예수님만을 반석이라고 부를 수 있다. 베드로가 아무리 수제자라고 할지라도 그가 반석이 될 수는 없다. 예수께서도 그를 반석이라고 부르신 적이 없다. 베드로는 petra가 아니라 어디까지나 petros이다.

한편 개신교에서는 "내가 이 반석 위에 내 교회를 세우리라"는 말씀을 해석함에 있어서, 반석은 베드로가 아니라 그의 신앙고백이라고 본다. 교회는 예수님을 그리스도로 고백하는 신앙고백 위에 기초하고 있다고 보는 것이다.

예수님이 베드로라는 이름을 주셨을 때는 돌처럼 듬직한 인물이 되어라, 바위처럼 강한 믿음을 가져라, 바위처럼 흔들리지 않는 사람이 되어라, 바위처럼 한결같은 사람이 되어라, 바위처럼 굳건한 사람이 되라… 그런 의미였을 것이다. 그러나 그는 그런 이름을 얻은 다음 얼마 후 흔들리고 넘어지지 않았는가?

시몬이 베드로로? 사울이 바울로?

베드로의 이름은 참 많기도 하다. 시몬, 베드로, 게바(요 1:42), 바 요나 시몬(마 16:17), 시므온(행 15:14). 왜 이렇게 이름이 많은 것일까? 어느 것이 진짜 이름일까? 베드로의 원래 이름은 시몬 바요나이다. 바요나는 '요나의 아들' 이라는 뜻이다. 유대인들은 성(姓)이 없었다. 그래서 이름을 부를 때는 이름 앞에 아버지의 이름을 넣어, "누구의 아들 누구"라고 불렀다(예를 들면, 알패오의 아들 야고보 등). 베드로의 원래 이름은 "요나의 아들 시몬"이었다. 보통 바요나 시몬이라고 부르는데, 성경(개역)에 그렇게 번역되어 있기 때문이다(마 16:17). 그러나 이는 잘못된 것으로서, 시몬 바요나라고 불러야 한다.

시몬과 시므온은 같은 이름으로서, "듣다" "응답해 주시다"는 뜻이다. 시므온은 히브리어이고, 시몬은 시므온을 헬라식으로 부르는 이름이다.

베드로는 '반석에서 떼어낸 돌' 이라는 뜻으로서, 헬라어이다. 요한

복음에는 베드로의 다른 이름이 나오고 있다. 베드로를 보시고 예수께서 "앞으로는 너를 보고 게바라고 부르겠다"(요 1:42)고 하셨다. 게바는 아람어(예수님 당시에 보통 히브리인들이 사용하던 언어)로서, '바위' 라는 뜻이다. 베드로나 게바는 같은 뜻이다.

요약하면, 베드로는 헬라어 이름이고. 게바는 아람어 이름이다. 시몬은 헬라식 히브리어 이름이다. 시몬은 원래 이름이고, 게바와 베드로는 예수께서 새로 주신 이름이다.

베드로를 흔히 "시몬 베드로"라고 부른다. 성경에 "시몬 베드로"라는 명칭이 19회 나온다. 시몬 베드로는 각각 다른 이름이다. 두 개의 이름을 같이 부르는 것이다. 그러나 보통은 이렇게 부르지 않는다. 베드로는 예수님이 시몬에게 새로 주신 이름이다. 그렇다면 옛날 이름을 새 이름 앞에 넣어 부르는 이유가 무엇일까? 변하여 새 사람이 되어 새 이름을 갖게 되었으면, 옛날 이름은 지워야 하는 것 아닌가? 아브람이 변하여 아브라함이 되었을 때에, 다시는 아브람이라는 이름을 사용하지 않고 아브라함으로만 불렀다. 그것은 사라도 마찬가지였고, 야곱도 마찬가지였다. 옛날 이름과 새 이름을 같이 부르는 경우는 없었다.

아브람이 변하여 아브라함이 된 것처럼, 시몬이 변하여 베드로가 된 것이 아니다. 시몬에게 예수님은 하나의 이름을 덧붙여 주셨다. 그래서 시몬 베드로라고 부르는 것이다. '너는 이제부터 시몬의 삶을 살지 말고 베드로처럼 살아라' 는 의미에서 새 이름을 주셨다면 그는 결코 시몬 베드로로 불리지 않았을 것이다. 그냥 베드로라고만 불러야 할 것이다.

가끔 이런 설교를 듣는다. "사울은 '큰 자' 이고 바울은 '작은 자' 라는 뜻이다. 시몬은 '갈대' 라는 뜻이고, 베드로는 '반석(Petros)' 이라는 뜻이다. 아브람이 아브라함으로 변했듯이, 시몬이 베드로로, 사울이 바울로 변했다. 시몬에게는 이제 갈대와 같이 이리저리 흔들리는 삶을 살지 말고 반석과 같이 흔들리지 않는 든든한 믿음 위에 기초를 세운 삶을 살라는 뜻에서 베드로라는 이름을 주셨다. 사울에게는 교만하지 말고 겸손하게 살라는 뜻에서 바울이라는 이름으로 바꿔 주셨다…"

그러나 시므온(시몬)은 '듣다', '응답해 주시다'는 뜻으로, 갈대와는 아무 상관도 없는 말이다. 그리고 시몬이 베드로로 변한 것도 아니다.

사울은 큰 자인데, 작은 자라는 의미를 가진 바울로 이름이 바뀌었다는 생각도 근거가 없다. 사울은 "소망"을 뜻하는 히브리어 이름이고, 바울은 "작은 자"라는 뜻을 가진 로마식 이름이다. 그는 유대인이었기에 히브리식 이름을 갖고 있었고, 또한 이방 지역(다소)에서 태어나고 자랐기 때문에 이방인들처럼 로마식 이름을 갖고 있었던 것이다. 사도행전에서 사울로 처음에 소개되었다가 후에는 바울로 이름이 바뀌어 나타나기 때문에, 사울이 바울로 바뀌었다고 생각하는 것 같다.

사도행전에서 "바울"이라는 이름은 본격적으로 이방인 선교를 시작할 때부터 사용되어지기 시작했는데, 이방인에게 다가가기 위해서는 히브리식 이름보다는 로마식 이름이 더 낫기 때문에 그렇게 불렀던 것이지, 이름이 바뀌었기 때문에 바울로 부른 것이 아니다. 바울은 회심한 다음에 붙여진 이름이 아니다. 사울이 바울로 바뀐 것이 아니다.

무화과는 꽃이 없는가? 열매가 없는가?

무화과는 이스라엘의 7대 작물 가운데 하나이다. 예수께서 길가에 있는 무화과나무를 저주하시자 그 즉시로 말라 버렸던 사건 때문에 우리는 무화과에 익숙해 있다. 그러나 무화과에 대해 오해하는 사람이 많은 것 같다. 우리 나라에 무화과나무가 흔하지 않기 때문이다.

예수님이 무화과나무를 저주한 이후로 무화과는 열매가 맺히지 않게 되었다고 생각하는 사람도 있다(마 21:18~19). 무화과를 열매가 없는 나무로 생각하는 것이다. 또 무화과를 꽃이 피지 않는 과일 나무로 생각하기도 한다. 왜냐하면 무화과라고 하는 이름 때문이다.

한자로 보면 무화과(無花果)는 꽃이 피지 않는 과일 나무라는 뜻이다. 그러나 꽃이 피지 않는 과일 나무는 없다. 꽃이 피지 않고는 열매를 맺을 수 없는데도 무화과만 특별히 꽃이 피지 않고 열매가 맺는다고 생각하는 것이다. 그러나 그렇지 않다. 꽃이 피지 않는 것이 아니라, 꽃이 잎에 가려 잘 보이지 않을 뿐이다. 그러나 예수님이 저주하신 사건과 무화과의 이름 때문에 마치 꽃이 없는 과일 나무, 또는 열매가 열리지 않는 과일 나무로 오해하는 것이다. 그러나 무화과는 꽃도 피고 열매도 열린다.

이름 때문에 오해를 받는 꽃들이 많다. 예를 들면, 백합은 흰꽃으로 생각한다. 백합의 백자를 흰 '백(白)' 자로 생각하는 것이다. 그러나 사실은 흰 백자가 아니라 일백 백(百)자이다. 백 개가 합쳐서 하나의 꽃을 이루었다는 데서 이런 이름이 붙게 된 것이다. 예수님이 말씀하신 백합(百合)은 아네모네로서 아주 붉다.

해바라기는 해를 바라보는 꽃이라는 데서 그 이름이 유래되었다. 해바라기는 해를 바라보고 살기 때문에, 아침에는 동쪽을 바라보고, 한낮에는 중천에 뜬 해를 바라보고, 저녁때쯤에는 해지는 서쪽을 바라본다. 그러나 사실은 그렇지 않다. 해바라기가 아주 어려서 아직 꽃이 피지 않을 때는 해를 따라서 잎이 움직인다. 그러나 해바라기만 그런 것은 아니다. 모든 식물들이 해를 바라보게 되어 있다. 그렇지만 해바라기가 커서 꽃이 피게 되면 해바라기는 더 이상 해를 바라보지 않는다. 아니, 해를 바라볼 수가 없다. 꽃을 받쳐 주는 목이 단단하고 굵어져서 꽃목을 움직일 수가 없는 것이다. 대개 해바라기는 얼굴을 들어 해를 바라보는 것이 아니라 목을 숙이고 있다. 얼굴(꽃)이 무겁기 때문이다.

그러면 왜 해바라기라고 하는 이름이 붙여졌을까? 영어로는 sun flower이다. 태양을 바라본다고 해서 "태양의 꽃"이라고 한 것이 아니라, 해처럼 이글거리는 모습을 하고 있다고 해서 태양의 꽃이라고 이름한 것이다. 한자로는 향일화(向日花)라고 되어 있다. 바로 이것을 직역해서 우리 나라에서는 해바라기라고 부른 것이다. 잘못된 한자를 그대로 옮겨서, 우리는 해바라기는 해만 바라보는 꽃이라고 잘못 생각하는 것이다.

겨자
—나물인가, 나무인가?

2월 중순에서 3월 초에 갈릴리에는 들꽃들이 만발한다. 특별히 갈릴리 호수 주변에는 '들에 핀 백합화(아네모네)' 와 '겨자' 가 서로 뒤섞여 장관을 이룬다. 빨간 아네모네와 노란 겨자 꽃이 조화를 이루어 더 없이 아름답다.

우리는 "겨자 씨"의 비유를 통해 겨자를 잘 알고 있다. "하늘 나라는 겨자 씨와 같다. 어떤 사람이 그것을 가져다가 자기 밭에 심었다. 겨자 씨는 어떤 씨보다 더 작은 것이지만, 자라면 어떤 풀보다 더 커져서 나무가 되며, 공중의 새들이 와서, 그 가지에 깃들인다"(마 13:31~32 참조; 막 4:30~32; 눅 13:18~19).

겨자 씨는 아주 작지만 나중에는 씨에 비해서 엄청나게 크게 자라는 것처럼, 하나님의 나라도 시작은 보잘것없어 보이지만, 그러나 결국에는 이 땅 위에 엄청나게 크게 확산(확장)되어 나갈 것이라는 것을 비유적으로 말씀하신 것이다. 가장 작은 씨앗이 가장 크게 자라는 것을 보시고, 하나님의 나라를 겨자에 비유하셨던 것이다. 마태복음과 누가복음에는 겨자가 "나무"로 표현되어 있다. 겨자 씨는 작지만 그것이 자라면 공중의 새들이 와서 깃들 정도로 큰 나무가 된다는 것이다. 마가복음에는 "나무"라는 직접적인 표현은 없지만, 새가 깃들 정도로 크게 된다고 되어 있다.

따라서 우리는 겨자를 나무로 생각하기 쉽다. 그러나 겨자는 나무가 아니라 풀이다. 오늘날 겨자라고 불리는 풀은 '검은 겨자'(Brassica Nigra, 직역하면 '검은 배추')를 말한다. 이 풀은 큰 것은 2m가 넘는다.

그런데 예수께서는 이 겨자를 나무라고 부르셨다. 예수께서 겨자에 대해서 잘 모르셔서 그랬을까? 아니다. 예수께서는 여기에서 과장법을 사용하신 것이다. 나물을 나무라고 불렀으니 과장치고는 상당한 과장이다. 그것도 새가 깃들 정도로 큰 나무가 된다고 했다. 하나님의 나라는 상상을 초월할 정도로 '성장'하게 될 것임을 말씀하시고 있는 것이다.

겨자는 커봐야 2m정도다. 나무의 크기와 비교할 수 없다. 그런데 나물이 나무가 된다고 했다. 이 비유 속에는 양적인 성장뿐만 아니라 질적인 성장도 내포하고 있는 것으로 보인다. 나물이 크게 자랐을 뿐만 아니라 나무가 되었으니 말이다. 신화 속에서 지렁이가 뱀이 되고, 뱀이 용이 되는 것과 마찬가지로, 나물이 나무가 되는 것이다. 이것이 하나님의 나라라는 것이다.

예수님은 겨자 씨를 예로 들어 또 다른 가르침을 주셨다. 겨자 씨 한 알만한 믿음만 있어도 뽕나무를 바다로 옮겨 심을 수 있다는 가르침이다(눅 17:6). 여기에서도 겨자 씨는 가장 작은 것을 상징하고 있다.

이스라엘에서는 관광객을 대상으로 기념품점에서 겨자 씨를 아주 작은 유리병 속에 넣어서 판다. 아마도 수백 개에서 천 개 이상의 겨자 씨가 들어 있을 것으로 보인다. 성지 순례를 갔다오면서 이 겨자 씨를 선물로 사오기도 한다. 아마 가장 저렴한 가격을 주고 많은 사람에게 선물하기에 가장 좋은 것이 겨자 씨일 것이다. 또 부피가 아주 작아 가져오기도 편리하다. 어느 목사님은 겨자 씨를 교인들에게 한 알씩 나누어 주고는 누가복음 17장 6절의 말씀이 있는 곳에 붙이게 하기도 했다. 겨자 씨가 얼마나 작은가를 그 성경 구절을 읽을 때마다 확인할 수 있도록 하기 위해서이다.

그러나 겨자 씨를 살 때는 잘 사야 한다. 야생 겨자 씨와 재배한 겨자 씨가 있는데, 재배한 겨자 씨는 야생보다 훨씬 씨가 크다. 우리 나라에는 재배한 겨자 씨보다 작은 씨들이 얼마든지 많다. 그 씨를 받아 든 교인들은 그 씨가 생각했던 것보다 훨씬 큰 것에 대해 실망할 것이다. 예수님의 말씀을 오해하게 할 수도 있다. 그러므로 반드시 야생 겨자 씨인지 확인해야 한다.

삭개오가 올라간 나무는 뽕나무가 아니었다

키 작은 삭개오가 뽕나무 위로 엉금엉금 기어올라갔다는 이야기는 아마도 성경에서 읽기 전에 주일학교에서 먼저 들어서 알고 있는 이야기일 것이다. 삭개오와 연관되어 떠오르는 나무는 뽕나무이다. 그러나 뽕나무가 얼마나 크기에 엉금엉금 기어올라갔을까? 우리가 아는 뽕나무는 기어서 올라갈 정도로 큰 나무는 아니다. 그런데 키가 작은 삭개오가 예수님을 보기 위해 정말 그 작은 뽕나무 위로 "엉금엉금" 기어올라갔을까?

구약에도 뽕나무에 관한 언급이 나온다. 예언자 아모스는 "목자요 뽕나무를 재배하는 자"였다(암 7:14). 그러나 뽕나무는 구약시대의 이스라엘에서는 재배하지 않았다고 한다. 그렇다면 아모스서의 "뽕나무"는 잘못된 번역임에 틀림없다. 여기에 사용된 히브리어는 "쉬크마"인데, 오늘날의 돌 무화과나무가 바로 이 나무이다.

신약성경에서는 뽕나무가 두 번 나온다.

"너희가 겨자 씨만한 믿음이 있으면 이 뽕나무더러 뽑혀서 바다에 심기라고 하면 그대로 될 것이다"(눅 17:6).

여기서 뽕나무는 헬라어로 "수카미노스(sukaminos)"이다. 이것은 우리가 알고 있는 뽕나무이다.

또 하나는 삭개오가 올라간 나무인데, 헬라어로 "수코모레아(sukomorea)"라고 되어 있다(눅 19:4). 이를 영어 성경에서는 한 군데서도 뽕나무로 번역하지 않고 다 "돌 무화과나무(sycamore)"로 번역하고 있다. 히브리어로 번역한 신약성경에서는 이 헬라어를 "쉬크마"라고 하는 히브리어로 옮겼다. 다시 말해 삭개오가 올라간 나무는 뽕나무가 아니라 돌 무화과나무로 이해한 것이다.

개역성경이나 표준 새번역 성경에서는 삭개오가 올라간 나무를 "뽕나무"로 잘못 옮겼다. 누가복음 17장에 나오는 뽕나무(수카미노스)와 삭개오가 올라갔다고 하는 뽕나무(수코모레아)는 이름이 다른 것만 보아도 서로 다른 나무임에 틀림없는데, 같은 나무(뽕나무)로 옮겨놓

여리고에 있는 "삭개오가 올라간 돌무화과 나무"

았다. 그러나 공동번역 성경은 이를 수정하여 "돌 무화과나무"로 번역하고 있다.

돌 무화과나무가 뽕나무과에 속하는 것은 사실이다. 그래서 뽕나무라고 번역했는지도 모른다. 이 돌 무화과나무는 키가 10미터 이상 자라며, 밑동부터 가지들이 나 있어서 키가 작은 삭개오가 쉽게 올라갔을 것이다. 이 나무는 길가에 많이 심겨져 있으며, 무더운 여름에 시원한 그늘을 만들어 주는 상록수이다. 열매는 무화과와 비슷하나, 무화과보다 단맛이 떨어지며, 더 작고 많이 열린다. 그리고 1년에 여러 차례에 걸쳐 열매를 맺는다.

오늘날 여리고를 방문하면 삭개오를 기념하는 아주 크고 오래된 "쉬크마"가 있는데, 이 나무는 뽕나무가 아니라 돌 무화과나무이다. 이 나무는 크기로 보아 삭개오가 올라갔음직한 나무처럼 보인다. 돌 무화과나무는 삭개오가 엉금엉금 기어올라갈 만큼 큰 나무이다.

빨간 백합이 지천으로 깔린 갈릴리 호숫가

2월 말에서 3월이 되면 이스라엘에는 아네모네가 만발한다. 특별히 갈릴리 주변에 노란 겨자 꽃과 섞여서 지천으로 깔려 있는 것을 볼 수 있다. 물론 들에서 자생하는 꽃이다. 아네모네는 빨간 꽃으로 키가 작다. 성지 순례를 하면 가이드가 바로 그 꽃이 예수님이 말씀하신 들에 핀 백합이라고 설명한다. 그러면 곧 우리는 어떻게 빨간 꽃을 백합(하얀 꽃)이라고 할 수 있는가 의아해하게 된다.

앞서도 언급했지만 백합이라는 뜻은 흰 꽃이라는 의미가 아니다. 여기서 백은 흰 '白' 자가 아니라 일백 '百' 이다. 약 100개의 인편이 하나의 구근을 이루고 있어서 백합(百合)이라는 이름이 붙은 것이라고 한다. 백합에는 흰 백합, 빨간 백합 등 여러 종류의 꽃 색깔이 있다. 이스라엘에서 피는 아네모네는 들에 피는 꽃 가운데 하나이지만, 가장 흔히 볼 수 있는 들꽃이다. 예수님은 바로 이 들꽃을 가리켜 다음과 같이 말씀하셨다(마 6:28~30).

1) 백합은 수고도 하지 않고 길쌈도 하지 않는다. 2) 그러나 온갖 영화를 누린 솔로몬도 이 꽃 하나만큼 차려입지 못했다. 3) 이 꽃은 오늘 있다가 내일 아궁이에 들어간다. 4) 그러나 그러한 꽃도 하나님이 돌보신다. 5) 하물며 너희를 돌보아 주시지 않겠느냐? 6) 그러므로 염려하지 말아라.

빨간 나리(백합)에 관한 흥미로운 유래가 있어서 소개한다. 예수님이 죽음을 앞두고 겟세마네 정원을 거닐고 계셨다. 그때 다른 꽃들은 다 시름에 잠겨 고개를 숙이고 있었다. 그러나 백합은 예수께서 산상보훈 가운데서 자기를 칭찬한 것이 생각나, 자기의 아름다운 모습을 예수님께 보여 드리는 것이 예수님을 위로하는 길이라고 믿고는 고개를 높이 쳐들고 있었다. 그때 구름 사이로 달이 얼굴을 쏙 내밀었다. 백합이 옆에 있는 다른 꽃들을 보니까 모두 고개를 푹 숙이고 있었다. 그런데 자기만 고개를 바짝 쳐들고 있었으니, 얼마나 부끄러웠겠는가? 그래서 얼굴이 붉어지면서 꽃잎이 붉게 변했다는 것이다. 그리고 꽃 모양도 옆을 바라보는 모습을 하게 되었다고 한다.

아네모네를 예수님이 말씀하신 들의 백합으로 보는 이유는, 산상보훈을 주신 장소가 갈릴리 호수 주변이며, 이 호수 주변에 가장 많이 자라는 들꽃이 바로 이 꽃이기 때문이다. 예수님이 말씀하신 "들의 백합"은 어떤 특정한 꽃이 아니라 일반적인 용어로서, 들에서 자라는 꽃들을 지칭하는 용어이다. 들꽃 가운데는 아네모네 외에도 산 튤립(Mount Tulip), 왕관 모양을 한 데이지(Crown Daisy), 일반적인 양귀비(Common Poppy), 흰 백합 등이 있다.

예수께서는 "오늘 있다가 내일 아궁이에 들어갈 들풀도 하나님께서 이와 같이 입히시거든…"(마 6:30)이라고 말씀하셨다. 이사야서에서는 "모든 육체는 풀이요, 그의 모든 아름다움은 들의 꽃과 같을 뿐이다. 주께서 그 위에 입김을 부시면 풀은 마르고 꽃은 시든다…우리 하나님의 말씀은 영원히 서 있다"(40:6~8)라고 했다.

아네모네는 예수께서도 말씀하시고 이사야서에도 나와 있는 것처럼, 피어 있는 동안은 참으로 아름답다. 그러나 그 아름다움은 그리 오래 가지 않는다. 아네모네는 2월 말에 활짝 피지만, 3월 중순경이 되면 다 마르게 된다. 1년 중 한 달 정도 피었다 지는 것이다. 이렇게 수명이 한 달 남짓한 들꽃도 하나님이 보호하시거늘, 하물며 칠팔십 년을 사는 인생들을 하나님이 보호하시지 않겠느냐라고 예수님은 말씀하고 계신다.

열 처녀의 비유에 나오는 잔치는 혼인 잔치가 아니었다

열 처녀들이 신랑이 오기를 기다리다가 그만 잠이 들고 말았다. 그런데 신랑이 한밤중에 들이닥쳤다. 신랑이 온 것을 안 그들은 허겁지겁 일어나 신랑을 맞으러 나갔다. 그 중에 횃불을 밝힐 기름을 충분히 준비한 다섯 처녀는 신랑을 맞이하고 혼인 잔치에 참여하게 되었다. 그러나 다른 다섯 처녀는 기름이 떨어져 기름을 구하러 간 사이에 잔치가 시작이 되었다. 그들이 뒤늦게 와서 문을 열어 달라고 애원했으나 문은 굳게 닫혀진 채 열리지 않았다(마 25:1~13).

이 비유에 나오는 신랑은 신부 아버지에게 신부를 데리고 가는 대가를 다 지불했다. 신랑은 신부에게 선물을 주고 떠났다. 그 후, 신부는 자신을 정결하게 지키며 새로운 가정을 이루기 위해 준비하고 있는 동안에 1년이 다 지났다. 그동안 신랑은 집으로 돌아가 신부를 데리고 올 준비를 했다. 그러한 준비 가운데 가장 중요한 것은 신부와 함께 지낼 집을 짓는 것이었다. 신랑은 집을 다 짓고는 이제 아버지의

케투바(결혼 계약서) 1978년 이스라엘 발행

명령만 기다리고 있었다. 혼인 날짜를 정하는 것은 아버지의 권한에 속한 것이기 때문이다(행 1:7). 아버지는 모든 것이 다 준비된 것을 확인한 다음에야 아들을 신부에게로 보냈다.

한편 신부집에서는 언제 신랑집에서 신부를 데리러 올지 모르기 때문에 항상 만반의 준비를 다 하고 있어야 했다. 신부는 언제든지 신랑이 데리러 오기만 하면 즉시로 떠날 수 있는 준비를 갖추고 있어야 했다(참조. 막 13:32~33, 35).

신랑은 "한밤중에" 이르러서야 신부집에 도착하게 되었다. 신랑의 들러리들은 신랑이 왔다고 큰 소리로 외쳤다. "신랑이 온다. 나와서 맞이하여라"(마 25:6). 그리고 그들은 뿔 나팔을 불어댔다(참조. 살전 4:16).

신랑을 기다리다가 잠이 들었던 열 처녀들은 그 소리를 듣고는 벌떡 일어났다. 그리고 허겁지겁 신랑 맞을 준비를 하였다. 그들은 각자의 횃불에 불을 밝히고 신랑을 맞으러 달려나갔다.

"한밤중에" 신랑이 왔다고 하는 것은 언제 신랑이 올는지 전혀 예상할 수 없음을 말해 주는 것이다. 이 비유는 유대인들의 혼인 관습을 통해 예수의 재림이 늦어진다는 사실과, 예수의 재림이 갑작스럽게 이루어진다는 사실을 가르치고 있다.

이 비유 가운데는 1세기 상황에는 맞지 않는 부분도 있다. 신랑이 한밤중에 신부집에 도착해서 곧 "혼인 잔치"를 했다고 되어 있다(마 25:10).

그러나 혼인 잔치는 신부집에서 하는 것이 아니라 신랑집에서 하게 되어 있다. 신랑이 신부집에 온 것은 혼인 예식을 하기 위해서가 아니라, 신부를 신랑집으로 데리고 가기 위함이었다. 신랑집에서 혼인 잔치를 할 준비를 다 갖추어 놓은 다음, 신부를 데리러 신랑을 보낸 것이었다. 이 비유에 나오는, 신부집에서 있었다는 잔치는 혼인 잔치가 아니라, 신부집에서 먼 길을 온 신랑을 위해, 그리고 딸을 멀리 시집 보내면서 아쉬워하는 마음으로 준비한 잔치였을 것이다.

바리새인에 대한 편견

우리는 바리새인에 대해 부정적인 이미지를 가지고 있다. 바리새인은 위선자, 형식주의자의 대명사로 여겨지고 있다. 영어에서도 바리새인(pharisee)이라는 말은 위선자(hypocrite)라는 뜻으로 사용된다. 예수께서는 바리새인들을 향하여 "위선자"라고 부르기를 서슴지 않으셨다(마 23:13, 23, 25, 27, 29). 그들을 회칠한 무덤이라고까지 표현하셨다(마 23:27). 그들의 겉은 깨끗해 보여도 속은 더럽다고 힐난하셨다(마 23:25~26).

바리새파는 바빌리노 포로 직후에 생긴 것으로 추정된다. 예수님 당시에는 바리새파와 더불어 사두개파가 큰 주류를 이루고 있었다. 바리새파는 랍비들을 중심으로 이루어졌으며, 사두개파는 제사장 중심으로 이루어졌다. 사두개파는 희생 제사를 가장 중요시했으며, 성경(구약)을 다 인정하지 않고 5경만을 경전으로 인정하였다. 그들은 천사나 내세, 부활이나 영적인 세계를 믿지 않았다.

그러나 바리새파는 모든 구약성경을 다 정경으로 받아들였으며, 내세와 부활, 영적인 세계를 다 믿었다. 그들의 지도자는 랍비로서, 바리새인들은 랍비들의 가르침을 중요시했으며, 그들의 가르침(구전법)도 하나님의 말씀의 권위를 갖고 있는 것으로 인정했다. 그들은 성경을 연구하는 것에 최고의 가치를 두었으며, 회당(synagogue)에서 주로 성경을 연구했다. 하나님에 대한 그들의 신앙은 철저했다. 그들은 율법이 규정하고 있는 것 이상으로 하나님의 말씀을 철저하게 준수하려고 노력했다. 랍비들의 가르침은 어떻게 구체적으로 율법을 준수해야 하는가를 가르쳐 준 것이다. 우리는 그들의 신앙적 열심을 바리새인과 세리의 기도의 비유를 통해서도 쉽게 발견할 수 있다(눅 18:9~14).

기독교에서는 바리새파를 배척하고 있으나, 기독교 신앙의 뿌리는 바로 바리새주의에 있음을 우리는 기억해야 한다. 예수님의 가르침은 다른 어떤 종파—사두개파, 엣세네파 등—보다 바리새파와 가장 가깝다. 예수께서는 한 번도 바리새주의에 대하여 비판하신 적이 없다. 그들의 종교적 신념이나 가르침을 비난하신 적도 없다. 바리새인들을 맹렬하게 비난하면서도 예수께서는 다음과 같이 말씀하셨다.

"율법학자들과 바리새파 사람들은 모세의 자리에 앉은 사람들이다. 그러므로 그들이 너희에게 말하는 것은 무엇이든지 다 실행하고 지켜라"(마 23:2~3).

예수께서는 바리새파의 가르침이나 종교적 신념을 비난하신 것이 아니라, 그들이 가르침대로 살아가지 못하는 것을 질책하셨다. "그들이 너희에게 말하는 것은 무엇이든지 다 실행하고 지켜라"라고 말씀하심으로써 바리새주의를 인정하셨다. "그러나 그들의 행실은 따르지 말아라 그들은 말만 하고 실행하지는 않는다"(마 23:3). 우리는 여기에서 예수께서 무엇을 비난하고 있는가에 주목해야 한다. 우리는 예수께서 인정하신 바리새주의와 예수께서 책망하신 바리새인들을 구별해야 한다.

그러나 바리새인들이 다 말만 하고 행하지는 않는 그런 사람들은 아니다. 어느 종교, 종파에나 그런 사람들은 있다. 오늘날 교회 안에도 그런 사람들이 얼마나 많겠는가? 목사가 그런 사람을 책망하는 설교를 했다고 해서, 그가 기독교를 부정했다고 말할 수는 없는 것이다. 예수께서는 바리새파에 속한 그러한 사람들을 책망하셨는데, 우리는 그것을 가지고 예수께서 바리새파 자체를 부정하신 것이라고 잘못 생각하고 있는 것이다.

예수께서 모든 바리새인들을 비난하신 것이 아니라, 그들 가운데 말만 하고 그대로 행하지는 않는 그런 바리새인들을 비난하신 것이다. 바리새인과 세리의 기도의 비유는 "스스로 의롭다고 확신하고 남을 멸시하는 몇몇 사람에게" 하신 것이었다(눅 18:9). 모든 바리새인들이 다 예수께서 책망하신 사람들처럼 그렇게 위선자는 아니었다. 이는 교회 안에 신앙의 위선자들이 있다고 해서 모든 기독교인들을 다 위선자라고 할 수 없는 것과 같다.

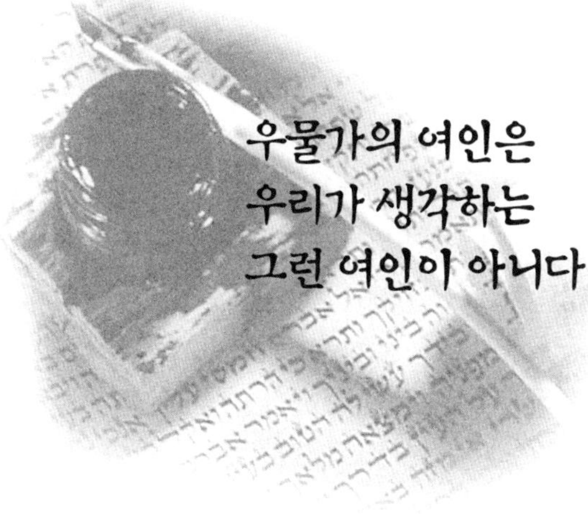

우물가의 여인은 우리가 생각하는 그런 여인이 아니다

예수께서 수가 성 우물가에서 한 여인을 만나셨다(요 4:1~30). 이 여인은 여섯 번째 남편과 살고 있었다. 이 남자와 결혼하면 행복할까 해서 결혼했는데, 행복하지 않았다. 얼마 가지 않아서 남자를 바꿨다. 그러나 그 남자에게서도 만족을 느낄 수 없었다. 그래서 다른 남자와 또 결혼을 했다. 그런데 그 남자도 마찬가지였다. 이런 식으로 결혼을 하다 보니 여섯 번씩이나 결혼을 하게 된 것이다.

그러나 그녀는 만족을 얻을 수가 없었다. "우물가의 여인처럼 난 구했네 헛되고 헛된 것들을"이라는 복음성가도 있듯이, 이 여인은 "헛되고 헛된 것들을 구하며" 살았다. 예수께서는 이렇게 육체적인 만족과 세상적인 쾌락을 추구하며 살아가는 한 죄 많은 여인에게 이렇게 가르치셨다. "세상의 우물에서 물을 아무리 들이켜봐도 너의 영적인 갈증은 결코 해갈될 수 없을 것이다. 내가 주는 물을 마셔야 너는 진정한 행복과 기쁨을 맛보게 될 것이다." 대부분 이 스토리를 그런 식으로 이해한다.

그러나 사실은 이 여인은 죄가 많고 부도덕하고 세상적인 쾌락을 추구하며 살아가는 그런 여인이 아니었다. 성경을 잘못 이해한 것이다. 고대시대에는 여인이 이 남자, 저 남자와 마음대로 결혼할 수가 없었다. 이혼의 권리는 오직 남편에게만 있었다. 남편은 아주 쉽게 아내를 버릴 수가 있었다. 이 여인은 다섯 번씩 남편을 갈아치운 것이 아니라, 그 반대로 다섯 번씩이나 남편에게 버림받은 여인이었을 것이다. 쾌락을 좇아서 이 남자와도 살아보고 저 남자와도 살아보았던 것이 아니라, 이 남자에게도 버림받고 저 남자에게도 버림받고 그렇게 살아갈 수밖에 없었던 불행한 여인이었던 것이다.

그녀는 인생에 대해서 자포자기하고 있었을 것이다. 남편에게 다섯 번씩 버림받은 여인이 세상에 대하여 무슨 기대를 갖고 살아가겠는가? 누구를 믿고 살아가겠는가? 예수님이 우물가에서 만난 그 여인은 타락하고 죄 많은 여인이 아니라, 버림받고 외롭고 소외당한 채 살아가는 불행한 여인이었다.

이 여인은 헛되고 헛된 것들을 구하며 살아가던 여인이 아니었다. 그녀의 질문을 들어보라.

"우리 조상은 이 산 위에서 예배를 드렸는데, 선생님네 사람들은 예배드려야 할 곳이 예루살렘에 있다고 합니다"(요 4:20).

이것이 헛되고 헛된 것을 구하며 살던 여인이 던지는 질문이라고 볼 수 있는가? 그녀는 진정한 예배가 무엇인지를 물었다. 그녀의 관심이 어디에 있는지를 잘 보여 준다. 만일 그녀가 우리가 생각하는 대로 '죄인'이었다면, 그녀 앞에 서 있는 분이 예언자라고 하는 것을 알아챘다면, '나는 죄인이로소이다'라는 고백이 먼저 나왔어야 할 것이다.

이 여인은 정오에 물을 길러 나왔다. 그 시간은 물 길러 오는 시간이 아니다. 아낙네들은 아침 저녁으로 물을 길러 왔다. 그러나 이 사마리아 여인은 한낮에 아무도 우물가에 사람이 없을 때 물을 길러 왔던 것이다. 사람들의 눈을 피하기 위해서였다. 사람들은 그녀만 보면 서로 수군거렸다. 동네 사람들도 이 여인을 따돌렸던 것이다. 아마도 동네 사람들은 그녀의 나쁜 행실 때문이 아니라 그녀의 불행한 운명은 그녀의 죄나 그녀의 부모의 죄 때문이라고 생각했기 때문에 수군거렸을 것이다. 고대시대에는 흔히들 그런 식으로 생각했다.

수가 성의 여인은 이렇게 멸시와 천대를 받고 살아가는 한 많은 여인이었던 것이다. 그런데 우리는 그 여인에게 동정을 보내기는커녕 행실이 나쁜 여자로 몰아 그 여인을 모독하고 있는가? 아마도 그 여인이 그런 사실을 안다면 얼마나 기가 막힐까? 성경에서 가장 억울한 사람이 바로 이 여인이 아닐까 싶다.

향유를 부어 드린 여인이 막달라 마리아?

"I don't know how to love him, what to do, how to move him."(예수님을 어떻게 사랑해야 하는지 모르겠어요, 뭘 해야 할지 모르겠어요, 어떻게 하면 그분의 마음을 움직일 수 있을까요?)

Jesus Christ Superstar라는 뮤지컬에 나오는 유명한 노래 가사이다. 막달라 마리아가 예수께 향유를 부으면서 이 노래를 부른다. 이 뮤지컬에서는 막달라 마리아가 길거리에서 웃음을 파는 여인으로 나온다.

간음하다가 현장에서 잡혀 온 여인이 있다. 모두가 다 돌로 쳐죽일 준비를 하고 있었을 때 예수님이, 너희 가운데 죄 없는 자가 먼저 돌로 쳐라 하시니까 사람들은 하나 둘씩 슬그머니 다 돌아가지 않았는가?(요 8:1~11). 바로 그 여인이 막달라 마리아였으며, 그 마리아가 예수님과 사랑에 빠져 예수께 향유를 부어 드린 것으로 나온다.

찬송가 346장에 이런 가사가 나온다. "값비싼 향유를 주께 드린, 막달라 마리아 본받아서, 향기론 산 제물 주님께 바치리. 사랑의 주, 오내 주님께!" 향유를 부어 드린 여인이 바로 막달라 마리아였다고 되어 있다.

그러나 그렇지 않다. 간음하다 잡힌 여인이 막달라 마리아였으며, 그 여인이 예수께 향유를 발라 드렸다고 하는 것은 성경을 제멋대로 짜맞춘 것이다. 사람들에게 흥미를 제공해주기 위해 성경 이야기를 조작한 것이다. 성경 어디에도 이 여인이 막달라 마리아였다고 하는 말은 없다. 찬송가도 잘못된 것이다.

또 막달라 마리아는 그렇게 행실이 나쁜 여인이 절대로 아니었다. 성경에 나오는 여인들 가운데 예수님의 어머니 마리아 다음으로 성녀로 존경받고 있는 사람이 막달라 마리아인데, 그런 사람을 창녀 출신으로 그리고 있는 것은 막달라 마리아에 대한 모독이다. 이 여인은 베다니에 살고 있던 나사로의 누이동생 마리아였다(요 12:1~8). 그런데 막달라 마리아로 둔갑을 한 것이다.

마리아는 예수님이 자기 동네에 사는 시몬의 집에서 식사를 하고 있을 때 갑자기 들어와서는 예수님의 머리에 향유를 부었다(마 26:6~13). 그러니 얼마나 황당했겠는가? 기름이 머리에서 예수님의 온몸에 흘러내렸다. 얼마나 많이 부었는지, 발까지도 향유로 완전히 다 적셔지게 되었다. 마리아는 자기 머리카락으로 예수님의 발을 또 다 닦아 드렸다. 그것을 보고는 그 자리에 있던 제자들이 마리아를 보고 다음과 같이 한마디했다. "아니 그 비싼 향유를 그렇게 허비하다니, 당신 지금 제 정신이오? 그것을 팔면 300데나리온은 될 것 같은데, 그걸로 가난한 사람들을 구제하면 얼마나 좋겠소? 그런데 그걸 그렇게 쏟아서 허비하는 거요?"

300데나리온이 얼마나 되는 돈인가? 예수님 당시에 보통 사람들이 하루에 버는 돈이 1데나리온이었다. 그러니까 300데나리온은 1년 수입에 해당하는 돈이다. 옛날에는 하루 벌어 하루 먹고 사는 사람들이 대부분이었다. 예수님이 너희는 무엇을 먹을까 무엇을 마실까 무엇을 입을까 염려하지 말라고 하셨는데, 그 당시 사람들에게는 의식주의 문제가 살아가는 데 있어서 가장 큰 문제였던 것이다. 그래서 그들은 '우리에게 일용할 양식을 주옵소서' 라고 간절하게 기도할 수밖에 없었던 사람들이다.

이렇게 하루 벌어 하루 먹고 사는 사람들인데, 모을 수 있는 돈이 어디 있겠는가? 그런데 마리아는 어렵게 모은 것을 예수님을 위해서 한순간에 다 사용함으로써 가장 값진 것을 예수님께 드렸던 것이다.

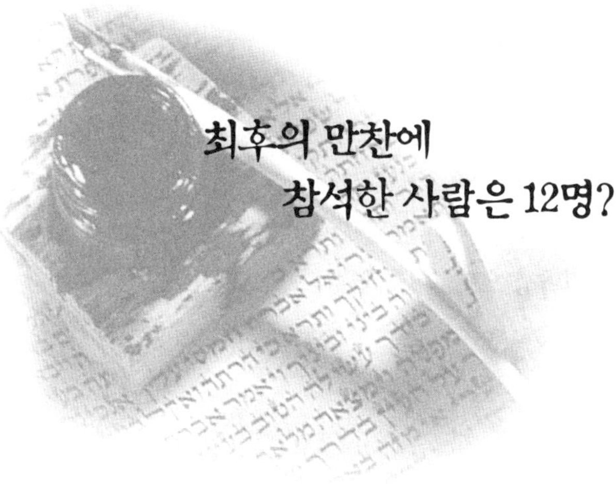

최후의 만찬에 참석한 사람은 12명?

최후의 만찬에 관한 라디오 토크 쇼에 목사와 랍비가 참여하였다. 목사가 최후의 만찬은 유월절 만찬이었다고 말하자, 랍비가 이렇게 반문했다. "예수께서 12제자들과만 최후의 만찬을 드셨다고 하는데, 그렇다면 여인들과 아이들은 어디에 있습니까?" 왜냐하면 유월절 규정에 따르면, 온 가족이 다 유월절을 지켜야 했으며, 장남이 "오늘밤이 다른 날들과 다른 점이 무엇입니까?"라고 물으면 아버지가 유월절의 유래를 설명함으로써 출애굽을 회상했기 때문이다.

성화(聖畵) 중 가장 널리 알려진 레오나르드 다 빈치의 걸작품 "최후의 만찬"에는 뒤에서 어렴풋이 비추어 오는 빛을 배경으로 예수께서 12제자들과 함께 의자에 앉아서 식사를 하고 있는 장면을 묘사하고 있다. 이 작품이 예술적으로는 걸작품이지만, 성경적으로 볼 때는 유월절에 대한 고증을 전혀 거치지 않은 작품이라고 평가할 수 있다.

최후의 만찬은 유월절에 행해진 유월절 만찬이다. 이 유월절 만찬은 '세데르(seder)' 라고 하는데, 해가 진 다음에 시작해서 밤늦게까지 행해지는 하나의 의식이다(막 14:17). 그러나 이 작품은 환한 대낮을 배경으로 하고 있다. 또 이 만찬이 서양식 테이블에서 행해진 것으로 되어 있는데, 이것도 넌센스이다. 그들은 방바닥에 앉아서 비스듬히 누워서 식사를 하였다(요 13:23).

한편 최후의 만찬 테이블 위에 올라와 있는 메뉴를 보면, 보통 먹는 빵과 물고기여서 오병이어를 연상하게 만든다. 그러나 유월절 만찬에 준비되는 음식은 포도주와 누룩 없는 떡과 구운 양고기, 쓴 나물 등이다.

또한 이 작품에는 최후의 만찬에 12제자들만이 참석한 것으로 되어 있다. 이 만찬석상에 가룟 유다를 포함한 12제자 모두가 참석했는지, 아니면 그를 제외한 11명의 제자만이 참석했는지는 불분명하다. 이러한 문제는 별개의 문제로 치더라도, 여기서 지적하려고 하는 것은 예수께서 제자들하고만 유월절 만찬을 나누었다고 생각하는 것은 우리의 잘못된 고정 관념에서 비롯된 것이라는 사실이다.

유월절 만찬은 본래 온 가족이 함께 모여 만찬을 들게 되어 있다(출 12:3~4). 가족이 함께 예루살렘에 올라오지 못했으면, 그룹을 지어서 여럿이 함께 지키도록 되어 있다. 그래서 예수님은 제자들과 함께 유월절 만찬을 나누신 것이었다.

또한 유월절 만찬 자리에는 아이들도 참석하도록 되어 있다. 앞서 언급한 것처럼, 그 집안의 가장 큰 남자 아이가 아버지에게 "아버지, 오늘밤이 다른 날들과 다른 이유는 무엇입니까?" 라고 물으면 그때 아버지는 출애굽 이야기를 들려 주게 되어 있는데, 이 부분이 유월절 만찬의 클라이맥스 부분이다. 유월절 만찬 의식의 가장 중요한 목적은 바로 자녀들에게 출애굽을 회상시켜 주는 일이다(출 13:8; 탈무드 Pesachim 116a). 따라서 아이들이 빠져 버린 유월절 만찬 의식은 생

Liberia에서 발행한 "최후의 만찬"

각하기가 어려운 것이다.

예수님과 제자들은 그들만 예루살렘에 유월절을 지키기 위해서 올라온 것이 아니라 그들의 가족들(어머니, 아내, 그리고 아이들)과 그들을 따르는 많은 사람들과 함께 올라왔다(마 27:55~56; 막 15:40~41; 눅 23:49; 요 19:25). 그런데 가족과 함께 지키도록 되어 있는 유월절 만찬 의식에 부모와 아내와 자녀들은 내버려 두고 예수님과 제자들만 유월절 의식을 거행했다고 상상할 수 있는가?

여인들이 예수님의 일행을 따라온 중요한 이유 가운데 하나는 그들을 시중들기 위해서이다(마 27:55; 막 15:41; 눅 23:49). 그 여인들이 유월절 만찬을 준비했음은 의심의 여지가 없다. 제자들 둘이 그 만찬을 다 준비했다고 볼 수는 없다. 아마 예수께서 유월절 만찬을 준비하도록 보내신 것은 그들로 하여금 직접 준비하도록 하기 위한 것이라기보다는 여인들이 준비하는 것을 돌아보도록 하기 위한 것이었을 것이다. 그리고 유월절 만찬이 시작되었을 때에 그들도 모두 그 자리에 참여했을 것임이 분명하다. 그렇게 하는 것이 예수님 당시의 유대인들의 관례였다.

예수님의 승천 이후, 12라는 숫자를 중요시하였던 제자들은 가룟 유다를 대신할 한 사람이 더 필요하였다. 그러나 그는 "요한이 세례를 주던 때로부터 시작해서 예수께서 하늘로 올라가신 날까지 늘 우리(제자)와 함께 다닌" 사람이라야 했다(행 1:22). 그러한 자격이 있는 사람 가운데 바사바라고 하는 요셉과 맛디아가 추천되었다. 그리고 그들 가운데 맛디아가 뽑혀서 12제자들 속에 들게 되었다(행 1:21~26).

여기에서 우리는 제자들뿐만 아니라, 그 외에도 많은 사람들이 처음부터 끝까지 예수님 곁을 떠나지 않았음을 알 수 있다. 요셉과 맛디아는 바로 그들 가운데 있었던 사람들이며, 그들은 예수님의 가르침과 생애에 있어서 모든 중요한 순간에 그 자리에 있었던 사람들이다. 그들이 예수님의 생애에 있어서 가장 중요한 순간이었던 성만찬의 자리에 있었음은 분명한 사실이다. 최후의 만찬 석상에는 단순히 제자들만 참석한 것이 아니라 많은 사람들이 함께 참석했던 것이다.

마가의 다락방에서 최후의 만찬을?

최후의 만찬을 나눈 장소는 어디일까? 예수께서 두 제자에게 "성 안에" 들어가서 유월절 만찬을 준비하도록 시키셨다. '세데르'라고 불리는 유월절 만찬은 예루살렘 성 안에서 먹도록 되어 있었기 때문이다. 그들은 예루살렘 성 안에 들어가 자리가 깔려 있는 "큰 다락방"에다가 유월절 만찬을 먹을 수 있도록 준비했다(막 14:12~16). 이 다락방을 공동번역에서는 "이층 방"이라고 번역하였다. 그런데 많은 사람들이 이 다락방을 마가의 다락방으로 잘못 알고 있다.

사실 "마가의 다락방"은 성경에 나오지 않는다. 마가는 누구인가? 베드로가 감옥에서 나와 마가라고 하는 요한의 어머니 마리아의 집을 찾아갔다(행 12:12). 바로 그 마가를 말한다. 이 마가와 다락방을 합성해 놓아, 마가라고 하는 사람의 집에 다락방이 있는 것처럼 생각하게 만드는데, 마가의 집에 다락방이 있었는지 없었는지 우리는 알 수 없다. 있었다고 하더라도 그 다락방과 최후의 만찬은 아무런 상관도 없다.

성지 순례를 가게 되면 시온 산에 위치한 "마가의 다락방"을 방문하게 된다. 이곳은 4세기에 "사도교회"가 있었던 자리이다. 이 터 위에 여러 차례에 걸쳐 교회가 세워지고 파괴되고 하다가, 14세기에 프란시스코 수도회에서 지금의 교회를 세웠다. 교회 전승은 이곳에서 최후의 만찬뿐만 아니라 오순절 성령 강림도 이루어졌다고 전하고 있으나, 사실일 가능성은 희박한 것으로 보인다.

그러나 4세기경에 이 자리에 교회가 세워졌다고 하는 것은, 이 장소가 초대교회에 의하여 신성한 장소로 여겨졌기 때문일 것이다. 그렇다면 이곳에서 최후의 만찬이나 성령 강림 같은, 특별히 기념될 만한 일이 이루어졌을 가능성도 배제할 수 없다.

고난받는 그리스도 (Anthony Van Dyck 작품), 2000년, Sierra Leone 발행

겟세마네는 동산이 아니다

감람산은 바로 성전 맞은편에 있는데, 성전보다 70미터 정도 높아서, 그 위에 올라가면 성전과 예루살렘이 한눈에 다 들어온다. 이곳은 예루살렘을 관망하기에 가장 좋은 곳이다. 기드론 골짜기를 두고 성전과 감람산이 양쪽에 있다.

내일이면 이제 십자가에 못박혀 죽게 되는 것을 예수님은 알고 계셨다. 예수님은 밤중에 도망칠 수도 있었다. 겟세마네 정원에서 15분 정도면 감람산 꼭대기에 이를 수 있다. 그곳에서 20분만 더 내려가면 벳바게가 나온다. 그리고는 유대 광야가 펼쳐진다. 광야로 들어가면 추적이 불가능하다. 따라서 예수님은 얼마든지 피할 수가 있었다. 그러나 예수님은 피하지 않으셨다.

예수님은 기도로 죽음을 준비하셨다. 누가복음 22장에 예수님의 기도하는 모습이 잘 묘사되어 있다. "예수께서 고뇌에 차서 더욱 간절히 기도하시니, 땀이 핏방울같이 되어서 땅에 떨어졌다"(눅 22:44). 십자가를 앞에 두고 모세혈관이 터져 피가 터져 나올 정도로, 그렇게 간절하게 피땀을 흘리면서 기도를 하셨던 것이다.

어디에서 이렇게 기도하셨는가? 겟세마네 동산? 겟세마네라는 동산은 없다. 성경에도 겟세마네 동산이라는 표현은 없다. 겟세마네는 동산이 아니라 감람산 아래쪽에 있는 조그만 정원(garden)이다. 감람산이 따로 있고, 겟세마네 동산이 따로 있는 것이 아니다. 감람산에 겟세마네 정원이 자리잡고 있는 것이다. '동산'이라는 단어 속에는 '정원'의 의미도 포함되어 있기는 하지만, 보통 동산하면 작은 산을 연상하게 된다. 그러나 겟세마네는 작은 정원이다. 겟세마네를 작은 산으로 오해하지 않도록 하기 위해서는 '겟세마네 정원'이라 부르는 것이 더욱 정확한 표현일 것이다.

성전에서 나와 기드론 계곡을 지나면 바로 이 겟세마네가 나온다. 지금 그곳에는 예수님이 그곳에서 기도한 것을 기념하는 "겟세마네 교회"가 있다. 이 교회의 공식 명칭은 "만국 교회"이다.

고난받는 그리스도(Anthony Van Dyck 작품),
Sierra Leone 발행

교회 안에 들어가면 어두컴컴하고 분위기가 무겁다. 예수님이 깊은 밤중에 기도하지 않았는가? 또 예수님이 말할 수 없이 무거운 마음으로 슬픔 가운데 기도하지 않았는가? 그래서 교회 분위기를 그렇게 만들어 놓은 것이다. 이 교회의 제단 앞에는 큰 바위가 있는데, 예수님이 기도하시던 그 바위라고 한다. 교회 정원에는 예수님이 땅에 엎드려 기도하는 모습을 조각해 놓았다.

이 정원에는 아주 오래된 감람나무들이 10여 그루 있는데, 2천 년이 넘은 감람나무들도 있다고 한다. 그런 나무를 보면 '아, 저 나무들은 예수님이 기도하시는 소리를 다 들었겠구나' 하는 생각에 절로 감격하게 된다. 그러나 사실 감람나무가 오래 살기는 하지만, 2천 년씩 산다는 것은 불가능하다. 감람나무의 수명은 대개 500년에서 700년 정도이다.

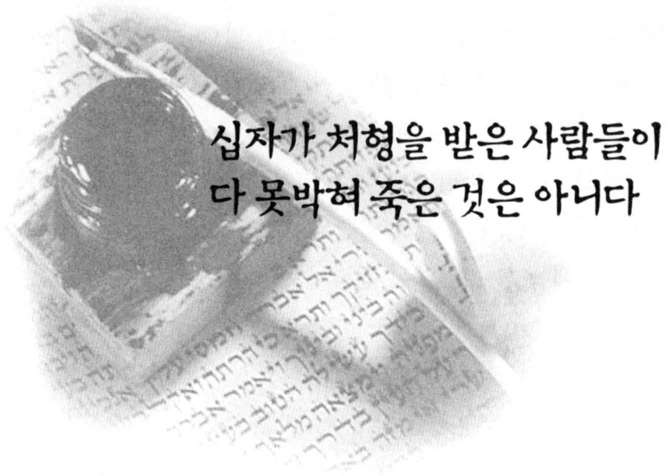

십자가 처형을 받은 사람들이 다 못박혀 죽은 것은 아니다

1) 3가지 형태의 십자가

십자가는 가장 흔히 볼 수 있는 십자 형태의 십자가와 T자형 십자가, 그리고 X자형 십자가가 있다. 예수께서 십자 형태의 십자가에 못 박히셨다고 추정하는 이유는, 십자가 위에 "유대인의 왕"이라고 하는 죄목이 적힌 명패가 붙어 있었는데, 이 명패를 붙이기 위해서는 십자 형태의 십자가가 제일 적당하기 때문이다.

2) 십자가의 크기, 무게

영화나 성화에 보면 예수께서 골고다 언덕까지 지고 가는 십자가는 십자 형태의 십자가로 나타난다. 그러나 사실 죄수는 십자가의 가로 막대만 지고 갔다. 세로 막대는 형장에 미리 세워져 있었다. 세로 막대의 무게는 50kg 정도 되는 것으로 알려져 있다. 형장에 세워져 있던 가로막대는 보통 죄수보다 30~60cm 정도 길었을 것으로 보인다.

복음서의 기록대로 십자가 밑에 있는 사람들은 죄수와 이야기할 수 있었으며, 죄수에게 몰약을 탄 포도주 같은 것을 줄 수가 있었다.

3) 십자가 처형 방법

일반적으로는 십자가에 달린 죄수에게 못을 박는 것으로 알고 있다. 대부분 이런 식으로 죄수를 십자가에 단 것이 사실이다. 그러나 항상 그런 것은 아니었다. 많은 유대인들이 로마에 의해 십자가 처형을 당했으나 십자가 처형을 당한 사람들의 유골이나 유품이 거의 발견되지 않고 있다. 당시의 유대인들이 십자가 처형을 당한 사람의 유품, 특별히 못을 부적으로 사용하기 위해 모았기 때문인 것으로 보인다.

1968년 예루살렘 북편에서 공사를 하다가 우연히 1세기의 무덤을 발견하게 되었다. 이 무덤 안에 있던 유골함에서 십자가에 처형당한 사람의 유골이 발견되었다. 이 사람은 여호아난이라는 20대 중반의 유대인 청년이었다. 이 사람의 오른쪽 발목에는 못이 박혀 있었다. 그러나 손목(손바닥에 못을 박으면 금방 찢어지기 때문에 손목에 못을 박았다)에는 못박힌 흔적이 남아 있지 않았다. 두 팔은 십자가에 줄로 묶고, 발목에만 못을 박았던 것이다. 발목에 올리브나무판을 대고 그 위에다 못을 박아 발목을 관통해서 못이 밖으로 나와 있는 모습이었다. 이 나무판은 죄수를 움직일 수 없게 만들어 고통을 크게 하기 위하여 사용한 것으로 보인다.

여기에서 볼 수 있듯이 십자가 처형 방법은 다양했다. 1세기 역사가 요세푸스도 이에 대해 다양한 방법을 기술하고 있다. 세 개의 십자가를 그린 성화들 중에는 가운데 계시는 예수님은 두 손과 발목에 못을 박히신 것으로 되어 있으나, 양옆의 강도들은 두 손에는 못을 박지 않고, 십자가에 두 팔을 각각 줄로 매단 것으로 되어 있다. 그리고 발목은 십자가에 못박은 것으로 그려져 있다.

성경에서는 구체적으로 어떻게 십자가에 매달았는지는 언급되어 있지 않다. 예수께서는 두 손과 발목에 못박히신 것이 확실하다. 부활하신 후 도마에게 와서 내 손과 발에 난 못자국을 만져 보라고 말씀하시지 않았는가? 그러나 강도들도 예수님처럼 두 손목과 발목에 다 못을 박았는지, 아니면 발목에만 못을 박고 손은 줄로 십자가에 매달았는지, 알 수 없다. 아마도 십자가 처형 방법은 원칙적으로는 두 팔과 발목에 못을 박는 것이었지만, 상황에 따라서 여러 가지 형태로 처형을 했던 것으로 보인다.

전쟁 포로들을 6천 명씩 십자가에서 죽인 경우도 있었는데, 이런 경우는 일일이 다 못을 박기는 어려웠을 것이고, 줄로 두 손을 묶었을 것으로 보인다. 많은 사람들이 십자가 처형을 받았으나 그 증거들이 발견되지 않는 것은, 십자가에 처형할 때 못을 박지 않고 손을 묶어서 처형했기 때문이라고 추정하기도 한다.

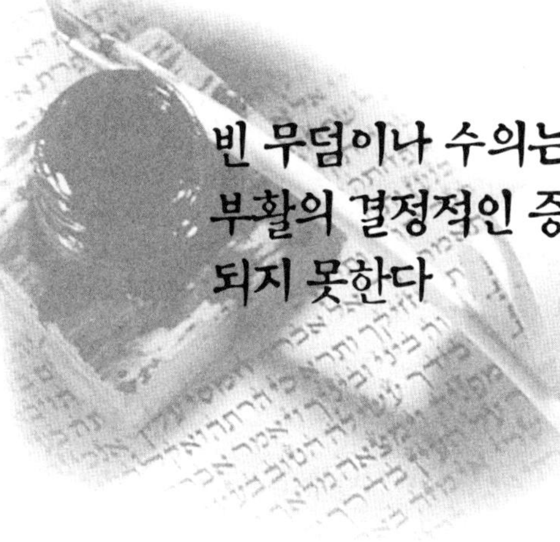

빈 무덤이나 수의는 부활의 결정적인 증거가 되지 못한다

부활에 대해 최초로 기록된 성경은 복음서가 아니라 고린도전서이다. 고린도전서는 복음서보다 훨씬 먼저 씌어졌기 때문이다. 복음서는 예수님의 부활 사건에 대해 기록하고 있으나, 고린도전서에서는 부활 사건 자체보다 부활의 의미에 대해 언급하고 있다.

부활장이라고 불리는 고린도전서 15장에서 바울은 부활에 대한 몇 가지 논제를 다루고 있다. 정말로 예수가 다시 살아났는가? 죽은 자가 어떻게 다시 살 수 있는가? 어떤 모습으로 다시 부활하는가? 이런 문제를 다루고 있는 것은, 고린도교회에 부활이 없다고 주장하는 사람들이 있었기 때문이다.

먼저 바울은 예수 그리스도의 부활이 의심의 여지가 전혀 없는 역사적인 사실임을 증거하고 있다. 보통 예수의 부활에 대한 증거로 빈 무덤이나 수의를 제시한다. 그러나 바울은 빈 무덤이나 수의를 증거로 제시하지 않는다. 그는 증거물 대신 증인을 제시하고 있다. 어떤 증인들인가? 바로 부활하신 예수님을 만난 사람들이다.

"내가 전해 받은 중요한 것을, 여러분에게 전해 드렸습니다. 그것은 곧, 그리스도께서 성경대로 우리 죄를 위하여 죽으셨다는 것과, 무덤에 묻히셨다는 것과, 성경대로 사흘째 되는 날에 살아나셨다는 것과, 게바에게 나타나시고 다음에 열두 제자에게 나타나셨다고 하는 것입니다. 그 다음에 그리스도께서는 한 번에 오백 명이 넘는 형제자매들에게 나타나셨는데, 그 가운데 더러는 세상을 떠났지만, 대다수는 지금도 살아 있습니다. 그 다음에 야고보에게 나타나시고, 그 다음에 모든 사도들에게 나타나셨습니다. 그런데 맨 나중에 달이 차지 못하여 태어난 자와 같은 나에게도 나타나셨습니다"(고전 15:3~8).

사실, 빈 무덤이나 수의는 결정적인 증거가 되지 못한다. 무슨 말인가? 마리아나 베드로, 요한, 모두 예수의 무덤이 비었음을 현장에서 직접 눈으로 확인을 했다. 예수께서 누우셨던 곳에 수의가 나란히 놓여 있는 것도 보았다. 그래서 그들이 예수님의 부활을 믿었는가?

"시몬 베드로가 그를 뒤따라와서, 무덤 안으로 들어가 보니, 고운 베가 놓여 있었고, 예수의 머리를 쌌던 수건은 그 고운 베와 함께 놓여 있지 않고, 한 곳에 따로 개켜 있었다. 그제서야 먼저 무덤에 다다른 그 다른 제자도 들어가서, 보고 믿었다"(요 20:6~8).

빈 무덤과 수의를 눈으로 확인하고 나서 그들은 "그제서야 보고 믿었다"고 했다. 잘못하면 이 구절을 오해하게 된다. 제자들이 빈 무덤을 확인하고 나서 그제서야 예수님께서 부활하신 것을 믿었다고 하는 뜻이 아니다. 제자들은 무덤 문이 열린 것과 예수의 시신이 없어진 것을 확인하고, 마리아가 말한 것이 사실이라는 것을 믿었다는 것이다.

빈무덤과 수의를 처음으로 목격한 마리아는 누군가가 예수의 시신을 훔쳐간 것으로 생각했다. 그래서 무덤 문 앞에서 울고 있지 않았는가? 그들은 부활하신 예수님을 직접 만나기 전까지는 부활을 믿지 못했다. 아니 예수님이 부활하셨으리라고는 상상도 하지 못했다.

우리는 예수님의 부활에 대해 너무 잘 알고 있으니까 부활에 대해 자연스럽게 받아들이지만, 제자들은 그렇지 않았다. 그들은 부활에 대해서는 상상도 하지 못했다. 예수께서 부활하실 것이라고 몇 차례 언질을 주었지만, 그들은 그냥 한 귀로 듣고 한 귀로 흘려 버렸다. 부활을 이해하지 못했기 때문이다. 제자들은 예수께서 부활하시리라는 것은 전혀 기대하지 않았다. 부활하신 예수님을 만난 다음에야, 왜 무덤이 비어 있었는지, 왜 수의가 개켜 있었는지를 이해했던 것이다.

부활의 결정적인 증거는 빈 무덤이나 수의가 아니다. 가장 확실한 증거는 바로 부활하신 예수 그리스도이다. 그분을 만나야 비로소 부활을 믿을 수 있게 된다. 그래서 사도 바울도 부활의 증거로서 빈 무덤이나 수의를 제시하는 대신, 부활하신 주님을 직접 만난 사람들을 증인으로 제시하고 있는 것이다.

엠마오 마을로 가던 두 사람은 제자들이 아니었다

예수께서 부활하신 날 오후 늦게 엠마오 마을을 향해 내려가는 두 제자가 있었다. 그들은 그날 아침 예루살렘에서 있었던 이야기를 주고받으면서 길을 가고 있었다. 그때 부활하신 예수께서 그들 사이에 끼어드셨다. 그러나 그들은 예수님을 알아보지 못했다. 그들은 그날 아침에 있었던 사건에 대해 예수께 설명해 주면서, 세상에 어떻게 이런 일이 있을 수 있느냐고 반문했다. 예수께서는 그들에게 성경(구약)을 통해 이 사건에 대해 설명해 주셨다. 그런 가운데 그들 일행은 엠마오에 도착하게 되었다. 예수께서 그들과 함께 저녁을 드시기 위해 떡을 떼어 주는 순간에 그들의 눈이 떠져 비로소 예수님을 알아보게 된다. 그들은 그 자리에서 일어나 예루살렘으로 돌아가 제자들에게 그들이 겪은 일을 알려 주었다(눅 24:13~35).

엠마오 마을로 내려가던 이 두 사람은 누구였을까? 대부분 성경에서 이 문단의 제목은 "예수께서 엠마오 도상의 제자에게 나타나시다"

엠마오 도상의 부활하신 예수 그리스도(렘브란트 작품), St. Vincent에서 발행.

와 같은 식으로 되어 있다. 복음성가에도 "엠마오 마을로 가는 두 제자"라는 노래가 있다. 이 두 제자가 누구였을까?

이들은 12제자 가운데 두 사람이 아니다. 제자들은 예루살렘에서 아직도 숨을 죽이고 숨어 있었다. 이 두 사람이 그 밤에 예루살렘으로 돌아가 그들에게 있었던 일을 전해 주지 않았는가? 이 두 사람은 제자들이 아니었다. 두 사람 가운데 한 사람의 이름이 밝혀져 있다. '글로바' 라고 하는 사람이다. 아마 글로바는 이름까지 제시하고 있는 것으로 보아 잘 알려져 있던 사람인 것 같다.

그들은 12제자에 속한 사람들이 아니었다. 그러나 제자들과 매우 가까운 사이였음을 알 수 있다. 그들은 부활하신 예수님을 만나자마자 먼저 제자들을 찾아갔다. 그것도 30리도 넘는 밤길을 걸어서 말이다. 또한 이들은 제자들이 어디에 숨어 있는지를 알고 있었다. 그것은 그만큼 이들이 제자들과 가까운 사이였다는 것을 말해 주는 것이다. 이들은 또한 제자들과 쭉 같이 있었다. 그들은 첫 번째 부활절 아침에 무덤에 가서 빈 무덤을 확인하고 돌아온 여인들에게서 부활의 첫 소식을 전해 들었다. 이들은 비록 '제자들' 은 아니었지만, 그들과 항상 같이 있었던 사람들임을 알 수 있다.

가룟 유다의 죽음으로 인해 유고가 된 한 자리를 채우기 위해 제자 보궐 선거가 있었다. 그때 후보 명단에 오를 수 있는 사람의 자격 가운데 하나가, "항상 우리와 함께 같이 있던 사람"이었다(행 1:22). 바로 이 두 사람은 그런 사람이었던 것이다.

예수님은 제자들과 함께 예루살렘에 머물다 집으로 돌아가고 있던 이 사람들에게 나타나셨다. 아직 많은 제자들이 부활하신 예수님을 만나지 못했다. 예수님은 그들에게 나타나시기 전에 엠마오로 내려가던 이 두 사람에게 먼저 나타나신 것이었다. 예수님이 자신의 모습을 제자들에게 나타내 보이시기 전에 이들에게 먼저 보이셨다는 것은 매우 의미심장한 일이다.

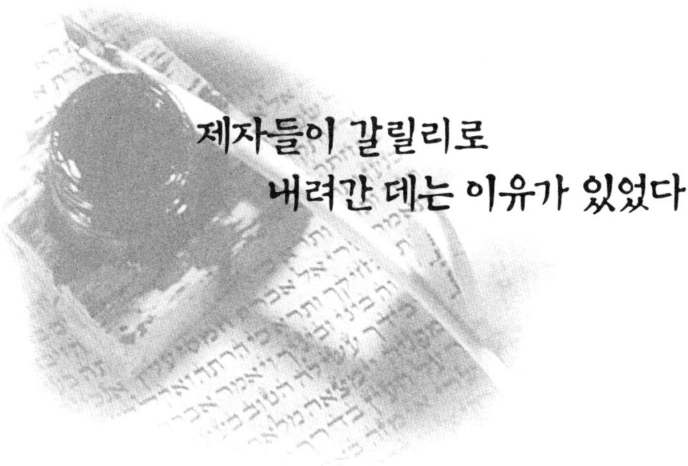

제자들이 갈릴리로 내려간 데는 이유가 있었다

갈릴리 호수 북쪽에 오늘날 '타브가(Tabgah)' 라고 하는 곳이 있는데, 교회 전통은 바로 그곳에서 베드로가 예수님을 만나서 예수님을 따라갔고, 그 후 3년이 지난 다음 그곳으로 돌아와 고기를 잡고 있을 때 예수님이 베드로를 찾아오셨다고 전하고 있다. 이 타브가에는 온천이 7개씩이나 있었다. 따뜻한 물이 호수로 흘러들어 갔기 때문에 고기들이 많이 모여들었다. 그래서 어부들이 그곳에서 고기를 많이 잡았는데, 특별히 겨울과 이른 봄, 아직 물이 차가울 때 고기가 많이 잡혔다. 부활하신 예수님이 베드로를 찾아오신 때가 3월 하순에서 4월 초순이므로 이곳에 많은 고기가 몰려 있었을 것이고, 베드로도 친구들과 그곳에서 고기를 잡고 있었을 것이다.

고기를 잡고 있는 제자들에 대하여 우리는 이렇게 생각한다. "아니, 정신 나갔지. 지금 고향에 내려가 고기 잡고 있을 때가 아니지 않는가? 예루살렘 길거리 한복판에 나가, '당신들이 죽인 예수를 하나님이 다시 살리셨습니다. 우리가 다 이 일에 증인입니다. 회개하고 예수님을 믿으십시오' 그렇게 외치고 있어야 하는 것 아닌가?"

그렇지 않다. 그들이 갈릴리로 돌아간 데는 이유가 있었다. 그들은 예수님을 만나기 위해 예수님과의 약속 장소로 내려가 있었던 것이다. 마리아가 예수님의 무덤을 방문했을 때 천사들이 예수께서 부활하셨음을 전해 주면서, 제자들에게 갈릴리로 내려가 예수님을 기다리고 있으라고 전해 주라고 했다.

"그러니 그대들은 가서, 그의 제자들과 베드로에게 이르십시오. 그는 그들보다 앞서서 갈릴리로 가십니다. 그가 그들에게 말씀하신 대로, 그들은 거기에서 그를 볼 것이라고 하십시오"(막 16:7 참조. 마 28:7, 10, 16).

그래서 갈릴리로 내려가 있었던 것이다. 생각해 보라. 예수님이 부활하셨는데, 그리고 부활하신 예수님을 만났는데, 그들이 부활하신 예수님을 확인하였는데, 3년간 예수님을 따라다닌 것이 다 허사로 돌아가고 말았으니 '이제 다시 갈릴리로 돌아가서 고기나 잡으며 살자' 그랬겠는가? 예수님이 십자가에서 돌아가신 것으로 끝이 났다고 하면 그랬을지도 모른다. 그러나 예수님이 다시 부활하셨는데, 다시 옛날로 돌아가 어부가 될 이유가 전혀 없는 것이다.

제자들은 예수님 말씀대로 갈릴리로 돌아가서 예수님을 기다리고 있었던 것이다. 그러던 어느 날 별로 하는 일도 없고 하니까 고기를 잡으러 나간 것이었을 것이다. 흔히 생각하는 대로, 그들이 제자 되기를 포기하고 다시 옛날로 돌아가, 버려 두었던 그물을 챙겨서 고기를 잡으러 나간 것이 아니었던 것이다.

그러면 왜 예수님은 갈릴리로 내려가 있으라고 하셨던 것일까? 다시 시작하시기 위해서였다! 갈릴리(호숫가)에서 예수님은 제자들을 부르시고, 그들과 함께 그곳에서 사역을 시작하셨다. 가룟 유다는 예수님을 팔아 넘겼다. 죽어도 예수님을 부인하지 않겠다고 장담하던 베드로는 예수님을 모른다고 3번씩이나 부인했다. 예수님이 십자가에 달려 돌아가실 때 제자들은 모두 다 도망가고 없었다. 요한만이 예수님의 죽음을 끝까지 지켜보았을 뿐이다. 제자들의 모습이 말이 아니었던 것이다.

가버나움에 위치한 교회. 2000년 이스라엘 발행.

예수께서는 그러한 그들을 다시 회복하시고 그들이 새로 시작하도록 하기 위해, 그들을 처음 부르시고, 처음 사역을 시작하신 곳으로 내려가도록 하셨던 것이다.

부활하신 예수님이 제자들에게 나타나셨던 곳은 바로 3년 전 처음 제자들을 부르셨던 곳이었다. 그들은 3년 전과 똑같은 기적을 체험하게 된다. 밤새도록 한 마리의 고기도 잡지 못했던 그들이 예수님의 말씀 한마디에 그물이 찢어질 정도로 고기를 잡게 되는 기적을 다시 체험했다. 똑같은 장소에서 똑같은 기적을 다시 체험한 것이다.

3년 전에 베드로에게 나를 따라오라고 말씀하신 예수님은 3년 후에 똑같은 장소에서 "네가 나를 사랑하느냐?" 고 물으셨다.

3년 전에 "내가 너로 사람을 낚는 어부가 되게 하리라" 고 하신 주님은 3년 후에 똑같은 장소에서 "내 양을 치는" 목자가 되라고 하셨다.

베드로와 제자들은 순간 3년 전 일이 뇌리 속을 지나쳐 갔을 것이다. 그리고 예수님이 왜 그들을 갈릴리에서 만나자고 하셨는지, 왜 똑같은 기적을 체험하게 하셨는지, 왜 똑같은 질문을 하셨는지 이해가 되었을 것이다. 새로 시작하도록 하기 위해서였음을 깨달았을 것이다.

오순절 성령 강림에 관한 잘못된 상식 8가지

사도행전 2장 1~13절

오순절이 되어서, 그들은 모두 한 곳에 모였다. 그때에 갑자기 세찬 바람이 부는 듯한 소리가 하늘에서 나더니, 그들이 앉아 있는 온 집안을 가득 채웠다. 그리고 그들에게 불길이 솟아오르는 것과 같은 혀들이 갈래갈래 갈라지면서 나타나더니, 각 사람 위에 내려앉았다. 그들은 모두 성령으로 충만해서, 성령이 시키는 대로 각각 다른 방언으로 말하기 시작하였다. 예루살렘에는 경건한 유대 사람이 세계 각국으로부터 와서 살았다. 그런데 이런 말소리가 나니, 많은 사람이 모여 와서, 각각 자기네 지방의 말로 제자들이 말하는 것을 듣고서, 어리둥절하였다. 그들은 놀라서, 신기하게 여기며 말하였다. "보십시오, 말하고 있는 이 사람들은 모두 갈릴리 사람이 아니오? 그런데 우리 모두가 저마다 태어난 지방의 말로 듣고 있으니, 어찌 된 일이오? 우리는 바대 사람과 메대 사람과 엘람 사람이고, 메소포타미아와 유대와 갑바도기아와 본도와 아시아와 브루기아와 밤빌리아와 이집트와 구레네 근처 리비아의 여러 지역에 사는 사람이고, 또 나그네로 머물고 있는 로마 사람과 유대 사람과 유대교에 개종한 사람과 크레타 사람과 아라비아 사람인데, 우리는 저들이 하나님의 큰일들을 우리 각자의 말로 이야기하는 것을 듣고 있소." 사람들은 모두 놀라서, 어쩔 줄을 몰라 "이게 도대체 어찌 된 일이오?" 하면서, 서로 말하였다. 그런데 더러는 조롱하면서 "그들이 새 술에 취하였다" 하고 말하는 사람도 있었다.

1) 마가의 다락방에 성령이 임하였다.

오순절 성령 강림은 "모두 한 곳에" 모였을 때 일어났다. 그곳은 어떤 집이었다. "그들이 앉아 있는 온 집안을 가득 채웠다"(2절). 성경은 이 장소가 어디였는지는 명시하지 않고 있다. 일반적으로는 마가의 다락방으로 알려져 있는데, "마가의 다락방"은 성경 어디에도 나오지 않는다. 아마 오순절 성령 강림 사건은 다락방이 아니라 성전에서 일어났을 가능성이 높다. 이에 대해서는 뒤에서 다시 언급하겠다.

2) 120명 문도에게 성령이 임했다.

"오순절이 되어 그들은 모두 한 곳에 모였다." 그러나 몇 명이 모여 있었는지는 밝히지 않고 있다. 그곳에 120명이 모여 있었다고 생각하는 것은 가룟 유다를 대신할 제자를 뽑는 자리에 120명이 모여 있었기 때문이다. 그러나 오순절 성령 강림 사건과 제자 보궐 선거는 별개의 사건이다. 각기 다른 시간에 있었던 사건이다. 제자 보궐 선거를 하는데 120명이 모여 있었던 것이지, 오순절에 120명이 모여 있었던 것은 아니다.

그러나 오순절에 그들 모두가 다 한자리에 다시 모였다고 했으므로 그 자리에 120명이 있었을 가능성도 있다. 그러나 그렇다고 해서 꼭 그들만 그곳에 있었던 것은 아닐 것이다. 특별한 절기였기 때문에 더 많이 모였을 수도 있다.

3) 기도하는 가운데 성령이 임했다.

성령이 임한 정황을 이렇게 설명하고 있다.

"그들은 모두 한 곳에 모였다. 그때에 갑자기 세찬 바람이 부는 듯한 소리가 하늘에서 나더니 그들이 앉아 있는 온 집 안을 가득 채웠다"(1~2절).

"갑자기" 성령이 임했다고 했다. 기도하는 가운데 성령이 임했는지는 알 수 없다. 대부분 기도하는 가운데 성령이 임했다고 생각하는데, 제자들과 갈릴리에서 그들과 함께 예루살렘에 올라와 다락방에 머물고 있던 여인들이 "마음을 모아 기도에 힘썼다"(행 1:13~14)는 구절을 오순절 성령 강림 사건과 연관시켜 생각하기 때문에 그렇게 믿는 것이다.

4) 성령이 임하자 방언으로 기도하기 시작했다.

우리는 '방언' 하면 방언 기도를 생각하게 된다. 그래서 오순절 성령 강림 사건 때에도 기도하다가 방언의 은사를 받아 방언으로 기도했을 것이라고 생각하기 쉽다. 그러나 성경에는 방언으로 기도했다는 말이 없다. 다만 "방언으로 말했다"고만 밝히고 있다(행 2:4).

그러면 방언으로 무슨 말을 했을까? "우리는 저들이 하나님의 큰 일들을 우리 각자의 말로 이야기하는 것을 듣고 있소"(행 2:11). 그들은 방언으로 기도한 것이 아니라 방언으로 하나님이 행하신 큰일들을 "선포했던(declare)" 것이다. 방언으로 하나님의 말씀을 전한 것이다.

5) 방언으로 말하는 것을 듣고 놀란 사람들은 누구였는가?

세계 곳곳에서 유대인들이 오순절을 맞아 예루살렘에 올라와 있었다. 지중해 연안 지방을 비롯해서 로마, 이집트, 리비아, 사우디아라비아, 이라크, 이란에서도 유대인들이 예루살렘에 올라왔다.

"그때에 경건한 유대인들이 천하 각국으로부터 와서 예루살렘에 머물러 있더니"(행 2:5, 개역개정판).

"우리는 바대 사람과 메대 사람과…리비아의 여러 지역에 사는 사람이고"(행 2:9~10절).

그런데 표준 새번역에는 사도행전 2장 5절이 이렇게 번역되어 있다.

"예루살렘에는 경건한 유대 사람이 세계 각국으로부터 와서 살았다."

개역성경에는 오순절에 예루살렘에 올라온 순례자들로 되어 있는데, 표준 새번역에서는 외국에 살다가 예루살렘으로 이주해 온 사람들로 되어 있다. 어떻게 된 것인가? 둘다 가능한 번역이다. 방언으로 말하는 것을 보고 놀란 사람들 가운데는 외국에서 살다가 순례차 예루살렘에 올라온 사람들도 있었고, 예루살렘에 이주해 와서 살고 있는 사람들도 있었다고 보면 문제가 해결될 것이다.

6) 누구에게 방언으로 말한 것일까?

오순절 성령 강림 사건시에 임한 방언은 하나님과의 의사소통을 위해서 주어진 것이 아니라, 사람들과의 의사소통을 위해 주어진 것이었다. 하나님께 기도하기 위해 주어진 것이 아니라, 사람들에게 '하나님의 크신 일'을 선포하라고 주어진 것이었다.

7) 방언은 인간이 알아들을 수 없는 천국 언어이다.

"방언"은 영어로 무엇일까? 단순히 other tongues 또는 other languages이다. 어떤 특별한 신학적 용어가 있는 것이 아니다. 그래서 방언을 개역개정판에서는 "다른 언어"라고 번역하였다(행 2:4).

오순절에 처음 주어진 방언은 인간이 알아들을 수 있는 언어였지만, 시간이 흐르면서 방언은 인간과의 의사소통을 위해서가 아니라 하나님과의 의사소통을 위해 주어지게 된다. 바울이 말하고 있는 방언이 바로 이런 방언이다. 처음에 주어진 방언은 외국어였으나, 후에는 천국의 언어로 바뀌게 된 것이다.

8) 새 술에 취한 것처럼 보였다.

방언으로 말하는 것을 보고는 "새 술"에 취했다고 조롱을 하는 사람들도 있었다. 이에 대해 베드로가 아침부터 술에 취했겠느냐고 반박했다.

"새 술"에 대해 유명한 구절이 있다. "새 술은 새 부대에"(막 2:22). 여기에서 새 술은 새로 만든 포도주라는 뜻이다. "새 포도주"라는 용어는 구약성경에도 많이 나온다. 성령 받은 사람들이 "새 술"에 취한 사람들처럼 보였다고 했는데, 여기서 말하는 "새 술"은 "sweet wine", "sweet juice"를 말한다(헬라어로 gleukos). 새로 만든 술이라는 의미가 아니다.

그러나 대부분의 영어 성경에서도 new wine으로 번역하고 있음은 특이하다. 아마 우리 성경도 이런 영어 성경의 영향을 받아 "새 술"로 번역한 것으로 보인다. 공동 번역에서는 단순히 "술에 취했군!"이라고 번역하였다. NIV도 마찬가지다. "They have had too much wine." 그러므로 술은 술이었는데, 그냥 술이 아니고 새 술이었다는 식으로 생각할 필요는 없을 것이다.

오순절 성령 강림 사건은 마가의 다락방에서?

달라스에 Biblical Art Museum이 있다. 이곳에는 오순절 성령 강림사건을 그린 세계에서 제일 큰 "Miracle at Pentecost"라는 그림이 있다. 폭이 거의 40m가 되고 높이는 6m 정도 되는데, 톰슨(Torger Thompson)이 3년여에 걸쳐 만든 것이다. 인물들은 실제 사람 크기만큼 크게 그렸다. 이 그림에는 누가 누구인지 90명 정도의 이름도 밝히고 있다. 이들은 모두 복음서에 나오는 사람들이다. 이 그림에는 한가운데 앉아서 기도하는 사람이 있는데, 그 사람은 바로 "you and I"라고 적혀 있다. 바로 나 자신이 120명 가운데 한 사람이 되어 성령의 능력을 받고 예수의 증인이 되어야 한다는 것이다!

30분 정도에 걸쳐서 이 그림과 빛, 음향을 이용하여 오순절 사건을 재현하는 쇼를 한다. 그런데 이 그림을 보면 한 가지 이상한 것이 있다. 오순절 사건이 성전에서 수많은 사람들이 모여 있는 가운데 일어난 것으로 묘사되고 있는 것이다.

달라스 Biblical Art Museum에 있는 "Miracle at Pentecost"의 일부.

어떻게 된 것일까? 오순절 성령 강림 사건이 마가의 다락방에서 일어나지 않았는가? 성지 순례를 가면 예루살렘 시온 산에 있는 큰 이층 다락방을 방문하게 된다. 그곳에서 최후의 만찬이 행해졌고, 또 성령 강림도 그곳에서 일어났을 것이라고 하는 안내자의 설명을 듣고는 감격하게 된다. 그리고 그 자리에서 오순절 성령 강림을 다시 한 번 체험할 수 있게 되기를 기도한다.

그러나 성경 어디에도 "마가의 다락방"에 성령이 임하셨다고 하는 기록은 없다. 사실, 마가의 다락방이라는 용어 자체가 없다. 마가의 집에 다락방이 있었는지 없었는지 우리는 알 길이 없다. 그러나 있었다고 하더라도 그 집의 다락방과 성령 강림 사건은 아무런 관계도 없다.

그러면 왜 우리는 최초의 성령 강림 사건이 마가의 다락방에서 있었다고 믿는 것일까? 사도들은 오순절을 지키기 위해 예루살렘에 올라와 있었다. 오순절은 이스라엘의 3대 절기 가운데 하나로서, 예루살렘에 올라와 지키도록 되어 있었기 때문이다. 사도들과 예수님의 동생과 몇몇 갈릴리에서 온 여인들은 함께 성 안에 있는 한 다락방에 묵고 있었다. 그리고 그들은 그곳에서 기도하고 있었다(행 1:12~14).

"그 무렵에" 어떤 날 신도들이 120명 정도가 모였다. 120명이 어디에서 모였는지는 밝히지 않고 있다. 그들이 모였을 때 사도들은 가룟 유다를 대신할 다른 한 사람을 뽑았다. 말하자면 제자 보궐 선거였던 것이다. 여기서 맛디아가 뽑히게 된다(행 1:15~26).

그리고 얼마가 지난 후 바로 오순절 당일에 그들은 모두 "한 곳에" 모였다. 그때에 성령이 그들이 앉아 있는 "온 집 안"을 가득 채웠다.

우리는 이 세 가지 각각의 사건을 하나의 연속적인 사건으로 이해한다. 그래서 120명 문도들이 다락방에 모여서 전심으로 기도하는 가운데 성령이 임하셨다고 생각하는 것이다. 그러나 이 세 가지 사건은 일어난 시간도 다르고, 장소도 다르고, 모인 사람들도 다르다.

우선 시간 문제를 살펴보자.

1) 제자들은 계속 그들의 숙소인 다락방에 있으면서 기도를 했다.

2) 그러던 어느 날 120명이 모이게 되었고, 그들은 모자란 한 명의 제자를 채웠다.

개역성경에는 "그 무렵에"가 빠져 있다(행 1:15). 단순히 "모인 무리의 수가 한 일백이십 명이나 되더라"라고만 번역했다. 여기서 혼동이 생기게 된다. 왜냐하면 바로 앞 구절에서는 "여자들과 예수의 모친 마리아와 예수의 아우들로 더불어 마음을 같이하여 전혀 기도에 힘쓰니라"(행 1:14)고 했기 때문이다. 이로 인해 120명이 매일 모여서 기도한 것으로 잘못 생각하게 만든다. 그러나 그렇지 않다. 표준 새번역처럼 "그 무렵에"가 들어가야 한다. 다시 말해 제자들이 모여 기도하는 것과 120명이 모여서 보궐 선거를 한 것은 하나의 사건이 아니라 서로 다른 사건이라는 것이다.

3) 그러다가 마침내 오순절이 되어서 그들은 함께 모였으며, 성령 강림 사건은 바로 이 날 일어났다.

이렇게 이 세 가지 사건은 각각 다른 날 일어난 사건들이다.

모인 사람들도 달랐다.

1) 다락방에는 제자들과 그 가족들이 모여 있었다.

2) 제자 보선을 하던 날은 120명이 모였었다.

3) 오순절에는 누가 모였는지 언급이 없다. 성경은 보궐 선거시 모였던 사람들이 모두 다시 모였다고 했는데, 다른 신도들도 많이 모였을 것이다. 왜냐하면 그 날은 특별한 절기였기 때문이다.

다음으로 장소의 문제다.

1) 다락방은 제자들이 묵었던 숙소였다.

2) 제자 보궐 선거를 했던 장소는 나와 있지 않다.

120명이 모여 집회를 하려면 상당히 큰 장소가 필요했을 것이다. 개인적으로 그렇게 큰 다락방을 가지고 있는 사람이 있었을 것이라고 생각하는 것은 무리다. 공공 건물이나 옥외가 아니면 120명이 모일 수 있는 곳이 거의 없었을 것이다.

3) 오순절 날이 이르렀을 때에 그들은 모두 한 곳에 모였다. 그러면 오순절에 어디에서 모였을까?

대부분의 사람들은 오순절을 지키기 위해서 성전에 모였다. 제자들이라고 해서 그곳에 가지 않고 다락방에 따로 모여서 집회를 하고 있었을 리는 없다. 그들도 성전에 갔을 것이고, 제자들이 있는 곳으로 신도들도 왔을 것이다.

그런데 문제는 표준 새번역에 보면 성령이 임했을 때 "온 집 안을" 가득 채웠다고 했다(행 2:2). 그러니 다락방이 아니었겠느냐고 생각할 수도 있다. 그러나 여기에 사용된 '오이코스(oikos)' 는 반드시 집만을 의미하는 것이 아니다. 왕궁이나 성전도 오이코스라는 단어로 지칭할 수 있다. 또한 성전에는 '솔로몬의 행각' 에 30여 개의 홀이 있었다. 바로 이곳을 가리키는 말일 수도 있다.

신도들이 방언으로 기도하자 전 세계에서 온 많은 사람들이 모여와서 자기네 나라 말로 말하는 것을 듣고서 신기해하며 놀랐다. 이들은 적어도 15개 외국 지역에서 온 사람들이었다. 그러면 이렇게 서로 다른 나라에서 온 사람들이 어디에 있다가 그들의 방언 소리를 듣고 찾아온 것일까? 가장 가능성 있는 곳은 바로 성전이다. 그들은 오순절을 지키기 위해 예루살렘에 올라온 사람들인데, 오순절에 성전에 있지 않고 어디에 있었겠는가?

또 하나는, 안에서(다락방에서) 기도하는 소리가 밖으로까지 들려서 그렇게 많은 사람들이 모여 왔을 것이라고 생각하기는 어렵다. 그렇다면 신도들은 옥외에 모여 있었던 것이라고 보아야 할 것이다.

그러면 옥외 장소로 적당한 곳은 어딜까? 성전 뜰이다. 성전은 성전 본 건물이 있고, 성전 뜰이 있다. 일반인은 성전 뜰에 모인다. 그곳에서 기도도 하고 말씀도 듣고 토론도 한다. 그래서 성전에는 '솔로몬의 행각' 을 만들어 두었다. 이곳은 그늘을 만들어 주고 편하게 앉아서 말씀을 듣거나 토론을 하거나 기도할 수 있도록 하기 위해 만든 장소이다. 제자들과 신도들도 이곳에 모여 있을 때 성령이 임했던 것으로 보인다.

그렇게 보는 또 다른 이유를 제시하면 다음과 같다. 베드로는 그 자리에서 일어나 몰려온 사람들을 향해 설교를 하기 시작했다. 자세한 설교 내용은 사도행전 2장에 기록되어 있다. 그 설교를 듣고 놀라운 반응이 일어났다. 그 날 그곳에서 설교를 들은 사람들 가운데 3천 명이 회개를 하고 세례를 받았다. 엄청난 역사다. 이런 일이 다락방에서 일어났다고 상상할 수 있는가? 그것은 불가능한 일이다.

그러나 성전에서는 얼마든지 가능한 일이다. 그리고 성전 주변에는 '미크베(mikveh)' 가 많이 있었는데, 미크베는 성전에 올라가기 전에 자신을 정결하게 하기 위하여 몸을 씻는 곳이다. 오늘날 침례탕 정도로 이해하면 될 것이다. 이곳에서 회개한 사람들이 세례를 받았을 것이다.

이렇게 모든 상황을 종합해 볼 때, 오순절 성령 강림 사건은 다락방보다는 성전(뜰)에서 이루어졌을 가능성이 훨씬 높다.

마지막으로 가장 결정적인 증거를 제시하고자 한다. 사도행전을 기록한 누가는 이렇게 전해주고 있다. "예수께서는 그들을 축복하시는 가운데, 그들에게서 떠나 하늘로 올라가셨다. 그들은 예수께 경배하고, 크게 기뻐하면서, 예루살렘으로 돌아가서, 하나님을 찬양하면서 날마다 성전에서 지냈다"(눅 24:51~53). 예수님이 승천하신 후, 제자들이 어디에서 무엇을 했는가를 분명하게 밝혀주고 있다. 그들이 날마다 성전에 모였다고 하는 것은 사도행전에도 여러 차례 나온다. 이러한 여러 가지 정황으로 미루어볼 때, 오순절 성령 강림 사건은 성전에서 일어났을 가능성이 매우 높다.

누가 그들을 일곱 집사라고 부르는가?

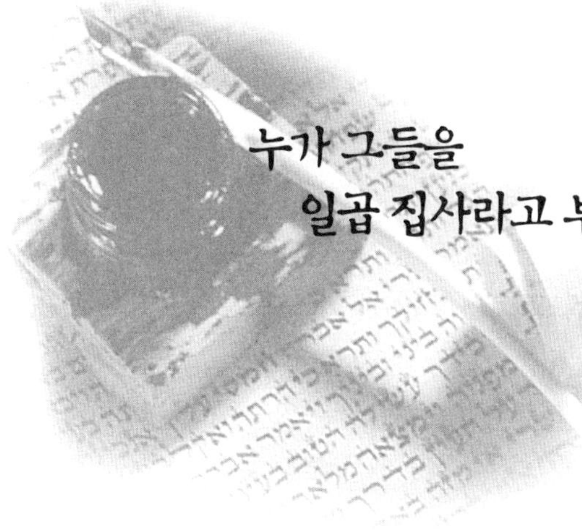

예루살렘 교회에 문제가 생겼다. 이 교회는 두 부류의 유대인들로 구성되어 있었다. 하나는 히브리파 유대인들이고 하나는 헬라파 유대인들이다. 히브리파 유대인과 헬라파 유대인의 구분이 명확하지 않다. 디아스포라 유대인들 가운데 예루살렘에 돌아와서 사는 유대인들 가운데는 히브리어는 모르고 헬라어만을 할 줄 아는 유대인들이 있었는데, 이들을 헬라파 유대인들이라고 지칭했던 것으로 보인다. 그리고 1세기 당시에는 많은 유대인들이 헬라어를 사용했다. 그래서 유대인 가운데는 모국어인 히브리어는 물론 헬라어도 구사할 줄 아는 사람들이 많았는데, 이들을 히브리파 유대인들이라고 불렀던 것으로 보인다.

이런 현상은 오늘날 이민 교회에서도 볼 수 있다. 미국의 경우, 이민 2세 가운데 영어밖에 모르는 사람도 있고, 영어와 우리말을 둘 다 할 수 있는 사람도 있다. 이런 현상이 초대 예루살렘 교회에서도 있었던 것이다. 예루살렘 교회는 이중언어를 사용하는 교회였던 것이다.

초대 교회에서는 구제하는 일을 중요시했다. 특별한 구제 대상자는 과부들이었다. 교회에서 도와주는 과부들 가운데 히브리파 과부들도 있고 헬라파 과부들도 있었다. 그런데 이들 모두에게 골고루 구제금이 돌아가지 않고 히브리파에 더 많이 돌아갔다. 그래서 헬라파 과부들은 자기들이 구제자 명단에서 자주 빠지게 되자 불평이 생겼다. "매일의 구제에 빠지므로"(행 6:1, 개역개정판)는 구제금을 주는 명단에서 빠졌다는 뜻이다.

이러한 문제를 해결하고자 사도들은 일곱 사람을 뽑아서 구제하는 일을 그들에게 맡겼다. 이렇게 해서 뽑힌 사람들은 스데반, 빌립, 브로고로, 니가노르, 디몬, 바메나, 그리고 니골라였다(행 6:1~6).

이들은 모두 헬라어 이름을 갖고 있다. 따라서 7명 모두 다 헬라파 유대인들로 생각할 수도 있다. 그러나 그렇지 않다. 왜냐하면 그 당시에는 많은 유대인들이 헬라어 이름을 갖고 있었기 때문이다. 이런 사실은 예루살렘에서 발굴된 유골함에 헬라어 이름들이 많이 있다는 데서도 알 수 있다. 물론 일곱 명 가운데는 헬라파 유대인들도 많이 있었을 것으로 보인다. 그러나 모두 다 헬라파 유대인으로 보기는 어렵다.

우리는 이들을 "일곱 집사"라고 부르고 있다. 보통 대부분의 주석 성경이나 해석 성경에서는 사도행전 6장 1~6절의 제목을 "일곱 집사를 뽑다"로 붙여놓았다. 그러나 본문에는 "집사"라는 표현이 한번도 나오지 않는다. 하지만 사도행전 21장 8절을 보면 그들을 집사라고 부르고 있다. "이튿날 떠나 가이사랴에 이르러 일곱 집사 중 하나인 전도자 빌립의 집에 들어가서 유하니라"(행 21:8, 개역개정판).

그렇다면 이들을 집사라고 부른 것이 확실한 것이 아닌가? 그렇지 않다. 표준 새번역에는 "일곱 집사"라는 말 대신에 "일곱 사람"이라고만 옮겼다. 표준 새번역이 맞다. 개역 성경을 주의 깊게 보면, "집사"

라는 단어를 작게 쓴 것을 발견할 수 있다. 작은 글자는 원문에는 없지만 이해를 돕기 위하여 첨가한 단어이다. 영어 성경에서는 모두 단순히 "the seven"이라고만 옮기고 있다.

사실, 이들은 오늘날의 집사와 같은 직분을 가진 사람이라고 보기는 어렵다. 그들 중 한 사람인 스데반은 순교하지 않았는가? 빌립은 "전도자"라고 불리고 있다(행 21:8). 그들은 사도들 못지 않은 기적들을 행했다. 오늘날 집사와는 비교도 안 되는 사람들이었다.

그러면 왜 그들을 집사라고 부른 것일까? 집사를 영어로는 deacon이라고 부른다. 봉사하는 사람들이란 뜻이다. 이 말은 헬라어 diakonia에서 나온 말이다. 이 단어가 사도행전 6장 1~6절에 3번 나온다: "구제(봉사)"(6:1), "접대"(6:2), "사역"(6:4). 구제하는 일도 디아코니아로 묘사하고, 말씀 전하는 일도 디아코니아로 묘사하고 있다. 사도들이 하는 일도 "디아코니아"로 묘사하고, 7명이 하는(하게 될) 일도 "디아코니아"로 묘사하고 있는 것이다. 여기에서 디아코니아는 오늘날처럼 "집사"의 직분을 표현하는 단어가 아니고, 다만 "일" "봉사" 또는 "사역"을 의미하는 단어로 사용되고 있다.

한편 가룟 유다 대신 "봉사와 및 사도의 직무를 대신할" 사도 한 사람을 뽑았는데(행 1:25), 여기에서 "봉사"는 헬라어로 디아코니아라는 용어가 사용되었다. 사도(집사가 아니라!)와 관련하여 디아코니아라는 용어가 사용된 것이다.

이렇게 디아코니아는 오늘날의 집사 직분과는 직접적인 관련이 없다. 그러나 보통 집사의 어원인 "디아코니아"라는 단어가 본문(행 6:1~6)에 사용되고 있다고 해서 그 일곱 사람을 "집사"라고 부르고 있다.

이들의 명칭을 뭐라고 붙이면 좋을까? 그들을 세운 목적이 2절에 나와 있다. 우리 성경에는 "접대"를 위해서 세웠다고 되어 있다. 헬라어

(diakoneo trapeza)를 그대로 옮기면 "테이블(상) 옆에서 시중드는 일"을 하도록, 즉 음식 먹는 사람들을 봉사하도록 하기 위해 세움을 받은 것이다. 그들은 오늘날의 "웨이터"에 해당한다. "7명의 집사를 세우다" 대신 "7명의 웨이터를 세우다"로 제목을 바꾸면, 그들의 품위를 떨어뜨리는 일일까?

"나는 날마다 죽노라"에 대한 오해

"나는 그리스도와 함께 십자가에 못박혔습니다. 이제 사는 것은 내가 아닙니다. 그리스도께서 내 안에서 사시는 것입니다"(갈 2:20).

사도 바울의 고백이다. 예수님처럼 바울도 자기 자신을 십자가에 못박았던 것이다. 그가 죽음으로 그 안에 예수님이 살아 계실 수가 있었던 것이다. 오락실이나 문방구점 앞에 보면, 두더지를 두들기는 게임이 있었다. 나무 망치를 가지고 두더지가 쏙 튀어나오면 마구 두들긴다. 여기저기서 막 튀어나오는 두더지들을 정신 없이 두들겨 넣는다. 그런데 이 놈을 때리면 저 놈이 튀어나오고, 그 놈을 때리면 또 다른 놈이 튀어나온다. 이런 식으로 계속 반복이 된다.

우리도 마찬가지다. 우리 안에 아직도 죽지 않고 남아 있는 옛 본성들이 두더지처럼 불쑥불쑥 튀어나온다. 다 죽은 줄 알았는데 아직도 죽지 않고 살아남아 있는 것이다. 그렇기 때문에 우리는 끊임없이 우리 자신을 죽여야 한다.

그래서 바울도 "나는 날마다 죽습니다"라고 고백한 것이 아니겠는가? 바울은 십자가에서 이미 죽었다고 했다. 그런데 그는 아직도 날마다 자신을 죽이며 살아가고 있다는 것이다. 죽었는 줄 알았는데, 옛 본성이 또 죽지 않고 살아 나오는 것이다. 그래서 바울은 자기 자신을 매일 죽이기 위해 노력했던 것이다. "나는 날마다 죽노라"는 말씀을 우리는 그렇게 이해를 한다.

그러나 사실, 나는 날마다 죽노라는 바울의 고백은 우리가 생각하는 그런 의미가 아니다. 나는 매일 나 자신을 죽이기 위해 노력하고 있습니다, 나는 나 자신을 쳐 복종시키기 위해 끊임없이 노력하고 있습니다, 그런 의미가 아니다.

"나는 날마다 죽습니다"라는 고백은 부활장이라고 불리는 고린도전서 15장 31절에 나온다. 이 구절에 대한 표준 새번역 성경의 난하주를 보면 다음과 같이 설명하고 있다. "나는 날마다 죽음의 위협을 당합니다." "나는 날마다 죽음을 경험합니다."

이는 바울이 자신의 육적인 자아를 죽이는 것이 아니다. 다른 사람들이 바울을 죽이려고 위협을 하는 것이다. 그래서 매일 죽음의 위협을 받으며 살아가고 있다. 언제 죽을지 모르는 삶을 살아가고 있다는 것이다. 우리가 이해하는 것과는 전혀 다른 이야기가 아닌가?

바로 앞 구절에 보면, "우리는 또 무엇 때문에, 시시각각으로 위험을 무릅쓰고 있습니까?"(고전 15:30)라고 했다. 이 구절 바로 다음에서는 이렇게 말하고 있다. "내가 에베소에서 맹수와 싸웠다고 하더라도, 인간적인 동기에서 한 것이라면, 그것이 나에게 무슨 유익이 되겠습니까?" 즉 "나는 날마다 죽습니다"라는 말은 끊임없이 죽음의 위협을 받으며 살아가고 있다는 뜻임을 알 수 있다.

바울은 말할 수 없는 환난과 핍박을 당했다. 감옥살이도 하고, 매도 여러 번 수없이 맞고, 돌에 맞아 죽을 뻔한 일도 있었다. 망망한 바다 한가운데서 세 번씩이나 파선을 당했다. 사자를 만나 죽을 뻔한 일도 있었다. 자주 여행하는 동안에 강물의 위험과 강도의 위험과 동족의 위험과 이방 사람의 위험과 도시의 위험과 광야의 위험과 바다의 위험과 거짓 형제 자매의 위험을 당하였다. 여러 번 밤을 지새우고, 주리고 목마르고 여러 번 굶고 추위에 떨고 헐벗었었다(고후 11:23~27). 바울은 "나는 날마다 이런 죽음의 위협을 계속 당하며 살아가고 있다"고 말하고 있는 것이다.

죽음의 위협을 당하면서까지 예수의 부활을 증거하는 이유는 무엇인가? 그것은 바로 부활 때문이다. 바울은 "내가 이렇게 죽음의 위협을 당하면서까지 예수의 부활을 증거하고 있는데, 만일 예수의 부활이 사실이 아니라고 한다면, 나는 얼마나 가련한 사람이겠습니까?" 그런 말을 하고 있는 것이다.

예수님이 부활하신 것처럼 우리 모두도 부활할 것이기 때문에 그는 죽음이 두렵지 않았던 것이다. 만일 죽은 사람이 부활하지 못한다고 하면, 먹고 마시고 즐기지, 내가 왜 죽음의 위협을 무릅쓰고 예수를 전하겠느냐는 것이다. 바울은 자신의 고난을 부활에 대한 소망으로 이겨냈다.

고린도전서 15장에서 그의 마지막 결론은 이것이다. "그러므로 나의 사랑하는 형제 자매 여러분, 굳게 서서 흔들리지 말고, 주님의 일을 더욱 많이 하십시오. 여러분이 아는 대로, 여러분의 수고가 주님 안에서 헛되지 않습니다"(고전 15:58).

"예수님이 부활하셨고, 우리도 부활할 것이기 때문에, 나는 날마다 죽음의 위협을 무릅쓰고 그 예수님을 전하고 있습니다. 그러니 여러분도 나처럼 열심히 주님의 일을 하십시오. 우리가 주님을 위해서 하는 수고는 결코 헛되지 않습니다. 부활이 있지 않습니까!" 이것이 부활장의 결론이다. 우리의 부활 신앙이 어떻게 이 땅에서의 우리의 삶과 연결이 되어야 하는가를 잘 보여 주고 있다.

우리도 부활 신앙을 갖고 있다면, 바울처럼 죽음의 위협을 무릅쓰고 주님의 일을 할 수 있어야 한다.

아, 그렇구나!

제2장 다시 한 번 생각하며 성경을 읽었더니…

"꿈꾸는 자가 오는도다"

—누가 꿈꾸는 자인가?

우리는 흔히 요셉은 꿈의 사람이었다, 그러므로 우리도 요셉처럼 큰 꿈을 갖자, 그러면 요셉처럼 큰 인물이 될 수 있다와 같은 식으로 생각한다. 그러나 다시 한 번 생각해 보자. 요셉이 인생에 대한 야망이나 비전이 있어서, 나는 앞으로 이런 인물이 되겠다…그런 꿈을 가졌는가? 요셉이 자아실현을 위해서 꿈을 가졌는가?

아니다. 창세기를 잘 읽어보면, 꿈꾸는 자는 요셉이 아니라 하나님이시다. 요셉의 형제들은 요셉을 보고 "꿈꾸는 자가 오는도다"(창 37:19, 개역개정판)라고 비아냥거렸다. 그러나 사실은 꿈꾸는 자는 요셉이 아니라 하나님이셨다. 하나님이 요셉에게 하나님의 꿈, 하나님의 비전을 주시고 하나님의 섭리를 계시해 주신 것이지, 요셉이 나는 이러이러한 원대한 꿈을 갖고 인생을 살아가야겠다, 그래서 그가 꿈을 꾼 것이 아니었다.

창세기 15장에 보면 하나님께서 아브라함에게 말씀하시기를, 그의 후손들이 4대 만에 이방 땅에서 다시 가나안으로 돌아올 것이라는 계시를 해 주셨다. 그것이 하나님의 계획이었다. 그것이 하나님의 섭리였다. 그것이 하나님의 설계였다. 그것이 하나님의 비전이었다. 그것이 하나님의 꿈이었다.

이러한 하나님의 계획과 섭리와 비전과 꿈을 이루기 위해 하나님은 요셉을 도구로 사용하신 것이었다. 그를 통해 하나님의 꿈을 이루기 위해 그에게 하나님의 꿈을 주신 것이었다. 요셉은 자신의 꿈을 이루기 위해 산 것이 아니라, 하나님의 꿈을 이루어 드리기 위해 살았던 인물이다.

믿음은 하나님의 꿈을 꾸는 것이다. 나의 야망을 이루기 위해 인생의 원대한 꿈을 꾸는 것이 아니다. 그것은 세상 사람들의 수준이다. 우리는 하나님의 꿈을 꾸어야 한다. 요셉처럼 하나님이 주시는 꿈을 가져야 한다. 하나님은 우리에 대해서, 그리고 세상에 대해서 큰 꿈을 갖고 계신다. 우리가 우리의 생각으로 우리의 꿈을 만드는 것이 아니라, 하나님이 가지고 계신 꿈을 우리도 갖는 것–그것이 믿음이다.

하나님은 그분의 꿈을 요셉에게 보여 주지 않았는가? 그래서 요셉도 하나님과 같은 꿈을 갖고 살아가지 않았는가? 우리도 그래야 한다. 부모는 자녀들에게 자신이 이루지 못한 꿈을 심어 주려고 해서는 안 된다. 기도하는 가운데, 성령의 깨닫게 하시는 은혜 가운데, 하나님의 꿈을, 하나님의 소원을, 하나님의 계획을 가질 수 있게 해야 한다. 하나님에게는 계획이 있다. 원대한 비전이 있다. 큰 꿈이 있다. 우리는 바로 우리가 그러한 하나님의 계획과 비전과 꿈을 이루는 도구가 되게 해달라고 기도해야 한다.

창세기와 출애굽기 사이의 침묵의 450년

창세기는 요셉이 이집트의 총리 대신의 자리에 오른 이야기와, 요셉이 자기를 팔아 넘긴 형제들과 아버지를 극적으로 만나게 되어, 요셉의 일가친척 70명이 이집트로 이주한다는 스토리로 끝을 맺고 있다. 요셉이 양곡 정책을 잘 써서 7년 대기근에서 온 이집트를 구하게 된다. 이로 인하여 이집트에 이주해 와 정착해 살던 히브리인들(요셉의 형제들과 그 후손들)은 특별 대우를 받고 살게 되었다. 그때의 히브리인들은 생육이 중다하고 번식하고 창성하고 심히 강대하여 온 땅에 가득하게 되었다(출 1:7).

그들이 정착해 살던 곳은 나일 강 삼각지대의 비옥한 토지였다. 그런데 얼마쯤 시간이 흘렀을까. 요셉을 알지 못하는 바로가 등장했다. 요셉을 알지 못하는 왕이 나타난 것은 아마도 히브리인들이 이집트에 이주해 오고 나서 450년쯤 지난 때였던 것으로 보인다. 다시 말하면 창세기 마지막 장과 출애굽기 첫 장 사이에는 450년간의 역사적인 공백이 있는 것이다. 그러나 이 450년간의 역사에 대하여 성경은 침묵을 지키고 있다. 우리가 알고 있는 것은 그동안 히브리인들이 이집트에서 강대해지고 번창했다고 하는 것이 전부이다.

450년의 세월이 흐르는 동안 요셉이라고 하는 전설적인 인물은 이집트 사람들의 기억에서 사라져 가고 있었다. 그들이 요셉을 기억하고 있는 동안에는 요셉의 덕택으로 히브리인들은 큰 문제 없이 이집트에서 잘 살 수 있었다. 그러나 요셉을 알지 못하는 바로가 나타나자 문제는 달라지게 된 것이다. 그 왕은 이스라엘 백성들에게 고역을 시키고, 강제 노동을 시키고, 그들을 괴롭게 하였다. 그리고 마침내는 새로 태어나는 히브리인의 모든 사내 아이들은 다 죽이도록 하는 데까지 이르게 된다.

성경은 창세기 마지막 장과 출애굽기 첫 장 사이의 450년간의 역사에 대하여 아무런 언급도 하지 않고 있는데, 이는 450년간 이스라엘과 하나님의 관계가 단절되었음을 보여 주는 것이다. 왜 450년 동안 하나님의 역사가 이스라엘의 역사 속에서 단절되었는가? 450년 동안 하나님은 이스라엘 백성에게 아무런 일도 하지 않으신 것인가?

요셉의 형제들은 이집트에 양식을 구하러 왔다가 총리 대신이 된 요셉을 만났다. 그리고 요셉 덕분에 기근을 피해 이집트에 와서 정착해 살 수 있었다. 그들은 비옥한 나일 강 삼각지대에 정착하여 풍요를 누리며 살았다. 그들은 이집트 사람들의 눈치를 보며 살 필요도 없었다. 본토민인 이집트 사람들과 좋은 관계를 맺으며 살았다.

히브리인들은 날로 번창해 갔다. 70명이 이주해 왔으나, 그동안 엄청나게 불어나 장정만 60만 명이 되었다. 450년 정도 살았으니, 남의 나라에서 산다는 생각도 하지 않게 되었을 것이다. 그렇게 되자 그들은 하나님을 절실하게 필요로 하지 않게 되었을 것이다. 하나님 없이도 잘 살 수 있게 된 것이다. 그래서 그들은 하나님을 잊고 살아갔던 것이 아닐까?

그런데 그 결과는 어떤 것이었는가? 450년간 아무런 문제없이, 하나님을 찾을 필요도 없이, 물질적인 풍요와 문화적 풍요를 누리고 살며 왕성하게 번성하던 히브리인들이 결국은 어떻게 되었는가? 요셉을 알지 못하는 새 왕이 일어나서 그들을 종으로 부리기 시작했다. 그러자 비로소 450년간 잊고 살던 하나님 앞에 돌아왔던 것이다.

이스라엘 자손이 고된 일 때문에 탄식하며 부르짖으니, 고된 일 때문에 부르짖는 소리가 하나님께 이르렀다(출 2:23). 이에 하나님께서는 그들의 탄식하는 소리를 들으시고 아브라함과 이삭과 야곱에게 세우신 언약을 기억하시고 그들을 구출하기로 작정하셨다(출 2:24~25). 이렇게 하여 출애굽의 대역사가 시작된 것이다.

이것이 얄팍한 인간의 모습인 것 같다. 그래서 하나님께서는 앞으로 가나안에 들어가 살게 될 이스라엘 백성에 대하여 다음과 같이 우려하셨다.

"너희가 배불리 먹으며, 좋은 집을 짓고 거기에서 살지라도, 또 너희의 소와 양이 번성하고, 은과 금이 많아져서 너희의 재산이 늘어날지라도, 혹시라도 교만한 마음이 생겨서, 너희를 이집트 땅 종살이하던 집에서 이끌어 내신 주 너희의 하나님을 잊어 버리는 일이 없도록 하여라… 너희가 주 너희의 하나님을 참으로 잊어버리고, 다른 신들을 따라가서 그들을 섬기며 절한다면, 너희는 반드시 멸망할 것이다" (신 8:12~14, 19).

광야의 백성에게 있어서 맛있는 것을 배불리 먹고 마시고, 아름다운 집을 짓고, 농사를 짓고, 과실을 따 먹고, 소와 양들을 기르고 하는 것들은 꿈만 같은 이야기이다. 그러나 이러한 꿈 같은 이야기가 그들 앞에 현실로 다가왔을 때, 그들의 감격과 기쁨이 어떠했겠는가? 꿈에도 그리던, 젖과 꿀이 흐르는 가나안에 도착해 보니, 그곳은 골짜기나

산지에서 물이 넘쳐 흘렀다. 밀과 보리가 자라고, 포도와 무화과와 석류와 감람 열매들이 열리며, 산에서는 동을 캐고, 굴러다니는 돌들은 철이 아닌가? 그들은 그저 꿈만 같은 현실에 대해 감사하고 감격했다.

그러나 그도 잠깐, 그들은 곧 광야생활을 잊어 버리고 그들이 누리고 있는 모든 것을 당연한 것으로 받아들이게 되었다. 집을 짓고 농사를 지으며 소와 양을 기르면서, 그들은 점점 하나님에게서 멀어져 가기 시작했다. 하나님의 우려가 현실로 나타나게 된 것이었다. 이스라엘 백성들은 가나안 땅에 들어가서 하나님께서 그들에게 주신 복을 누리며 살았지만, 그들에게 복을 주신 하나님은 잊어 버렸다.

그들이 하나님이 주신 복과 기름진 땅을 누리면서도 주를 섬기지 않으며 악행을 그치지 않았기에 이스라엘 백성은 열방(앗시리아, 바빌론, 페르시아, 로마)의 종이 되고 그들이 누린 모든 복을 다 빼앗겼다(느 9:35~37). 가나안에 들어와서도 이집트에서와 똑같은 비극을 되풀이하였던 것이다. 이것이 인간의 모습이고 우리의 모습이 아닐까?

마흔이 넘어서야 결혼한 모세

사람을 쳐죽이고 광야로 도망간 모세는 미디안 광야의 한 우물가에서 한 여인을 만나 결혼하게 된다. 그녀는 제사장의 딸 십보라였다. 그리고 아들 게르솜과 엘리에셀을 얻게 된다. 출애굽기에 게르솜의 탄생에 대해서는 언급되어 있으나, 엘리에셀의 탄생에 대해서는 구체적인 언급이 없고 다만 이름만 나와 있다(참조. 출 18:4). 후에 모세는 구스 여인을 아내로 맞아들였다. 모세의 아내들은 유대인이 아니라 모두 이방인들이었다.

스데반은 설교 가운데 모세의 생애에 대하여 언급하였다(행 7장). 그에 따르면 모세의 생애는 다음과 같다.

1) 모세는 태어나서 부모들이 석 달 동안 몰래 길렀다.

2) 마흔 살이 되었을 때에 사람을 쳐죽인 일로 미디안 광야로 도망갔다.

3) 미디안 광야에서 40년간 살았다.

4) 80세에 하나님의 부르심을 받고 이집트로 다시 돌아와, 40년 동안 이스라엘 백성을 가나안으로 인도하기 위해 광야생활을 했다.

흔히 모세의 생애를 40년씩 셋으로 구분한다: 바로의 궁중에서 40년, 미디안 광야에서 40년, 그리고 출애굽하는 데 40년. 이러한 구분은 구약성경의 기록에 근거한 것이 아니라 스데반의 설교에 근거한 것이다.

출애굽기에 의하면, 모세가 "어른이 되었을 때에" 동족을 괴롭히는 이집트인을 죽였다고 한다(2:11~12). 그때의 나이는 밝혀져 있지 않으나, 스데반은 그때 모세의 나이가 40세였다고 했다. 스데반이 무엇을 근거로 그렇게 말했는지는 확실하지 않다.

유대의 전승에 의하면, 모세는 이렇게 사람을 죽이고는 피신하여 에티오피아로 가서 왕이 되었다고 한다. 그때 모세의 나이는 27살이었다. 모세는 그곳에서 40년간을 다스리다가, 미디안으로 갔다. 이렇게 보면 모세가 미디안에 머문 세월은 13년이 된다.

모세는 출애굽을 하여 광야에서 40년 동안 이스라엘 백성을 인도하다가 120세의 나이로 죽었다. 따라서 모세가 하나님의 부르심을 받고 출애굽을 한 것은 80세 때의 일이었음은 분명하다.

스데반에 따르면, 모세는 40세가 넘어서야 결혼을 한 것이 된다. 광야로 도망가서 그곳에서 미디안 제사장 이드로의 딸을 만나 결혼했기 때문이다. 고대시대에는 지금보다 훨씬 일찍 결혼을 했다. 이스라엘에서는 보통 스무살이 되기 전에 결혼을 했다. 그런데 모세는 어떤 이유로 마흔이 넘을 때까지 결혼을 하지 않았을까? 더군다나 바로의 딸의 양아들이었던 모세가 바로의 궁전에 머물면서 마흔이 되기까지 결혼을 하지 않았다는 것은 이해하기 힘든 일이다. 혹시 이미 결혼을 했던 것은 아닐까?

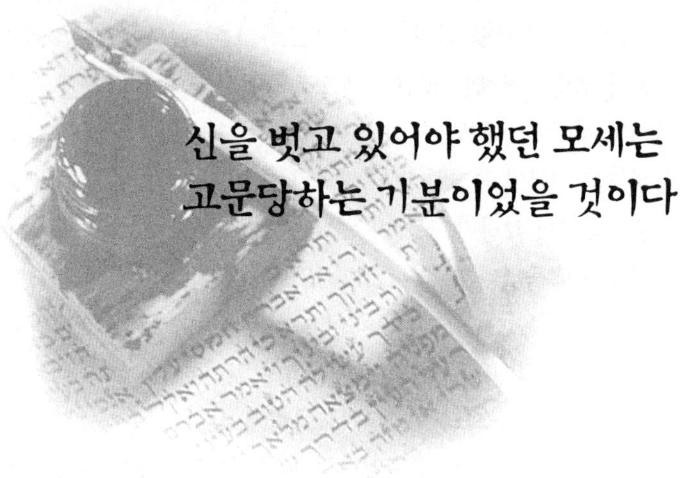

신을 벗고 있어야 했던 모세는 고문당하는 기분이었을 것이다

하나님께서 가시떨기나무 불꽃 가운데서 모세를 부르셨다. “예, 제가 여기 있습니다”라고 대답하자, 하나님은 두 가지를 말씀하셨다. 하나는 가까이 오지 말라는 것이었다(출 3:5). 하나님은 거룩하신 분이기 때문에 누구도 가까이 갈 수가 없다. 다가갈 수 있는 어느 선이 있는 것이다. 그래서 성전에 성전 뜰과 성소와 지성소가 있다. 하나님은 지성소에 임하신다. 그곳은 아무 때나 들어갈 수 없다. 1년에 단 하루, 속죄일에만 들어갈 수 있다. 그리고 아무나 들어가지 못한다. 오직 대제사장만이 들어갈 수 있다. 지극히 거룩하신 하나님이 불꽃 가운데 모세에게 나타나셨지만, 하나님은 모세에게 가까이 오지 못하게 하셨다.

이어서 모세에게 신을 벗으라고 하셨다. 처음 만난 모세에게 하시는 말씀이, 그가 선 곳은 거룩한 곳이니 신을 벗으라는 것이었다(출 3:5). 거룩하신 하나님의 존전에서 신을 벗는 것은 당연한 일이라 할 수 있을 것이다. 신은 일반적으로 더러움을 상징하기 때문이다.

예전에는 교회당에 들어갈 때 신을 벗었다. 강단에 올라갈 때도 신을 벗었다. 우리는 집에서도 신을 벗고 있다. 이렇게 우리는 신을 벗는 문화에 익숙해 있다. 그러나 미국 사람들은 그렇지 않다. 집에서도 신을 신고 있다. 잘 때 외에는 항상 신을 신고 있다. 미국 가정에 초대를 받아갔을 때, 신을 벗는 것은 주인을 불쾌하게 만들 수도 있다.

중동 지방에서는 남의 집을 방문하게 되면, 먼저 주인이 발을 씻도록 물을 준비해 주었다. 종이 있으면 종이 발을 씻겨 준다. 고대시대에 신은 대개가 샌들이었다. 그래서 발에 먼지가 많이 묻기 때문에 방에 들어가기 전에 발을 씻어야 했다.

하나님은 모세에게 신을 벗게 하셨다. 하나님 앞에서는 더러운 것을 벗어 버려야 한다. 하나님 앞에서는 세상의 먼지가 묻은 것들을 다 털어 버려야 한다. 모세가 신고 있던 신에는 양의 똥들이 묻어 있었을 것이다. 냄새가 났을 것이다. 하나님은 그런 신을 벗으라고 하셨던 것이다.

그러나 모세에게 신을 벗으라고 했을 때, 모세는 주저했을 것이다. "예? 신을 벗으라고요? 그게 무슨 말씀입니까? 여기서 신을 벗으라면 어떻게 합니까?" 지금 모세는 이글거리는 태양 아래 서 있다. 사막의 모래는 몹시 뜨겁다. 사막에서는 절대로 신을 벗고 걸을 수가 없다. 사막에서는 신이 반드시 필요하다. 신이 없으면 잠시도 서 있지 못한다. 그만큼 모래가 뜨거운 것이다. 신을 벗고 있으면 금방 화상을 입게 된다. 사막에서는 조그만 상처도 치명적일 수 있다. 그래서 하나님은 광야 40년 동안 신발이 닳지 않도록 하셨던 것이다. 신이 없으면 다 죽게 되기 때문이다. "나는 사십 년 동안 광야에서 너희를 인도하였다. 그래서 너희 몸에 걸친 옷이 해어지지 않았고, 너희 발에 신은 신이 닳지 않았다"(신 29:5).

이렇게 광야에서 신발은 매우 중요하다. 생명과 직결되는 것이 이 신이다. 그런데 하나님은 그것을 벗으라고 하는 것이었다. 모세는 신을 벗고 맨발로 뜨거운 모래 위에 서 있었다. 뜨거워서 어쩔 줄 몰라 했을 것이다. 마치 고문을 받는 기분이었을 것이다. 무척 고통스러웠을 것이다.

신을 벗으라고 하신 다음, 하나님은 오랫동안 많은 말씀(출 3장 전체)을 하셨다. "모세야, 네가 네 백성을 인도해서 가나안에 들어가야겠다. 그렇게 하겠느냐?" 모세는, 안 됩니다, 못합니다, 저는 할 수 없습니다, 다른 사람 알아보시지요…이런저런 이유를 대면서 계속 거부하였다. 하나님은 그를 설득시키기 위해 이런 기적 저런 기적 다 보여주시지만, 모세도 만만치 않다. 끝까지 못하겠다고 버텼다. 마지막에는 하나님이 크게 노하시기까지 했다(출 4장).

이렇게 실랑이를 하는 데 꽤 시간이 걸렸을 것이다. 우리 같았으면 우선 발이 뜨거워서라도 견디지 못하고, 이렇게 말씀드렸을 것이다. "하나님, 알았습니다. 그렇게 하겠습니다. 그러니 어서 신이나 도로 신을 수 있게 해 주십시오. 그러면 다시 생각해 보겠습니다." 그런데 모세도 어지간하다. 예 알았습니다, 그랬으면 바로 신을 신을 수 있었을 텐데도, 끝까지 못하겠다고 고집을 부리는 것이었다. 아마 하나님은 모세와의 거래를 쉽게 빨리 끝내기 위해 그에게 신을 벗으라고 하신 것은 아닐까? 그러나 모세는 끝까지 버텼다. 그렇지만 결국은 하나님이 이기셨다. 모세는 하나님 앞에서 괜한 고집을 부리다가 고생만 실컷 한 것이다.

폭발적인 인구 증가

요셉의 초청을 받아 이집트로 가족 이민을 떠난 야곱의 가족은 모두 70명(70인역 성경에는 75명으로 되어 있다)이었다. 그러나 이집트로 내려간 지 450년 만에 출애굽을 하게 되는데, 그때 이집트를 떠난 사람이 20세 이상의 장정만 603,550명이었다(민 1:19~21, 46). 성경에서는 오병이어의 기적이나 칠병이어의 기적에서처럼 장정(20세 이상의 남자) 숫자만을 셀 때가 많다.

보통 출애굽한 숫자가 250만 정도였을 것이라고 생각한다. 결혼한 남자(장정)가 60만 명이었으므로 한 가족을 4명 정도로 계산해서 나온 숫자이다. 그러나 이 계산법은 맞지 않는다. 지금은 한 가족이 4명 정도 되지만, 고대에는 그렇지 않았다. 예수님의 가족만 보더라도 9명 정도가 되지 않았는가? 더 거슬러 올라가서 요셉의 형제들은 12명이지 않았는가? 따라서 출애굽 인구를 도출해 내는 방법에 있어서 60만 가족이었음으로 240만 명 정도가 되었을 것이라고 보는 것은 근거가 약하다.

우리는 다른 방법을 사용해야 한다. 고대 세계에서는 보통 20세 이하의 인구가 전체 인구의 반을 차지했다. 따라서 이스라엘 인구는 남자만 120만 명 가량 되었을 것이다. 그리고 어느 시대나 대체적으로 남자와 여자의 인구 비율이 비슷하다. 따라서 남녀 모두 합치면 250만 정도가 되었을 것이다.

450여 년 만에 70명에서 250만으로 불어났다면, 3만 배도 훨씬 넘는 인구 증가가 된 셈이다. 조선시대 때 인구는 500만 명 정도가 되었다. 그 후 500여 년이 지난 현재 남북한 합쳐서 약 7천만 명 정도가 된다. 5백년 동안에 14배로 증가한 것이다. 물론 전쟁과 같은 난리로 인해 인구 증가율이 떨어졌다고 볼 수도 있을 것이다. 그러나 이집트의 히브리인들은 비슷한 시기 동안 3만 배 이상으로 인구가 증가했다. 이러한 인구 증가는 우리의 상상을 초월하는 것이다. 그래서 성경은 생육이 중다하고 번식하고 창성하고 심히 강대하여 온 땅에 가득하게 되었다고 기록하고 있다(출 1:7). 요셉을 알지 못하는 바로가 히브리인들에게 위협을 느낄 만도 했다. 그래서 사내 아이를 낳으면 다 죽이게 하지 않았는가?

지금으로부터 3천여 년 전에 250만이라고 하는 인구는 엄청난 것이었다. 예수님 당시에 가장 큰 도시였던 예루살렘 인구가 6만여 명 정도 되었다는 사실을 염두에 두면 250만이라고 하는 숫자가 얼마나 큰지를 알 수 있을 것이다.

이스라엘 백성들이 홍해를 건너는 데 얼마나 걸렸을까? 250만의 히브리인들이 10열로 걸어갔다고 할 때, 행렬의 길이가 240km에 이른다. 그리고 한 지점을 통과할 때 마지막에 따라오는 사람은 맨 앞에 가는 사람이 그 지점을 통과한 후 8일이나 9일 후에 그 지점을 통과하게 된다고 한다.

만일 2열로 이스라엘 백성들이 홍해를 건너갔다면, 35일이 걸렸을 것이다. 왜냐하면 250여만 명이 2열로 서게 되면 거리가 1,300km가 되기 때문이다. 아마 속히 홍해를 건너야 했기 때문에 홍해는 3마일 정도 넓게 열렸어야 했을 것이다. 그러면 5천 명 정도가 열을 지어 건널 수 있기 때문이다.

사막에서 한 사람에게 필요한 하루의 물의 양은 활동량에 따라 다르다. 사막에서 움직이지 않고 가만히 있는 사람에게는 1갤론의 물이 필요하며, 조금 움직이면 2갤론이 필요하다. 그러나 보통 일상적으로 활동하는 데는 5갤론의 물이 필요하며, 힘든 일을 하는 사람에게는 10갤론의 물이 필요하다. 이렇게 볼 때 250만 명의 이스라엘 사람들에게 하루에 공급해 주어야 할 물은 천만 갤론이 넘는다. 물 한 방울 나오지 않는 사막에서 이처럼 엄청난 양의 물을 매일 어떻게 공급해 줄 수가 있었을까?

250여만 명이 40년 동안 광야생활을 하는 데 따르는 어려움은 우리의 상상을 초월하는 것이었을 것이다. 흔히 출애굽하는 가운데 가장 큰 기적으로 홍해가 갈라진 사건을 드는데, 그렇지 않다. 그보다 더 큰 기적은 물 한 방울 없고, 먹을 것 하나 없는 광야에서 250여만 명의 이스라엘 백성들이 40년 동안 살아남을 수 있었다는 것이다.

구약에 기도하라는 계명은 한 번도 나오지 않는다

구약에는 "기도하다" 또는 "간구하다"라는 단어가 400여 회 나온다. 이 단어들은 대부분 서술형으로 쓰였다(아브라함이 기도했다, 다윗이 기도했다 식으로). 명령형(기도하라)으로 사용된 구절도 있지만 많지 않다(8회). 그러나 하나님께서 기도하라고 말씀하신 적은 거의 없다. 하나님께서 기도에 관해 명령하신 것은 단 한 번뿐이다.

"네가 나를 부르면, 내가 너에게 응답하겠고, 네가 모르는 크고 놀라운 비밀을 너에게 알려 주겠다"(렘 33:3).

이것도 하나님께서 예레미야에게 개인적으로 하신 말씀이지, 일반적으로 주어진 명령은 아니다. 의외가 아닐 수 없다.

구약성경(토라)에는 613개의 계명이 나온다. 그러나 그 많은 계명 가운데 "기도하라"는 계명은 나오지 않는다.

이렇게 구약에는 기도하라는 계명은 나오지 않지만, 기도에 관한 이야기는 많이 나온다. 아브라함도 기도의 사람이었고, 이삭이나 야곱, 요셉 모두 기도하는 사람들이었다. 그들의 아내들도 마찬가지다. 모세도 40년 광야 길을 가는 동안 얼마나 많이 기도를 했는가? 이스라엘 백성들도 어려움이 있을 때마다 원망도 했지만, 동시에 기도도 했다. 기도하라고 율법으로 규정하지 않았어도, 기도했던 것이다.

유대인들은 기도하는 것은 너무나 당연한 것이기에 하나님이 기도하라는 율법을 주시지 않았다고 이해하고 있다. 율법은 우리가 살기 위해서는 숨을 쉬어야 한다고 규정하고 있지 않다. 숨을 쉬라고 하지 않아도 숨을 쉴 것이기 때문이다. 숨을 쉬는 것은 너무나 당연한 것이기 때문이다. 기도도 마찬가지로 보는 것이다. 하나님 앞에 당연히 기도해야 한다. 또 어떤 경우는 기도하지 말라고 해도 기도할 수밖에 없는 상황이 있다. 이스라엘 백성들이 광야에서 그랬던 것처럼 말이다. 그래서 하나님은 별도로 기도하라는 계명을 주시지 않은 것이라고 유대인들은 이해한다.

한편 기도는 모든 계명을 뛰어넘는다. 모든 계명은 구체적으로 어떻게 살아야 하는가를 조목조목 규정하고 있지만, 기도는 시간과 장소의 제한이 없이 언제 어디서나 해야 하는 것이기 때문에, 다시 말해, 기도는 삶의 방식이며 존재 방식이기 때문에 율법 조항 속에 포함되지 않은 것이라고 이해하기도 한다. 이렇게 하나님은 기도하라는 계명을 주시지 않았지만 이스라엘 백성들은 열심히 기도했다.

예수께서는 기도하라고 여러 번 말씀하셨다.

너희는 이렇게 기도하라…(마 6:9 이하).

너희가 기도할 때에, 골방에 들어가…(마 6:6 이하).

시험에 들지 않게 깨어 있어 기도하라…(눅 22:40, 46).

원수를 사랑하며 너희를 핍박하는 자를 위하여 기도하라(마 5:44).

이 일이 겨울에 나지 않도록 기도하라…(막 13:18).

기도에 관한 비유도 4개씩 주셨다.(치사한 친구의 비유, 불의한 재판관의 비유, 바리새인과 세리의 비유, "떡을 달라 하는데 돌을 줄 아버지가 어디 있겠느냐….")

예수님은 제자들에게 기도에 대하여 그렇게 많이 강조하지 않으셨다. 예수님은 제자들에게 기도 훈련을 시키지 않으셨다. 늘 혼자 기도하셨다. 가끔 몇몇 제자들과 기도하러 가신 일도 있었지만, 대부분은 혼자서 기도하셨다. 오죽했으면, 제자들이 예수께 우리에게도 기도를 가르쳐 달라고 했겠는가? 그러나 예수님은 기도에 대한 가르침 대신에 기도하는 본을 보여 주셨다.

복음서에서 제자들은 기도하지 않는 모습으로 그려지고 있다. 그러나 사도행전으로 넘어가면서 우리는 비로소 예수님처럼 기도하는 제자들의 모습을 만나게 된다. 그리고 초대교회 성도들은 우리에게 열심히 기도하는 전통을 물려 주었다.

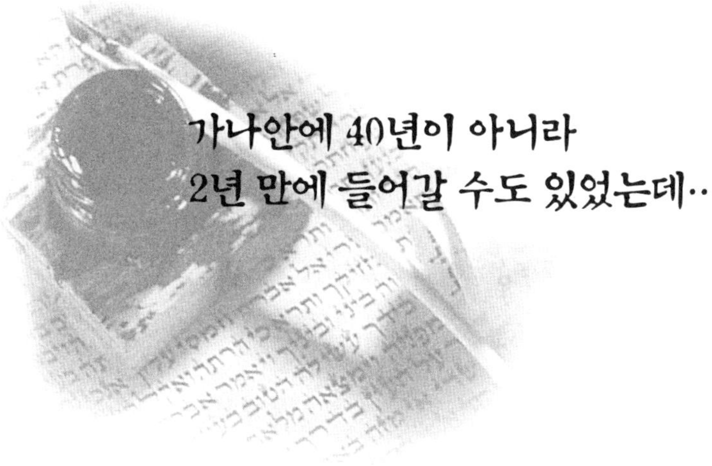

가나안에 40년이 아니라 2년 만에 들어갈 수도 있었는데…

아브라함이 가나안에 도착하던 해, 큰 흉년이 들자 이집트로 내려갔다. 그때 내려간 길을 비아 마리스(Via Maris)라고 부르는데, '해안길' 이라는 뜻이다. 이 길은 이집트에서 시작해서 가나안을 거쳐 시리아나 메소포타미아(이라크)까지 연결되는 국제 무역로였다. 고대로부터 이 길을 통해서 무역이 거래되고, 이 길을 통해 침략을 하거나 당하곤 했다. 요셉의 형제들이 마침 이 길을 통해 이집트로 내려가던 미디안의 약대 상인들을 만나, 그들에게 요셉을 팔아넘겼다. 요셉은 이 길을 따라 이집트로 내려가 노예로 팔아넘겨졌다. 그리고 요셉의 초청을 받아 그의 형제들이 이집트로 이민 갈 때에도 바로 이 길을 따라 갔다.

지금도 이 길을 따라 도로가 나 있어서, 이집트와 이스라엘 사이로 매일 버스가 정기적으로 운행된다. 예루살렘에서 아침에 출발하면, 저녁때 카이로에 도착한다.

이집트에서 450여 년 간 지내던 이스라엘 민족이 출애굽을 하게 되었을 때, 당연히 비아 마리스를 통해 가나안으로 돌아갈 줄로 믿었을 것이다. 한달 정도 후면 약속의 땅에 도착하리라는 희망을 갖고 애굽을 빠져 나왔다.

그런데 이상하게 방향이 달랐다. 그들이 알고 있는 가나안으로 가는 길이 아니었다. 길도 없는 광야로 들어선 것이었다. 그러다가 홍해를 만나게 된다. 홍해를 기적적으로 건넜다. 그때부터 본격적으로 광야에 접어들게 된다. 그래도 그들은 적어도 한두 달 후면 넉넉하게 가나안에 들어가리라고 기대했을 것이다. 6개월이 지났다. 1년이 지났다. 가도가도 광야밖에 없었다. 백성들이 불평할 만도 하다. 차라리 이집트로 돌아가자고 아우성들이었다. 결국 이스라엘 백성은 40년 동안 광야에서 방황하다가 가나안에 들어가게 된다. 이집트에서 나올 때, 광야에서 40년을 지내야 한다는 사실을 알았더라면, 아마 한 사람도 나오지 않았을 것이다.

왜 하나님은 이스라엘 백성들을 40년간이나 광야에서 지내게 한 다음에야 가나안에 들어가게 하셨을까? 왜 하나님은 돌고 도는 길로 인도하셨을까? 하나님이 그들을 광야로 인도하신 데는 그럴 만한 이유가 있었지만, 그러나 원래 하나님은 40년씩이나 이스라엘 백성들을 광야에서 지내도록 하실 생각은 아니었다. 하나님은 2년 정도 생각하셨던 것 같다. 다시 말해 이스라엘 백성은 2년 만에 가나안에 들어갈 수도 있었다.

어떻게 그것을 알 수 있는가? 이스라엘 백성들은 홍해를 건너 시내산에서 율법을 받고 가데스바네아까지 올라왔다. 그곳은 바로 가나안 접경지대였다. 그곳에서 12명의 정탐꾼을 보내 40일 동안 온 가나안을 다 탐지하고 오게 했다. 가나안에 들어갈 전략을 세우기 위한 것이었다. 그러나 여호수아와 갈렙을 제외한 10명의 정탐꾼들은 도저히 가나안에 쳐들어가 그들을 이길 힘이 없다고 보고했다. 백성들은 그들의 말을 듣고 모세와 하나님을 원망했다. 그리고 쳐들어갈 생각을 하지 않았다(민 13~14장).

이에 하나님께서 진노하셔서, 정탐한 기간인 40일을, 하루를 1년씩 계산해서, 40년 동안 광야생활을 하도록 벌을 내리셨다(민 14:34). 12명의 정탐꾼 사건으로 인해 40년 후에야 가나안에 들어가게 된 것이다. 만일 그때 이스라엘 백성들이 하나님을 믿고 가나안에 들어갔더라면, 이야기는 완전히 달라졌을 것이다. 40년 동안 광야에서 그 고생을 하지 않아도 되었을 것이다. 40년이 아니라 2년 만에 가나안에 들어갈 수 있었을 것이다.

광야 40년 동안 이스라엘 백성들이 가나안을 향해 가면서 시나이 반도 전체를 이곳 저곳 방황한 것으로 생각할 수도 있으나, 그렇지 않다. 그들은 계속 가데스바네아까지 오다가 그곳에서 거의 37~38년이라는 세월을 보냈다. 40년 동안 계속 광야에서 방황한 것이 아니었다. 그들은 40년의 대부분을 가데스바네아 근방에서 보냈다. 다시 말해서 이집트에서 가나안까지 시나이 반도를 지나오는 데 40여 년이 걸린 것이 아니라, 가나안의 접경지대까지 오는 데 2년이 걸렸고, 그곳에서 거의 37~38년을 보낸 것이었다. 가데스바네아 지역에서 거의 40여 년 동안 정착(?)하며 살았다고 해도 틀린 말은 아닐 것이다.

장대에 높이 달렸던 구리 뱀, 그 후 어떻게 되었을까?

이스라엘 백성이 40년간 생활을 한 광야는 불뱀과 전갈이 우글거리는 곳이었다(신 8:15). 광야에서 생명을 위협하는 것들이 많이 있었겠지만, 그 중에 가장 무서운 것이 이 불뱀이었다. 물렸다 하면 즉사하기 때문이다. 광야에서 이스라엘 백성들이 모세와 하나님을 원망한 것은 한두 번이 아니었다. 하나님은 참다못해 한번은 불뱀을 보내 많은 사람들이 죽었다. 그러자 모세가 뱀이 물러가게 해달라고 간청을 했다. 하나님은 구리로 불뱀을 만들어 높은 장대에 매달게 하셨다. 그리고 그것을 바라보는 자마다 살게 하셨다(민 21:4~9).

불뱀에 물려 죽어 가던 자들이 구리로 만든 불뱀을 보면 살아났다. 사람들을 물어 죽게 하는 것도 불뱀이었고, 그들을 기적적으로 살게 하는 것도 불뱀이었다. 하나는 땅에 기어다니는 뱀이고, 또 하나는 장대에 달린 가짜 뱀이었다.

성경에서 뱀은 부정적인 이미지로 등장한다. 에덴 동산에서의 뱀으로 말미암아 인류의 운명이 불행하게 되지 않았는가? 그래서 사단의 화신으로 여기는 것이 이 뱀인데, 광야에서는 그 뱀을 바라보는 자들이 구원을 받았다. 그러면 왜 하필이면 뱀에 물려 죽어 가는 사람들에게 뱀을 바라보게 하셨을까?

하나님은 두 가지 명령을 하셨다. "뱀을 만들어라. 그리고 그것을 장대에 매달아라." 여기에서 뱀을 장대에 매달도록 하셨다고 하는 사실에 주목해야 한다. 뱀을 만들어 두 손으로 높이 쳐들도록 한 것이 아니라, 장대에 매달도록 하셨다. 그리고 장대에 매달린 뱀을 바라보는 자는 살리라고 하셨다.

이스라엘 백성들이 뱀을 바라보면서, 무슨 생각을 했을까? '저 뱀이 우리를 구원하는구나' 하면서 뱀에게 살려 달라고 빌었을까? 그들의 눈에 보인 뱀은 장대에 대롱대롱 매달려 있는 뱀이었다. 혀를 날름거리는 무서운 뱀이 아니라, 장대에 꽂힌 뱀이었다. 수많은 사람들을 물어서 죽음으로 몰아넣고 있는 바로 그 불뱀이 장대에 매달려 있었다. 광야 사람들은 뱀을 신으로 섬겼다. 그런데 그 뱀이 지금 장대에 매달려 있는 것이다. 그것은 신에 대한 모독적인 행위였다. 어떻게 신을 장대에 매달 수 있단 말인가? 뱀(신)의 목을 장대에 꽂을 수 있단 말인가? 장대에 매달린 가짜 뱀은 저주, 죽음을 상징하였다. 하나님은 뱀(신, 저주, 죽음)이 죽었음을 보여 주기 위해 장대에 매달게 하셨던 것이다.

"뱀을 바라보면 살리라." 구원하는 뱀이 아니라, 하나님이 죽이신 뱀을 바라보라는 것이었다. "보아라. 너희를 저주와 죽음으로 몰아넣는 이 뱀이 이렇게 죽었느니라. 이것이 하나님의 능력이니라. 너희는 더 이상 뱀을 두려워할 필요가 없다." 이스라엘 백성들은 뱀이 그들을 구원한다고 생각지 않았을 것이다. 뱀을 죽이는 하나님의 능력이 그들을 구원한다고 생각했을 것이다. 장대에 달린 뱀은 하나님의 구원

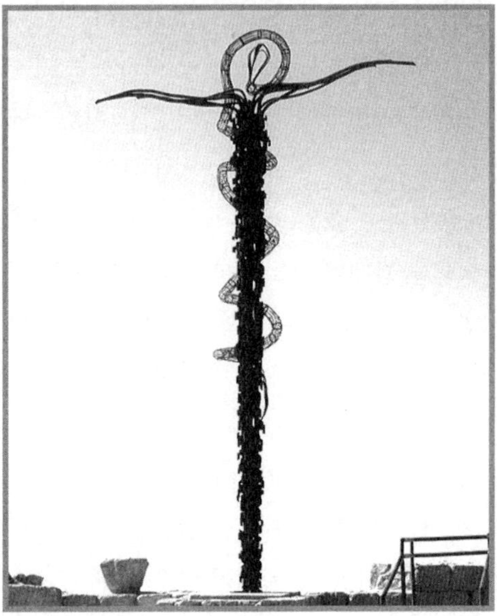

느보산 정상에 있는 모세의 지팡이. 지팡이를 감고 있는 뱀은 광야의 놋뱀을 상징한다.

의 능력이었다. 뱀은 죽음을 가져왔으나, 그 뱀을 죽이신 하나님은 생명을 가져다 주셨다. 하나님이 뱀을 저주하셨고 죽이셨다. 장대에 대롱대롱 매달린 가짜 구리 뱀은 바로 그것을 상징적으로 보여 주는 것이었다. 뱀이 아니라, 그 뱀을 통해서 보여 주신 하나님의 능력이 뱀에 물려 죽어 가던 이스라엘 백성들을 살렸던 것이다.

그 후 이 구리 뱀은 어떻게 되었을까? 이스라엘 백성들은 이 구리 뱀을 잘 간수하였다. 그것을 바라보는 자마다 구원을 받았던 것을 기념하기 위해서였다. 그런데 언젠가부터, 그 구리 뱀을 숭배하기 시작했다. 장대에 달린 죽은 뱀이 "되살아나" 신(神) 노릇을 하기 시작한 것이었다. 우상으로 둔갑하게 된 것이었다. "그(히스기야)는 또한 모세가 만든 구리 뱀도 산산조각으로 깨뜨려 버렸다. 이스라엘 자손이 그때까지도 느후스단이라고 부르는 그 구리 뱀에게 분향하고 있었기 때문이다"(왕하 18:4).

17만 대군이 어떻게 골짜기에 모여 싸울 수 있었을까?

이스라엘은 이스르엘(이스라엘이 아니라) 계곡, 요단 계곡, 홀레 계곡 등 계곡이 많다. 사사기(6~8장)에 보면, 이스르엘 골짜기에서 이스라엘 군사와 미디안을 비롯한 3개 연합국과의 전쟁이 벌어졌다. 이스라엘 군사가 3만 2천 명, 적군이 13만 5천 명, 총 16만 7천 명의 군사가 결전을 벌였다. 17만여 명이 이스르엘 골짜기에 집결해서 전쟁을 했다고 하는데, 도대체 얼마나 큰 골짜기이기에 17만 명이 모여서 싸울 수 있었을까? 상식적으로 이해가 안 가는 일이다.

성지에 가서 이스르엘 골짜기를 보게 되면, '이게 무슨 골짜기야? 평야지' 라는 생각을 하게 된다. 이스르엘 골짜기는 넓은 평야지대처럼 보인다. 갈멜 산이나 길보아 산 또는 전통적으로 변화산으로 불리워 온 다볼 산에 오르면 기름진 이스르엘 골짜기가 눈앞에 드넓게 펼쳐진다. 이 골짜기는 이 세 산이 각각 서쪽과 북쪽, 그리고 남동쪽에서 호위하고 있다. 이 골짜기에 자리잡고 있는 중요한 도시로는 북쪽에 나사렛이 있으며, 서쪽으로는 아마겟돈으로 유명한 므깃도가 자리잡고 있다. 남동쪽으로는 벳샨이라고 하는, 예수님 당시에 상당히 컸던 성읍이 자리잡고 있다.

예수님의 고향 나사렛은 비교적 높은 지대로서, 그곳에서 서쪽 건너편으로 보면 갈멜 산이 훤히 보이며, 남쪽으로는 다볼 산이 보인다. 예수님은 매일 엘리야가 기도했던 갈멜 산과 드넓게 펼쳐진 이스르엘 평야를 바라보며 사셨던 것이다. 공생애 기간 동안 예수님은 이곳 이스르엘 평야 여기저기에 흩어져 있던 모든 성과 촌을 다 방문하셨다. 우리는 나봇의 포도원 이야기, 수넴 여인과 나인 성 과부의 이야기를 잘 알고 있는데, 이러한 성읍들도 다 이 골짜기에 위치하고 있다.

이스르엘 골짜기는 "이스라엘의 빵 바구니"라고 불릴 만큼 매우 비옥한 곳이다. 중앙 산지 지역에 위치하고 있는 이스르엘 계곡(평원)으로는 하롯 강과 기손 강이 흐르고 있어 이 평야를 더욱 기름지게 해주고 있으며, 이 평원지대에는 적어도 7개 이상의 도로가 고대로부터 발달되어 있어 이 주변 지역의 성읍들이 상당히 발전되었었다. 특별히 이집트에서 시작하여 이스라엘을 통과하여 다메섹으로 연결되었던 고대의 하이웨이였던 "비아 마리스"(해변 길)가 이스르엘 평야를 지나고 있다. 또한 지중해 해변길을 따라 오다가 므깃도에서 동쪽으로 방향을 바꾸면 이스르엘 평야를 가로질러 아르벨 골짜기를 통해 갈릴리 호수로 접어들게 된다. 이 길은 가버나움을 거쳐 훌레 분지를 따라 다메섹(다마스커스)까지 이어졌다.

이 골짜기는 동서로 가장 폭이 넓은 곳은 32Km 정도가 되며, 남북으로도 그만큼 된다. 이 정도면 평야로 부를 수 있지 않는가? 그런데 왜 계곡이라고 부르는 것일까? 지리학에서는 넓은 지역이라도 양면이 산으로 막혀 있으면 계곡이라는 용어를 사용한다. 반면에 좁은 지역이라고 할지라도 한 면이 바다와 맞닿아 있으면 평야(평원)라고 부른다. 이스르엘 계곡은 지중해를 끼고 있는 악고 평야나 도르 평야, 샤론 평야, 블레셋 평야와 같은 해안 평야들 못지 않게 크지만, 이러한 지리학적인 위치 때문에 계곡이라고 부르는 것이다.

이와 같은 이유에서 훌레 계곡과 요단 계곡도 평야 또는 평원이라고 부르지 않고 계곡이라고 부르는 것이다. 훌레 계곡은 갈릴리 호수 상부에 위치하고 있다. 갈릴리 호수에서 북쪽에 위치한 북이스라엘의 수도였던 단이나 신앙고백의 현장인 빌립보 가이사랴, 또는 이스라엘에서 가장 높은 산인 헐몬 산을 가려고 할 때, 이 훌레 분지(계곡)를 지나가게 된다. 이곳은 사방이 높은 산지로 이루어져 있다. 동쪽으로는 골란 고원이 위치하고 있으며, 북쪽으로는 헐몬 산과 메툴라 산지로 이루어져 있다. 남쪽으로는 갈릴리 호수를 둘러싸고 있는 높은 산지로 이루어져 있다. 이 계곡을 통과하는 주요 도로는 서편 산지를 따라 나 있다. 골란 고원 아래로도 요단 강을 따라 빌립보 가이사랴로 직접 이어지는 길이 나 있으나, 도로 사정이 그렇게 좋지는 않다. 훌레 계곡은 남북으로 25km, 동서의 폭은 6~8km 정도로, 상당히 넓은 편이다.

요단 계곡도 마찬가지다. 벳샨이나 여리고 주변은 꽤 넓은 평원지대로 이루어져 있으며 상당히 비옥하다. 그러나 요단 평야라고 부르지 않고 요단 계곡이라고 부르는 이유는 이 계곡을 따라 동서쪽으로 높은 산맥들이 자리잡고 있기 때문이다.

이스라엘의 계곡을 우리 나라의 계곡 정도로 생각하면 안 된다. 이스라엘의 계곡은 산으로 둘러쌓여 있다뿐이지 꽤 넓은 평원지대이기 때문이다. 이스라엘의 계곡은 계곡형 평원지대로 이해하면 될 것이다.

솔로몬이 1천 번제를 드리는 데 얼마나 오래 걸렸을까?

솔로몬이 1천 번제를 드린 이야기는 열왕기상 3장과 역대하 1장에 중복되어 나온다. 열왕기상 3장에서는 솔로몬이 어떤 식으로 1천 번제를 드렸는지에 대해서는 언급하지 않고 있다.

그러나 역대하 1장에서는 이를 구체적으로 기록하고 있다. 솔로몬이 왕이 된 다음에 주요 인사들을 대동하고 수많은 백성들과 함께 산당에 올라가 1천 마리의 번제물을 드린 것으로 나와 있다. 거국적인 제의(의식)를 행한 것으로 기록하고 있다. 솔로몬의 개인적인 경건의 표현이 아니라 국가적인 행사의 일환이었다는 것이다. 솔로몬이 새로 정권을 인수받고 출발하는 마당에 하나님 앞에 1천 마리의 번제물을 한꺼번에 드렸던 것이다. 그리고 바로 "그날 밤에" 그곳에서 자는 가운데 하나님이 꿈에 나타나 그의 소원을 물으셨다고 되어 있다(대하 1:7). 솔로몬은 매일 한 마리씩 제물을 바친 것이 아니라 한꺼번에 천 마리를 바쳤던 것이다.

그러나 표준 새번역 성경을 보면 혼란이 생긴다.

"기브온에 제일 유명한 산당이 있었으므로 왕은 늘 그곳에 가서 제사를 드렸다. 솔로몬이 그때까지 그 제단에 바친 번제물은 천 마리가 넘을 것이다"(왕상 3:4).

표준 새번역에 따르면, 솔로몬이 한 번에 일천 번제를 드린 것이 아니라, 상당히 오랜 시간에 걸쳐서 1천 번제를 드린 것으로 되어 있다. 바친 제물도 1천 마리가 아니라, 1천 마리가 넘었을 것이라고 옮겼다. 그리고 1천 번제를 드리려고 드린 것이 아니라, 드리다 보니까 1천 번제를 드리게 되었다고 되어 있다. "왕이 제사하러 기브온으로 가니 거기는 산당이 큼이라 솔로몬이 그 단에 일천 번제를 드렸더니"라고 번역한 개역성경과는 너무도 다르다.

거의 대부분의 영어 성경도 개역 성경처럼 번역되어 있다. 그러나 아래 번역에서 볼 수 있듯이, 표준 새번역처럼 번역된 성경도 있다.

"He had offered hundreds of burnt offerings there in the past" (TEV).

"Solomon had offered more than a thousand sacrifices on that altar"(Contemporary English Version).

어떻게 이런 번역이 나오게 되었는지 알 수 없으나, 솔로몬은 하루에 일 천 번제를 드렸던 것으로 보인다. 그러면 하루에 1천 마리의 제물을 바치는 것이 가능한 이야기일까? 성경에는 한꺼번에 수많은 짐승들을 번제물로 바친 예들을 많이 찾아볼 수 있다. 솔로몬이 성전을 짓고는 언약궤를 성소에서 성전으로 옮겨올 때 양과 소를 "셀 수도 없고 기록할 수도 없을 만큼" 많이 잡아서 제물로 바쳤다(왕상 8:5). 또 얼마 후에는 성전을 봉헌하면서 소 22,000마리, 양 120,000마리를 바쳤다(왕상 8:63; 대하 7:5). 히스기야는 성전을 재봉헌하면서 수소 670

마리, 양 3,300마리를 제물로 바쳤다(대하 29:32~35). 그러나 예언자 미가는 다음과 같이 선포하고 있다.

"여호와께서 천천의 숫양이나 만만의 강물 같은 기름을 기뻐하실까…여호와께서 네게 구하시는 것은 오직 정의를 행하며 인자를 사랑하며 겸손하게 네 하나님과 함께 행하는 것이 아니냐"(미 6:7~8).

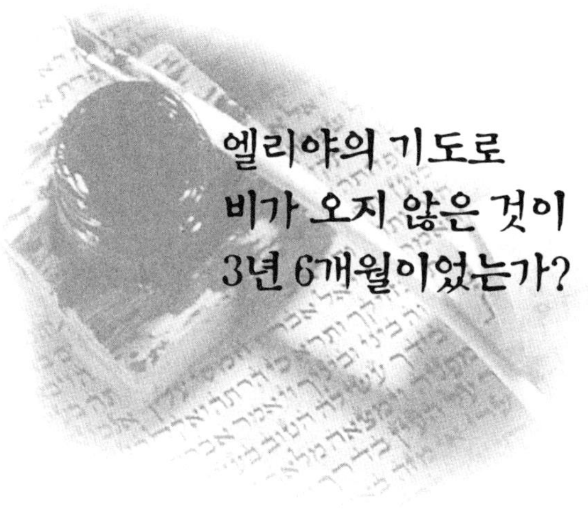

엘리야의 기도로 비가 오지 않은 것이 3년 6개월이었는가?

아합 왕 때에 엘리야의 기도로 3년 6개월 동안 비가 오지 않았다가 그의 기도로 다시 비가 왔다는 사실은, 구약에 나오는 이스라엘 역사를 잘 모르는 사람이라고 할지라도 잘 알고 있는 유명한 이야기이다. 야고보서 5장에서 야고보는 기도의 능력을 말하면서, 그 예로 엘리야를 들었다.

유대인들은 하나님만이 가지고 계신 세 가지 열쇠가 있다고 한다. 여인의 태를 열어주는 열쇠, 죽은 사람을 다시 살리는 열쇠, 그리고 하늘 문을 여시고 비를 내려 주는 열쇠가 그것이다. 이 세 가지는 하나님만이 하실 수 있는 것이라고 믿었던 것이다. 그런데 엘리야가 기도를 통해 하늘 문을 열기도 하고 닫기도 했다. 그가 기도했더니 3년 6개월 동안 비가 오지 않다가 다시 기도하니까 비가 왔다.

엘리야와 가뭄 이야기는 열왕기상 17장과 18장에 걸쳐 나온다. 엘리야는 아합 왕에게, 앞으로 자신이 입을 열기까지는 비가 한 방울도 내리지 않을 것이라고 하나님의 이름으로 맹세하였다. 그리고 그 후로 오랫동안 비가 오지 않았다. 그러던 어느 날, 하나님께서 아합에게 가서 비가 올 것이라고 알려 주라고 말씀하신다. 엘리야는 이 사실을 아합에게 알려 주고는 지중해가 보이는 갈멜 산 꼭대기에 올라가서 "땅을 바라보며 몸을 굽히고, 그의 얼굴을 무릎 사이에 넣었다"(18:42). 이렇게 일곱 번을 하였을 때, 비로소 비가 쏟아지기 시작했다.

이 사건을 두고 야고보는 엘리야가 기도해서 비가 오지 않았고, 엘리야가 다시 기도해서 비가 왔다고 했다. 구약에는 엘리야가 기도해서 비가 오지 않았다고 하는 구체적인 기록은 나와 있지 않다. 그리고 비가 다시 온 것도 비를 달라고 하는 기도 때문이 아니라, 하나님 편에서 비를 내려 주시기로 결정하셨기 때문이다. 그러나 엘리야가 기도한 것은 사실이다.

우리는 3년 6개월 만에 기나긴 가뭄이 그치고 비가 왔다고 알고 있다. 야고보서(5:17)에 그렇게 나와있기 때문이다. 그러나 열왕기상 18장 1절은 이렇게 기록하고 있다. "많은 날이 흘러서, 삼 년이 되던 해에, 주께서 엘리야에게 말씀하셨다. '가서 아합을 만나거라. 내가 땅 위에 비를 내리겠다.'" 비가 오지 않은 햇수는 3년이었음을 밝히고 있다.

예수께서도 고향에서 이 가뭄 사건을 언급하신 적이 있다. "내가 진정으로 너희에게 말한다. 엘리야 시대에 삼 년 육 개월 동안 하늘이 문을 닫혀서 온 땅에 기근이 심했을 때에, 이스라엘에 과부들이 많이 있었지만"(눅 4:25). 예수께서는 사렙다 과부(엘리야가 아니라!)에 대하여 말씀하시려고 이 가뭄에 대하여 말씀하신 것이었다. 그런데 특이할 만한 것은 예수께서도 가뭄 기간을 3년 6개월이라고 말씀하셨다는 것이다.

이러한 숫자적인 차이는 여기에서뿐만 아니라 이집트로 이민한 야곱의 가족 수에서도 발견된다. 창세기 본문에서는 70인이었다고 밝히고 있으나, 스데반은 75명이 이집트에 내려갔다고 말했다. 그러나 이 문제는 쉽게 해결할 수 있다. 스데반은 75인이라고 번역한 70인역 성경을 따라서 그렇게 말했던 것이다. 이러한 숫자적인 불일치의 문제는 성경 번역에 차이가 생겨서 일어났던 것이다.

그러나 엘리야 시대의 가뭄 기간에 대한 차이는 어디서 비롯된 것인지 알 수가 없다. 70인역 헬라어 성경에도 히브리 성경처럼 3년으로 되어 있기 때문이다.

여호와의 말씀이 좋소이다?

이스라엘의 역대 왕들 가운데 보기 드물게 히스기야는 하나님 보시기에 선한 왕으로 기록되어 있다. 그런 히스기야가 병들어 죽게 되었다. 하나님은 그의 죽음을 기정 사실로 하고, 이사야를 통해 유언을 남기도록 지시하셨다. 히스기야는 문을 닫고 벽을 향해 돌아서서 통곡을 하면서 기도했다. 그러자 하나님께서 마음을 바꾸셨다. "네가 기도하는 소리를 내가 들었고, 네가 흘리는 눈물을 내가 보았다"(사 38:5). 이렇게 하나님이 쉽게 마음을 돌이키신 예는 성경 어디에도 없다. 이렇게 금방 바꾸실 일을 왜 이사야에게 말씀하시고, 히스기야에게 유언까지 하라고 하셨을까?

하나님은 히스기야를 다시 살려 주셨다. 정확하게 말하면, 그의 병을 완전히 고쳐 주신 것이 아니라, 그의 수명에 15년을 더해 주셨던 것이다. 히스기야는 15년만 더 살게 해달라고 기도한 적이 없다. 15년이라는 기간은 하나님이 결정하신 것이다. 하나님은 그의 약속을 이루실 것을 보여 주시기 위해 일영표(해시계)가 10도 뒤로 물러가게 하시는 기적까지 보여 주셨다. 히스기야나 이사야가 요구한 것도 아닌데, 하나님 스스로 그렇게 하신 것이었다.

히스기야가 죽을 병에서 일어났다고 하는 소식을 듣고 바빌론에서 축하 사절단이 왔다. 그는 기쁜 나머지, 왕궁에 있는 모든 것을 사절단들에게 보여 주었다. 금은 보물과 기름과 무기 등을 모든 문을 다 열어서 보여 주었다. 하나님은 그가 행한 일에 대해 다음과 같은 보응을 받게 되리라고 하셨다.

"'그 날이 다가오고 있다. 그 날이 오면, 너의 왕궁 안에 있는 모든 것과 오늘까지 너의 조상이 저장하여 놓은 모든 보물이, 남김없이 바빌론으로 옮겨 갈 것이다.' 주께서 또 말씀하십니다. '너에게서 태어날 아들 가운데서 더러는 포로로 끌려가서, 바빌론 왕궁의 환관이 될 것이다'"(사 39:6~7).

바빌론 사절단에게 보여 준 모든 것들을 다 빼앗길 것이라고 하니, 이 얼마나 무서운 징벌인가? 나라가 망한다고 하는 경고 아닌가? 자손들이 포로로 끌려가리라고 하는 경고 아닌가? 그렇다면 그 자리에서 무릎을 꿇고 용서를 빌어야 하는 것 아닌가? 하나님의 마음을 돌이키기 위해 기도해야 하는 것 아닌가? 그러나 히스기야는 그렇게 하지 않았다. 자기가 죽게 되었을 때는 통곡을 하면서 식음을 전폐하고 기도했던 그가, 나라가 망하게 될 것이라는 경고에는 눈 하나 깜짝하지 않았다. 왕으로서 어떻게 그럴 수가 있는가?

그는 오히려 이렇게 말한다. "여호와의 말씀이 좋소이다"(사 39:8, 개역성서). 아니, 나라가 망하고 자손들이 포로로 끌려가게 될 것이라는 말을 듣고도 "좋은 말씀"이라니, 제 정신으로 하는 말인가? 표준새번역에는 "지당한 말씀입니다"라고 번역되어 있다. "하나님이 하시겠다는데, 제가 뭐라고 말씀드릴 수 있겠습니까? 지당하신 말씀입니다. 말씀대로 이루어지이다." 이런 의미로 히스기야가 말한 것이라면 그는 대단한 믿음의 사람임에 틀림없다.

나라가 망할 것이라는 소식을 듣고는 "여호와의 말씀이 좋소이다" 라고 말하고는, 한 마디 덧붙였다. 그런데 그 말이 고개를 갸우뚱하게 만든다. "또 가로되 나의 생전에는 평안과 견고함이 있으리로다"(사 39:8, 개역성서).

혹시 "나라가 언제 망할지는 몰라도, 내가 살아 있는 동안에는 아무 일도 없으리라" 그렇게 생각했기 때문에 "여호와의 말씀이 좋소이다" 라고 말한 것은 아닐까?

많은 영어 성경에서 이렇게 번역하고 있다. "For he thought, 'There will be peace and security in my lifetime.'"(왜냐하면 히스기야는 "내가 살아 있는 동안에는 평화와 안정이 있을 것이다"라고 생각했기 때문이다.) 왜 그가 "말했다"고 하지 않고 "생각했다"라고 번역한 것일까? 히브리어 amar라는 동사는 "말하다"는 뜻과 더불어 "생각하다" 라는 의미도 포함되어 있다. 그래서 전후 문맥을 고려해 "생각했다" 라고 번역한 것이다.

이제 왜 히스기야가 그 엄청난 심판의 선언을 듣고도 얼굴색 하나 변하지 않고 태연하게 "여호와의 말씀이 좋소이다"라고 말한 것인지 알 만하다. 적어도 자신이 살아 있는 동안에는 그런 끔찍한 일이 일어나지 않을 것이라고 생각했기 때문이다. 나라가 망하는 것이 자기와는 상관없는 일로 여겼기 때문이다.

그러나 표준 새번역 성경은 '은혜스럽게' 번역하였다. "그대가 전하여 준 주의 말씀은 지당한 말씀이오. 히스기야는 자기가 살아 있는 동안만이라도 평화와 안정이 계속되면 다행이라고 생각하였다"(사 39:8). 이쯤 되면 히스기야의 체면을 살려 주는 번역이라고 할까?

다니엘이 창문을 열어놓고 기도한 데는 이유가 있었다

바빌론에 포로로 끌려간 다니엘이 총리의 자리에까지 올랐으나, 그를 시기한 자들이 음모를 꾸며, 느부갓네살 왕이 30일 동안 기도하지 못하게 하는 어명을 내리게 하였다. 그러나 왕의 총애를 받고 있던 다니엘은 어명을 어기고 기도했다. 그 결과 그는 사자굴 속에 던져졌으나, 살아서 나오게 된다.

우리 같으면 어떻게 했겠는가? 한 달 동안만 기도하지 않으면 되는데, 위험을 무릅쓰고까지 기도할 필요가 있겠는가? 한 달만 기다렸다가 다시 기도하면 되지 않는가? 또는 아무도 모르게 은밀하게 기도하면 되지 않는가? 이를테면 잠자리에서라든지 말이다. 그를 시기하는 자들의 모함이라는 것을 알고 있는 한 거기에 넘어가서는 안 되지 않는가?

그러나 다니엘은 그렇게 하지 않았다. 그는 고민하지도 않았던 것 같다. 그는 항상 그랬던 것처럼 하루에 세 번씩 기도를 했다.

25장으로 이루어진 사자굴 속의 다니엘,
Guyana에서 발행

"다니엘은 왕이 금령 문서에 도장을 찍은 것을 알고도, 자기의 집으로 돌아가서, 다락방으로 올라갔다. 그 다락방은 예루살렘 쪽으로 창문이 나 있었다. 그는 늘 하듯이, 하루에 세 번씩 그의 하나님께 무릎을 꿇고 기도하며, 감사를 드렸다"(단 6:10).

다른 번역본들을 살펴보자.

"그 방의 예루살렘으로 향하여 열린 창에서 전에 행하던 대로 하루 세 번씩 무릎을 꿇고 기도하며 그 하나님께 감사하였더라"(개역성경)

"윗방에 올라가 예루살렘으로 향한 창문을 열고 전에 하던 대로 하루 세 번씩 무릎을 꿇고 기도하며 그의 하나님께 감사하였더라"(개역개정판).

"다니엘은 집에 올라가 전처럼 자기 하느님 앞에 무릎을 꿇고 기도와 찬양을 올렸다. 그는 예루살렘 쪽으로 창이 나 있는 다락방에서 하루에 세 번씩 기도를 드렸다(공동번역).

번역이 쉽지 않은 구절이라서 조금씩 다르게 번역되어 있는 것을 발견할 수 있다. 다니엘이 2층 다락방에 올라가 창문을 열어놓고 기도했는지, 아니면 그 방에 있는 창문을 바라보고 기도했는지 확실하지 않다. 그러나 분명한 것은 그 방에 창문이 있었다고 하는 것이다. 그런데 그것이 무슨 상관일까? 창문이 없는 방도 있을까? 본문은 창문이 있었음을 강조하고 있는데, 뭔가 창문을 통해서 강조하려고 하는 사실이 있음을 우리는 감지하게 된다.

성경에서는 다니엘이 예루살렘을 향하여 기도했는지는 확실하게 밝히고 있지 않지만, 분명히 그렇게 기도했을 것이다. 그렇지 않으면 예루살렘으로 창이 나 있었다는 사실을 구태여 밝힐 필요가 있었겠는가?

다니엘은 지금 바빌론에 포로로 끌려가 있다. 그는 예루살렘 성전을 그리워했을 것이다. 그래서 매일 기도할 때마다 성전을 향하여 기도했을 것이 분명하다. 솔로몬이 성전을 봉헌하면서 누구든지 그 성전에서 기도하든지, 아니면 그 성전을 향해서 기도하면 하나님이 그 기도를 들으시고 응답해 달라고 하는 기도를 드렸다(대하 5:20~21, 26~27, 29~30, 32~33, 34~35, 38~39). 그 후 유대인들은 성전을 향해서 기도를 하는 관습이 생기게 되었다. 지금도 전 세계에 흩어져 살고 있는 디아스포라 유대인들은 성전을 향해 기도를 하고 있고, 회당도 성전을 향하도록 짓는다. 유대인들은 세계 어디에서 기도를 드리든지간에 일단은 그 기도가 다 성전에 모였다가 하늘로 올라간다고 믿기 때문이다.

그렇다면 다니엘이 창문이 있는 방에서 기도했다는 사실을 강조하는 이유는 무엇일까? 이는 다니엘이 두려워한 나머지 숨어서 기도하지 않았다는 사실을 강조하기 위한 것으로 보인다. 만일 그가 왕의 명령을 어기는 것을 두려워하거나 사람들의 눈을 의식했다면, 그는 창문이 없는 다락방이나 골방에 들어가 기도해야 했을 것이다. 그러나 다니엘은 기도하는 것이 발각되지 않도록 하기 위해 은밀하게 아무도 보지 못하도록 기도한 것이 아니라, 모든 사람이 볼 수 있도록 창문이 있는 곳에서 기도했다고 하는 것을 성경은 강조하고 있는 것으로 보인다.

더군다나 개역개정판에서는 창문을 열고 기도했다고 번역함으로써 다니엘이 공공연하게 기도했음을 더욱더 강조하고 있는데, 이 번역도 잘못된 것은 아니다. 많은 주석가들이 다니엘이 창문을 열고 기도했던 것으로 보고 있다. 다니엘은 그를 엿보는 자들에 의해 그의 기도하는 모습이 발각된 것이 아니라, 스스로 기도하는 모습을 그들에게 보여 주었음을 알 수 있다. 그는 죽음의 위협 속에서도 하나님을 믿는 믿음을 숨기지 않고 분명하게 세상에 보여 주기 위해, 창문이 있는 다락방에 올라가 "문을 열어놓고" 기도했던 것이다.

니느웨는 예언대로 결국 무너지고 말았다

성경에서 가장 별난 예언자를 들라 하면 아마도 요나를 들 수 있을 것이다. 그는 하나님의 명령을 어기고 도망간 예언자가 아니던가. 결국 그는 큰 고기 뱃속에 들어갔다가 구사일생으로 살아나서 니느웨로 올라갔다. 이 니느웨는 오늘날 이라크의 바그다드 북쪽에 위치하고 있다. 한때 세계를 지배했던 앗시리아의 수도였다.

니느웨는 얼마나 큰 성이었던지 한 바퀴 돌아보는 데만도 사흘이 걸릴 정도였다(욘 3:3). 그곳에는 좌우를 분변치 못하는 사람이 12만 명이나 되었다(욘 4:11). 그런데 요나는 단 하루만 "사십 일만 지나면 니느웨가 무너진다"고 외치고 다녔다. 아직도 그 성이 무너지려면 40일이나 남았는데, 마지막 순간까지 회개하라고 외치고 다닌 것이 아니라, 마지못해 건성으로 한나절 외치고 다니다가 만 것이다(욘 2:4).

그런데 이상한 반응이 일어났다. 왕으로부터 시작해서 온 백성이, 심지어는 짐승들마저 금식을 하며 회개를 했다. 한나절 건성으로 외치고 다녔는데도 말이다. 그런데 요나의 반응은 더 놀라운 것이었다. "하나님, 내가 이럴 줄 알았습니다. 그래서 내가 이곳에 오지 않으려고 했던 것입니다." 니느웨 백성이 하나님의 심판을 피하게 되자, 그는 "나는 더 이상 살고 싶지 않습니다. 죽게 해 주십시오" 하며 하나님께 노골적으로 자신의 불편한 심기를 드러냈다. 어떻게 예언자라는 사람이 이럴 수가 있는가?

하나님께서 요나에게 니느웨로 가라고 하셨을 때에 요나가 도망간 이유가 있다. 그리고 그들이 회개했을 때 요나가 대단히 실망한 이유가 있다. 당시에 이스라엘은 앗시리아의 식민지였다. 그런데 니느웨는 바로 앗시리아의 수도였다. 원수 나라가 속히 멸망당하길 기도하고 있는데, 니느웨에 가서 회개하라고 외치라고 하니, 요나는 속이 상했던 것이다.

또 한 가지는, 자기 나라를 다스리는 나라의 수도 한복판에 가서 "당신네 나라가 하나님의 심판을 받아 멸망당한다고 합니다"라고 외치고 다니면, 그들이 어떻게 하겠는가? 끌어다가 가두든지 죽이든지 할 것이 뻔하지 않는가? 요나가 니느웨에 올라가 하나님의 말씀을 외치는 것은 목숨을 거는 일이었다. 그래서 요나는 그 일을 피하고 싶었던 것이다.

그런데 저 시골에서 올라온 어떤 "정신나간" 사람이 니느웨가 멸망당할 것이라고 외치고 다니는 것을 보고는 온 나라가 다 금식하며 회개를 했다고 하니, 놀라운 일이 아닌가? 니느웨 사람들은 그들을 "쳐서" 외치는 소리를 듣고는 회개를 했던 것이다. 소위 "치는 설교"를 했는데도, 요나를 잡아가지 않고, 그의 말을 듣고 회개했던 것이다. 회개하라고 외친 것도 아닌데 회개했던 것이다. 하나님을 믿는 백성이 아니었는데도 한 예언자의 외침을 듣고 그들은 회개했다.

이렇게 해서 니느웨는 멸망을 피할 수가 있었다. 여기까지가 우리가 아는 이야기다. 그러나 스토리는 여기서 끝나지 않는다. 니느웨에 대한 예언은 요나서에만 나오는 것이 아니다. 나훔서에도 나온다. 예언자 나훔은 니느웨의 멸망을 예언했다.

> 너는 망한다. 피의 도성! 거짓말과 강포가 가득하며
> 노략질을 그치지 않는 도성!
> 찢어지는 듯한 말채찍 소리, 요란하게 울리는 병거 바퀴 소리.
> 말이 달려온다. 병거가 굴러온다.
> 기병대가 습격하여 온다. 칼에 불이 난다.
> 창은 번개처럼 번쩍인다.
> 떼죽음, 높게 쌓인 시체 더미, 셀 수도 없는 시체.
> 사람이 시체 더미에 걸려서 넘어진다.
>
> "이제 내가 너를 치겠다. 나 만군의 주가 선언한다.
> 내가 네 치마를 네 얼굴 위로 걷어 올려서
> 네 벌거벗은 것을 뭇 나라가 보게 하고,
> 네 부끄러운 곳을 뭇 왕국이 보게 하겠다.
> 오물을 너에게 던져서
> 너를 부끄럽게 하고,
> 구경거리가 되게 하겠다.
> 너를 보는 사람마다
> '니느웨가 망하였다만, 누가 그를 애도하랴?' 하면서
> 너를 피하여 달아나니,
> 너를 위로할 자들을, 내가 어디에서 찾아올 수 있겠느냐?"
>
> 앗시리아의 왕아,

> 네 목자들이 다 죽고 네 귀족들이 영영 잠들었구나.
> 네 백성이 이 산 저 산으로 흩어졌으나, 다시 모을 사람이 없구나.
> 네 상처는 고칠 길이 없고, 네 부상은 치명적이다.
> 네 소식을 듣는 이들마다,
> 네가 망한 것을 보고 기뻐서 손뼉을 친다(나 3:1~3, 5~7, 18~19).

나훔의 예언대로 니느웨는 결국 무너지고 말았다. 요나의 말을 듣고 회개해서 하나님의 징벌을 피한 니느웨가, 백 년 쯤 후에 나훔 선지자가 예언한 대로 하나님의 심판을 받아 "피의 도시"가 되고 말았다. 주전 612년 바빌론에 의해 멸망, 완전한 폐허가 되어 흔적도 없이 사라지게 되고 만 것이다.

흉년이 든 것이 아니다 그보다 더한 상황이다

"무화과나무에 과일이 없고
포도나무에 열매가 없을지라도,
올리브 나무에서 딸 것이 없고
밭에서 거두어들일 것이 없을지라도,
우리에 양이 없고
외양간에 소가 없을지라도,
나는 주 안에서 즐거워하련다.
나를 구원하신
하나님 안에서 기뻐하련다"(합 3:17~18).

추수감사절 때마다 단골 메뉴로 나오는 유명한, 하박국의 신앙고백이다. 없고… 없고… 없으나… 그래도 감사하다는 것이다. 곳간마다 가득가득 차서 기쁘고 즐거운 것이 아니라 텅텅 비었는데도 하나님 때문에 기뻐하고 즐거워할 수 있다는 것이다.

지금 흉년이 들어서 곳간이 텅 비고 외양간에 소가 없고 양 우리에 양이 없는 것이 아니다. 흉년이 들었기 때문이라면 왜 외양간도 양 우리도 비겠는가?

바로 앞 구절을 보자.

"그 소리를 듣고 나의 창자가 뒤틀린다.
그 소리에 나의 입술이 떨린다.
나의 뼈가 속에서부터 썩어 들어간다.
나의 다리가 후들거린다.
그러나 나는,
우리를 침략한 백성이 재난당할 날을
참고 기다리겠다"(합 3:16).

지금은 흉년이 든 것보다 더한 상황이다. 나라가 망하게 된 것이다. 앗시리아의 통치가 끝나는가 싶더니 이제 바빌론이라는 나라가 점점 세계를 정복해 가고 있다. 이제 얼마 있지 않으면 바빌론 군인들의 군화로 이스라엘 나라도 짓밟히게 될 운명에 처해 있는 것이다. 온 백성들은 마음을 졸이며 불안해하고 있다. 지금 그들의 군화소리가 점점 크게 들려오고 있다.

그 소리를 듣는 순간 창자가 뒤틀리고, 입술이 떨린다고 했다. 뼈가 속에서부터 타 들어가고 다리가 후들거린다고 했다. 이제 그들이 들이닥치면 곳간에 쌓인 곡식들을 다 탈취해 갈 것이고, 외양간에서 소들을 다 끌어갈 것이며, 양우리에 양 한 마리도 남기지 않고 다 잡아갈 것이다. 나라가 폐허가 되는 것이다. 지금 이스라엘의 운명은 풍전등화와도 같다.

그런 가운데 하박국 선지자는 이렇게 고백하고 있는 것이다. "나라가 이방 나라에 짓밟히고, 그들이 식량을 탈취해 가고, 소와 양들을 다 잡아간다고 할지라도, 그래도 나는 나의 하나님만을 믿고 바라보고 의지할 것입니다."

잿더미 위에서 눈물을 흘리며 탄식하는 대신에, 하나님으로 인하여 기뻐하고 즐거워하겠다는 것이다. 이방 사람들이 쳐들어와 다 빼앗아 간다고 할지라도, 겁내거나 두려워하거나 떨지 않을 것이라는 고백이다. 하박국 선지자는 하나님만이 우리의 희망이시고, 하나님만이 우리의 의지가 되시고, 하나님만이 우리의 기쁨이 되신다고 하는 고백을 하고 있는 것이다.

헤롯이 죽인 유아들은 몇 명이나 되었을까?

유아 학살 사건에 대한 성경의 기록은 출애굽 사건이 있기 전, 이집트에서의 히브리인들의 노예생활 시대로 거슬러 올라간다. 한 이집트 왕(바로는 왕 이름이 아니라 왕의 칭호임)이 히브리인들이 자기네 땅에서 번성하는 것에 위협을 느끼고 히브리인이 사내 아이를 낳으면 곧장 죽이도록 명령하였다.

또 다른 유아 학살 사건은 아기 예수를 죽이기 위해 이루어졌다. 유대인들에게 새로운 메시아의 탄생은 분명히 "큰 기쁨의 좋은 소식"임에 틀림없다. 그러나 온 예루살렘 사람들은 메시아의 탄생 소식을 듣고 "당황하였다"(마 2:3). 그 이유는 헤롯이란 인물 때문이었다.

로마의 폼페이 장군이 예루살렘을 함락시키고(주전 63년) 헤롯을 유다의 왕으로 세웠다(주전 40년). 그는 100여 년 동안 마카비 혁명을 일으켜 시리아의 안티오쿠스에게서 독립을 얻어 왕권을 유지해 온 하스몬 가문을 가혹하게 제거했다. 혹시 그들이 다시 자유와 독립을 꿈

꿀까 염려했던 것이다.

헤롯의 부인은 바로 하스몬 가문 출신인 마리암이었는데, 헤롯은 자기 부인마저 죽이고 말았다. 이렇게 되자 민심이 헤롯에게서 돌아섰다. 헤롯은 이를 만회할 궁리를 찾다가 예루살렘 성전을 화려하게 세워 주었다. 종교적 동기는 찾아볼 수 없고, 정치적인 동기에서 흉흉해진 민심을 수습하기 위해 화려한 성전을 지어 주었던 것이다. 새로운 메시아(왕)의 탄생 소식을 헤롯도 알고 있었고, 이로 인해 그가 앞으로 어떤 일을 할 것인지를 잘 알고 있었기 때문에 예루살렘 사람들은 당황하였다.

아기 예수를 찾아온 동방박사들에게 헤롯이 자기도 새로 나신 왕에게 경배하길 원하니 그를 찾으면 돌아와서 알려 달라고 했다. 그러나 동방박사들은 꿈에 천사의 지시를 받고 헤롯에게 돌아가지 않았다. 헤롯은 그들에게 속은 것을 알고는 대노했다.

그는 베들레헴에 사는 두 살 아래의 사내 아이들을 다 죽이도록 명했다(마 2:16). 언제 이런 지시를 했는지는 알 수 없으나, 두 살 아래의 아이들을 죽이도록 했다는 것은 2년이라는 세월이 흘렀다는 것을 암시한다. 그러나 2년 후에야 헤롯이 동방박사들에게 속은 것을 알았다고 하는 것은 말이 안 된다. 한 살 이하의 아이들을 죽였다든가, 아니면 6개월 이하의 아이들을 죽였다면, 그래도 이해를 할 수가 있을 것이다. 그러나 두 살 이하의 아이들을 다 죽이도록 한 것은 있을 수 없는 일이다.

또한 베들레헴은 200~300명밖에 살지 않는 아주 작은 마을이었다. 따라서 아기들을 죽이지 않고도 얼마든지 아기 예수를 찾아내든지 행방을 알아낼 수 있었을 것이다. 그러나 헤롯은 그렇게 하지 않고 다짜고짜 어린아이들을 무조건 다 죽이도록 했던 것이다. 1세기 당시의 인구와 연령 비율로 미루어 볼 때, 이때 학살된 아이들은 20여 명 남짓

했을 것으로 추정된다.

헤롯은 얼마든지 이런 잔인한 일을 능히 할 수 있는 사람이었다. 그는 이스라엘의 요인(要人)들을 300명 이상 학살하였으며, 나중에는 자신의 아내와 어머니, 세 아들까지도 죽였다. 그가 죽을 때에는 이스라엘의 요인들을 다 모아놓고서, 그가 죽는 순간에 그들도 모두 한꺼번에 죽이도록 여동생에게 부탁을 할 정도로 잔인한 사람이었다.

성경을 기록한 사람 가운데 유일한 이방인–누가

누가복음을 쓴 누가는 누구인가? 그는 무엇보다 의사로 잘 알려져 있다. "사랑을 받는 의사 누가"(골 4:14)라고 바울이 밝히고 있다. 그래서 누가복음에는 의학적인 용어가 많이 사용되었다. 그는 바울의 동역자였다. 사도행전에는 "우리"라는 주어가 많이 사용되고 있는데, 이는 바울과 누가 일행을 말한다(행 16:10~17, 20:5~15, 21:1~18, 27:1~28:16).

바울은 그의 표현대로 "육신의 가시"를 지니고 있었다. 학자들에 따르면 아마도 그것은 간질이었을 것이라고 한다. 바울이 선교 여행 중에 치료할 일이 생겼는데, 그때 누가를 만났을 것으로 보인다. 누가는 이때 바울을 통해 복음을 접했을 것이고, 그 후 바울의 주치의로서 선교 사역에 동참했던 것으로 보인다.

누가복음을 다른 복음서들과 비교해 보면, 이방인과 가난한 사람, 멸시받는 사람에 대한 관심이 유달리 많음을 발견할 수 있다. 마태복음을 유대인을 위한 복음서라고 부르는 반면, 누가복음은 이방인을 위한 복음서라고 부른다. 누가가 이방인에게 관심이 많고 이방인을 위해 복음서를 기록한 이유가 있다. 누가 자신이 바로 이방인이었기 때문이다. 그는 수리아 안디옥 사람으로 알려져 있다. 66권으로 이루어져 있는 성경은 40여 명에 의해 기록되어졌다. 물론 그들 모두가 다 유대인들이다. 그런데 유일하게 누가만이 이방인으로서 성경을 기록했다.

그가 쓴 누가복음과 사도행전은 분량으로 따져서 신약성경의 28%를 차지한다. 성경 저자 가운데 유일한 이방인이 바로 누가라고 하는 사실은 그의 저작을 새롭게 보게 해 준다. 그는 우리와 같은 이방인이었기에 복음을 우리의 입장에서 잘 전해 주고 있다. 그래서 누구보다 우리에게 친근하게 느껴진다.

그런데 어떻게 이방인이, 그것도 예수의 목격자도 아닌 사람이, 복음서를 기록할 생각을 했을까? 어떻게 그런 사람이 복음서를 기록할 수 있었을까? 그는 누가복음을 쓰게 된 동기를 다음과 같이 밝히고 있다.

"… 처음부터 그 일의 목격자요 말씀의 전파자가 된 이들이 우리에게 전해 준 대로 엮어 냈습니다… 나도 모든 것을 처음부터 정확하게 조사하여 보았으므로, 귀하께 이 이야기를 차례대로 엮어 드리는 것이 좋겠다고 생각하였습니다"(눅 1:2~3).

누가는 자신이 "그 일"의 목격자가 아님을 밝히고 있다. 그는 예수님과 직접적인 관련이 있는 사람들에게서 들은 "증언"과 그가 수집한 여러 자료들을 종합 분석해서 누가복음을 기록했던 것이다.

누가는 마가복음을 기록한 마가와 친한 사이였다(골 4:10, 14; 몬 24절 참조). 그는 예수에 관한 이야기를 마가에게서 전해 들었을 것이다. 복음서 가운데 마가복음이 가장 먼저 기록되었으며 다른 복음서들은 마가복음을 기초 자료로 해서 쓰여졌다는 것이 일반적인 견해이다. 누가도 마가를 통해 전해 들은 복음을 기초로 해서 누가복음을 기록했을 것이다.

그가 이방인으로서, 또 한 번도 예수를 만나본 적이 없는 사람으로서, 복음서를 기록했다고 하는 것은 대단한 일이다. 만나보지도 못한 사람의 전기를 쓴다는 것이 쉬운 일이었겠는가? 그러나 한 가지 더 놀라운 사실은, 그는 갈릴리 지역을 한 번도 방문해 본 적이 없는 사람이라는 것이다. 누가복음을 보면 그가 갈릴리 지역의 지리에 대해 밝지 않음을 발견할 수 있다. 그러나 예루살렘과 지중해 연안에 있는 도시들(가이사랴, 욥바 등)에 대해서는 비교적 자세히 알고 있다. 아마도 예루살렘이나 지중해 연안 지역은 한두 번 방문한 적이 있는 것으로 보인다.

이렇게 방문해 보지도 않은 곳에서 일어난 일에 대해, 그리고 만나보지도 못한 사람에 대한 것을 기록한다는 것은 정말 어려운 일이었을 것이다. 더군다나 그는 이방인이었다. 유대의 풍습이나 사상, 종교에 대해서도 깊이 알지 못했을 것이다. 그런 사람이 복음서를 기록한다는 것은 무모한 일일 수 있다. 그러나 누가는 그 일을 훌륭하게 잘 해냈다. 자신이 알고 있는 것을 기록으로 남겨야 하겠다고 하는 일념에서 그런 일을 해낼 수 있었을 것이다.

베드로는 말을 잘했던 것 같다. 그가 한 번 설교를 하면 3천 명, 5천 명씩 회개하고 돌아오지 않았는가? 이에 반해 바울은 말을 잘 못하는 사람이었다. 그러나 글재주는 있었다. 그래서 그가 남긴 편지들이 신약성경의 대부분을 이루고 있지 않는가? 그는 죽었으나 지금까지 글로서 우리에게 말하고 있지 않는가? 얼마나 많은 사람들이 그가 남긴 글을 통해 구원을 받고 은혜를 받고 있는가? 누가도 마찬가지다. 그는 유대인이 아니었지만, 예수를 만나본 적도 없지만, 예수의 활동 무대가 되었던 대부분의 지역을 가보지도 않았던 사람이었지만, 예수에 대한 기록을 남겨야겠다는 일념으로 각고의 노력을 통해 누가복음을 기록했고, 2천 년 동안 그 복음서를 통해 예수의 말씀이 증거되어지고 있다는 것은 놀라운 일이 아닐 수 없다.

칠병이어의 기적은 진품인가, 복사품인가?

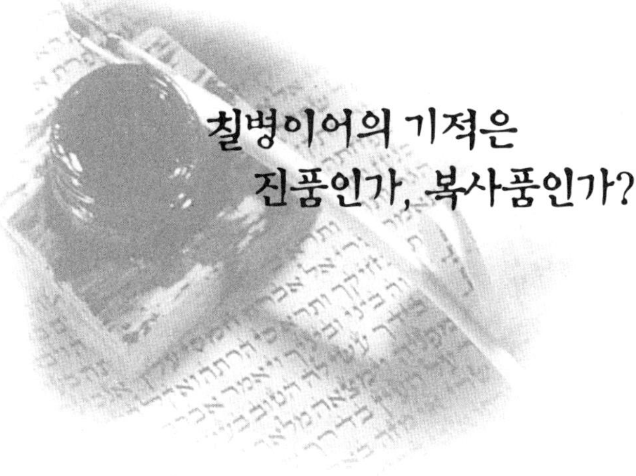

오병이어의 기적과 칠병이어의 기적은 너무나 비슷한 면이 많이 있다. 그래서 오병이어 기적의 복사품이 아닌가 생각되기도 한다. 그러나 두 기적은 분명한 차이점을 갖고 있다. 기적에 사용된 빵과 물고기의 양이 다르다. 군중의 수가 다르다. 남은 양도 다르다. 이런 점은 쉽게 식별될 수 있다. 숫자적으로 차이가 있기 때문이다. 그러나 쉽게 보이지는 않지만 결정적인 차이점이 있다. 그것은 두 기적이 일어난 시간과 기적을 행한 대상이 다르다는 것이다.

1) 시간이 다르다

오병이어의 기적은 봄에 일어났지만, 칠병이어의 기적은 여름에 일어났다. 오병이어의 기적시에 군중들은 "풀밭"에 앉아서 먹었다. 그러나 칠병이어의 기적시에는 "땅"에 앉아서 먹었다(막 8:6; 마 15:35). 이스라엘은 봄철에만 풀이 푸르다. 여름에는 비가 오지 않고 덥기 때문에 풀이 다 말라 버린다. 그래서 칠병이어의 기적시 군중들은 "잔디(풀밭)"가 아니라 "맨 땅"에 앉았던 것이다. 풀밭과 땅의 차이는 아무것도 아닌 것처럼 보여도, 두 기적이 일어난 시기가 다름을 보여 주는 중요한 열쇠가 된다.

2) 대상이 다르다

오병이어의 기적 후 예수께서는 두로와 시돈 지방으로 가셨다. 이곳에 가셨다가 데가볼리를 거쳐 다시 갈릴리 호수로 오셨다(막 7:31). 데가볼리는 헬라–로마 자치 도시로서, 갈릴리 호수 동쪽과 남쪽에 있던 10개의 이방 도시 지역을 말한다. 예수께서 주로 활동하신 곳은 갈릴리 호수 서편과 북편으로서, 유대인 지역이다. 그러나 갈릴리 동편은 이방인 지역이었다. 예수께서는 지금 갈릴리 호수 동편에 와 계신 것이다. 다시 말해 이방 지역에 와 계신 것이다.

예수께서는 전에 한 번 이곳에 오셔서 거라사 광인에게서 군대 귀신을 쫓아내신 적이 있다. 그러나 그때는 사람들의 반응이 냉랭했다. 그들(이방인들)은 예수께 그곳을 떠나 줄 것을 요구했고, 예수께서는 그곳을 떠나실 수밖에 없었다(막 5:1~20). 이렇게 해서 예수의 이방인 선교는 실패로 끝난 것처럼 보였다. 그러나 예수께서는 그곳을 포기하지 않고 다시 한 번 오신 것이다. 그러나 이때는 반응이 상당히 좋았다. 이번에는 많은 병자들이 몰려들었다(막 7:31~37). 병고침을 받은 사람들은 "이스라엘의 하나님께 영광을 돌렸다"(마 15:31). 왜냐하면 그들은 유대인이 아니라 이방인들이었기 때문에, "이스라엘의 하나님께" 영광을 돌렸다고 표현한 것이다(참조. 롬 15:4). 예수께서 유대인들을 치유해 주셨듯이, 수많은 이방인 병자들도 치유해 주셨던 것이다.

이렇게 많은 병자들을 고쳐 주신 후에 칠병이어의 기적을 행하셨는데, 아마도 그 장소는 전에 2천 마리의 돼지 떼가 몰살당한 그 장소(현재의 Kursi)이거나, 아니면 그곳에서 가까운 지역이었을 것으로 보인다.

오병이어의 기적은 유대인들을 위해 베푼 기적이었다. 그때 남은 것이 12바구니였다고 했는데, 여기에서 12는 이스라엘의 12지파를 상징하는 것으로 보인다. 반면, 이방인을 위해 행하신 칠병이어의 기적 시에는 7광주리가 남았다. 여기에서 7은 이방인을 상징하는 것으로 보인다.

12바구니가 남았다고 하는 것은, 유대인을 위해 베푸신 오병이어의 기적은 단지 그 자리에 있던 유대인들만을 위해 베푸신 기적이 아니라 모든 유대인들을 위해 베푸신 기적이었다는 의미가 있다. 7광주리가 남았다고 하는 것도, 단지 그 자리에 있던 4천 명(장정만)의 이방인들만을 위해 베푸신 기적이 아니라 모든 이방인들을 위해 베푸신 기적이었음을 말해 주는 것이다.

예수께서는 칠병이어의 기적을 통해 이방인들에게도 유대인들에게와 마찬가지로 똑같은 은혜를 베푸시고 똑같은 기적을 베푸셨던 것이다. "유대 사람이나 그리스 사람이나, 차별이 없습니다. 그는 모든 사람에게 꼭 같이 주님이 되어 주시고, 그를 부르는 모든 사람에게 풍성한 은혜를 내려 주십니다"(롬 10:12). 칠병이어의 기적이 이방인에게 베푸신 기적이라고 하는 사실을 간과하면, 이 기적의 가장 중요한 의미를 놓치게 된다.

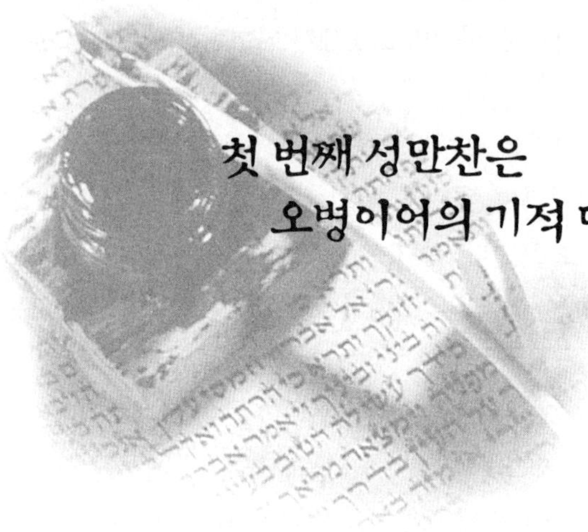

첫 번째 성만찬은 오병이어의 기적 때 있었다?

보리 빵 5개와 물고기 2마리로, 여자와 아이들을 빼고도 장정 만 5천 명 이상을 먹이셨는데, 이러한 초자연적인 사건이 처음 일어난 것은 아니다. 이스라엘 백성이 출애굽을 할 때 광야에서 하나님은 만나와 메추라기를 통해 이스라엘 백성들에게 먹을 것을 공급해 주시지 않았는가? 신약에서의 급식 사건과 출애굽시에 있었던 만나와 메추라기 사건은 상당한 유사성이 있다.

예수께서는 광야에서 내려 준 만나와 자신을 비교하시면서, 만나를 먹은 자는 다 죽었지만, "인자가 주는 빵"을 먹는 자는 영원히 죽지 않으리라고 하셨다(요 6:58). 예수께서는 자신을 가리켜 세상에 생명을 주는 "하늘로서 내려온 양식"(요 6:33), "하나님의 빵"(요 6:33), "하늘로부터 내려온 빵"(요 6:41, 50, 58), "생명의 빵"(요 6:48), "하늘로부터 내려온 살아 있는 빵"(요 6:51)이라고 하셨다. 오병이어의 기적의 의미를 그렇게 설명하셨다.

또한 예수께서는 빵과 관련하여 “인자의 살을 먹지 않고 인자의 피를 마시지 않으면 너희 속에는 생명이 없다. 내 살을 먹고 내 피를 마시는 사람에게는 영생이 있을 것이요…내 살은 참된 양식이요, 내 피는 참된 음료다…이 빵을 먹는 사람은 영원히 살 것이다”(요 6:53~58)라고 말씀하셨는데, 이는 예수께서 행하신 최후의 만찬을 연상케 한다.

예수께서 오병이어의 기적을 행하실 때, “빵을 손에 드시고, 하늘을 우러러 감사 기도를 드리신 뒤에, 빵을 떼어서, 제자들에게 주셨다”(막 6:41). 여기에는 중요한 동작 하나 하나가 묘사되고 있다. 1) 빵을 손에 드시고 2) 하늘을 우러러 감사 기도를 드리시고 3) 빵을 떼어 4) 제자들에게 주셨다.

최후의 만찬시에 예수께서 빵을 나누어 주시는 장면과 꼭 같다. “예수께서 빵을 들어서, 축복하신 다음에, 떼어서, 그들에게 주셨다”(막 14:22). 그러시면서 그 빵은 예수님의 몸이라고 설명하셨다.

요한복음은 이 오병이어의 사건을 성례전적(eucharist) 사건으로 보고 있다. 예수께서 오병이어의 사건을 통해 이미 수많은 사람들을 위해서 성례전을 행하신 것이라고 보는 것이다.

최후의 만찬은 유월절 만찬이었다. 유월절 만찬시에 상에 올라가는 음식은 구운 양고기, 쓴 나물, 포도주, 무교병 등이다. 그러나 최후의 만찬을 그린 성화들을 보면, 그런 유월절 음식 대신에 빵과 물고기만 올라가 있는 것을 볼 수 있다. 왜 엉뚱하게도 빵과 물고기가 올라가 있을까? 초대교회 때부터 교회 전승에서 오병이어의 기적과 최후의 만찬을 연결시켜 해석해왔기 때문이다.

목자가 양을 위해 목숨을 버린다면 정상일까?

오스트레일리아 같은 나라에서는 수천 마리에 이르는 양들을 대평원에서 키우는 것을 볼 수 있는데, 그러면 이 양들을 목자들이 어떻게 돌보는가? 말을 타고 뒤에서 막 몰아댄다. 그러면 양들이 놀라서 정신없이 무조건 앞에 가는 놈 뒤꽁무니만 보고 따라 달려간다. 목자가 양을 인도하는 것이 아니라, 양을 뒤에서 마구 몰아대는 것이다. 양이 목자의 인도를 따라가는 것이 아니라 목자에게 쫓겨서 정신 없이 도망가는 것이다.

만일 다윗이 그런 모습을 보았다면, "여호와는 나의 목자시니 내가 부족함이 없으리로다. 그가 나를 푸른 초장에 누이시며 쉴 만한 물가로 인도하시는도다"(시 23:1~3, 개역성서)라고 노래할 수 있었을까? 시편 23편에 나오는 양들은 얼마나 평화스럽고 한가로운가? 그러나 오늘날 양들은 사정이 다르다.

오늘날 양을 하나하나 세심하게 돌보는 목자가 어디 있겠는가? 목자는 양에 대해서는 관심이 없다. 양은 목자의 재산일 뿐이지 그 이상도 그 이하도 아니다. 아마도 목자가 양을 잃었다면 그 잃은 양을 찾을 것이나, 그것은 재산 손실이 아까워서이지 그 양이 불쌍해서가 아닐 것이다.

예수께서는 잃은 양을 한 마리 찾으면 목자가 그 양을 어깨에 메고 돌아온다고 하셨다. 고대로부터 참목자의 모습을, 잃은 양을 어깨에 메고 돌아오는 목자로 그린 그림들이 많이 있다. 양을 어깨에 둘러메고 올 때 얼마나 무겁겠는가? 그러나 그보다 더 어려운 것이 있는데, 그것은 양에게서는 지독한 냄새가 난다는 사실이다. 양은 순결하고 깨끗한 짐승이라고 하는 것이 양에 대한 우리의 이미지이다.

그러나 양은 어리석고 우둔하고 한심하고 더럽고 냄새나는 짐승이다. 주홍같이 붉은 죄가 양털같이 희게 되리라는 말씀도 있는데(사 1:18), 더럽다니 무슨 말인가? 사실, 양털은 더럽기 짝이 없다. 필자는 한 번도 "흰 양"을 보지 못했다. 항상 누런 양들밖에 보지 못했다. 양의 털이 희다고 생각하는 것은 우리의 생각일 뿐이다. 양털은 반드시 화학 처리를 해야 희게 된다(샴푸는 일본 사람이 양털을 씻기다가 만들어졌다고 한다).

물론 속털은 아주 희지만, 자란 털들은 누렇게 더럽혀져 있다. 양털같이 희리라는 말씀은 막 자라기 시작한 털을 말한다. 아니면 새로 막 목욕시킨 양들을 말하는 것이다. 이렇게 양의 털은 본래는 희지만, 자라면서 더럽게 된다. 사람도 마찬가지일 것이다.

이렇게 누렇게 더럽혀진 양에게서는 고약한 냄새가 난다. 그래서 1m 이상 접근이 어려울 정도라고 한다. 그런 양을 어깨에 멘다고 생각해 보라. 그러나 선한 목자는 그렇게 냄새나고 더러운 양도 품에 안아 주고 어깨에 메기도 한다. 예수님은 죄로 더러워진 우리를 당신의 품에 안아 주시고 감싸 주시는 선한 목자이시다.

4세기 경의 선한 목자상.

목자의 가장 중요한 역할 가운데 하나는 맹수들을 쫓아내는 일이었다. 웬만한 맹수들은 목자가 양을 지키고 있는 한, 양을 습격하지는 않는다. 예수께서는 참 목자와 삯꾼 목자의 차이가 어디에 있다고 하셨는가? 삯꾼 목자는 맹수가 습격해 올 때, 자신의 생명의 위협을 느낄 때 도망간다. 그러나 참목자는 자신의 생명을 버리면서까지 양을 지켜 준다고 하셨다(요 10:11~16).

오늘날 어떤 목자가 양들을 지키기 위해서 자기의 목숨을 버렸다고 한다면, 그 사람이 과연 제정신일까? 또 그랬다고 해서 그 사람을 칭송하겠는가? 양과 자신의 목숨을 바꿀 목자는 아무도 없을 것이다. 목자가 양을 지켜 주어야 하는 것은 당연한 일이지만, 양을 지키기 위해 자신의 생명까지 버린다고 하는 것은 있을 수 없는 일이다. 그것은 어리석은 일이다. 그런데 예수께서는 그런 어리석은 목자가 참목자라고 하셨다. 그분이 바로 그런 목자이셨다. 양을 위해서 목숨을 버리신 선한 목자이셨다.

우리가 사용하는 주기도문에는 문제가 많다

1) 첫번째 기도를 "이름이 거룩히 여김을 받으시오며"로 해야 되는 것인지, 아니면 "이름을 거룩하게 하옵시며"로 해야 되는 것인지에 관한 문제가 있다.

"이름이 거룩히 여김을 받으시오며"는 수동태 문장으로서 하나님의 이름이 우리에 의하여 거룩히 여김을 받게 해달라고 하는 기도가 된다. 그러나 "이름을 거룩하게 하옵시며"는 능동태 문장으로서, 인간에 의해 더럽혀진 이름을 하나님이 스스로 거룩하게 만들어 달라고 하는 기도가 된다. 두 가지 번역이 다 가능한데, 개역성경에서는 "그 이름을 거룩하게 하여 주시며"로 번역했고, 표준 새번역에서는 "이름을 거룩하게 하옵시며"로 번역했다.

2) 나라이 임하옵시며

"나라에 임하옵시며"라고 잘못 발음하기 쉽다. 그렇게 되면 뜻이 전혀 달라지게 된다. '이 나라에(이 세상에) 임하옵소서' 라는 의미가 되기 때문이다. "나라이" 라는 말은 문법적으로 맞지 않는다. "나라가" 로 고쳐야 한다. 여기에서 나라는 하나님의 나라를 말한다. 하나님의 나라가 이 세상에 임하게 해달라고 하는 기도다.

3) "오늘날 우리에게 일용할 양식을 주옵시고"

"오늘날" 은 영어로 nowadays 즉 "요즘" 을 의미한다. 원문에는 "오늘(today)" 로 되어 있다. 그러나 반드시 오늘만을 의미하는 것은 아니다. 아침에 기도하면 그 날의 양식을 의미하고 저녁에 기도하면 내일의 양식을 의미하는 그런 단어이다.

4) "다만 악에서 구하옵소서"

"다만" 이라는 말은 원문과 상관없이 첨가한 말이다.

5) "대개 나라와 권세와 영광이"

"대개" 를 어떤 때는 넣었다가 또 어떤 때는 빼기도 했다. 그래서 교인들 가운데는 대개를 붙이는 사람도 있고 빼는 사람도 있다. 넣어야 맞는가, 아니면 빼야 맞는 것인가? 그에 앞서서 더 큰 문제는 그 뜻이 모호하다는 것이다. 원문에는 '호티' 라는 헬라어 접속사가 사용되었는데, 그 의미는 "왜냐하면" 이라는 뜻이다. 즉 '우리가 이런 기도를 드리옵는 것은 하나님에게 나라와 권세와 영광이 영원히 있기 때문이옵나이다' 라는 뜻이다.

그런데 왜 이것을 "대개" 로 번역했는가? 그것은 우리말로 번역을 할 때(1930년대) 중국어 성경을 참조했기 때문이다. 초기 중국어 성경에서 <大槪, 大蓋>로 번역한 것을 우리가 그대로 받아들였다. 그러나 이 단어는 오해의 소지가 많다. "대체적으로" "대략적으로" 라는 의미로 이해하기 쉽기 때문이다.

최근의 중국의 성경도 <以, 또는 因爲>로 번역하여 바로잡았다. 우리 한글 번역본에서는 1933, 1936년 신약성경 번역본에 "대개"로 썼다가 그 뒤, 그 번역이 원문의 뜻과는 상관이 없는 "대체로"의 뜻으로 오해할 소지가 있으므로 아예 생략하였다.

"씨뿌리는 비유"가 아니라 "땅의 비유"이다

어떤 사람이 씨를 뿌리러 나갔다. 어떤 씨는 길가에 뿌려지고, 어떤 씨는 돌밭에 뿌려졌다. 또 어떤 씨는 가시떨기 사이에 떨어졌는가 하면 어떤 씨는 옥토에 떨어져 30배, 60배, 100배의 열매를 맺었다. 이 비유는 흔히 "씨뿌리는 자의 비유"로 널리 알려져 있다(막 4:1~9). 그러나 "씨뿌리는 자의 비유"라는 제목은 적합하지 않다. 제목은 그 비유의 메시지를 담고 있어야 한다. 그 비유의 초점이 무엇인가를 보여 주는 것이라야 한다.

그러나 "씨뿌리는 자"는 이 비유의 주인공도 아니고 초점도 아니다. 이 비유는 씨뿌리는 자에 대해서 말하려고 하는 것이 아니다. "씨뿌리는 자"는 농부(예수님)를 일컫는다. 그러나 그는 여기서 중요한 역할을 하지 않는다. 이 비유에서는 씨뿌리는 사람이 잘못해서 결실이 없었다든지, 아니면 그가 열심히 노력해서 결실이 좋았다든지, 그런 이야기를 하고 있지 않다. 만일 그랬더라면, 이 비유는 "씨뿌리는 사람의 비유"가 어울릴 것이다.

"씨의 비유"라는 제목으로도 널리 알려져 있는데, 이 제목도 역시 좋은 제목이 아니다. 씨가 좋지 않아서 결실이 없었던 것도 아니고 씨가 좋아서 결실이 많던 것이 아니지 않는가? 물론 씨는 예수님의 말씀(가르침)을 의미한다. 그러나 예수님의 말씀이 능력이 없어서 결실이 없는 것이 아니지 않는가? 씨에 문제가 있는 것이 아니다. 예수님은 씨앗이 문제가 아니라는 것을 지적하기 위해 이 비유를 말씀하시고 있다.

그러면 이 비유의 제목으로 무엇이 좋을까? "씨뿌리는 비유"보다는 "결실의 비유"가 더 낫다. 이 비유의 초점은 씨를 뿌리는 데 있는 것이 아니라 결실에 있지 않는가? 똑같이 씨를 뿌렸는데, 옥토에서는 100배의 결실이 있었는가 하면, 다른 곳에 뿌려진 씨앗들은 결실을 맺지 못했다. "씨의 비유"보다는 "땅의 비유"가 더 좋은 제목이다. 씨가 문제가 아니라 땅이 문제라는 것을 예수님은 말씀하고 계신다. 같은 땅에다 품질이 다른 씨앗을 뿌렸더니 거둘 때 보니까 나쁜 씨앗은 열매가 없었는데, 좋은 씨앗은 30배, 60배의 결실을 거두었고 가장 좋은 씨앗은 100배의 열매를 거두었다는 비유를 하셨다면 "씨의 비유"가 되겠지만, 씨뿌리는 사람이 똑같은 씨를 뿌렸는데, 땅에 따라서 각기 소출이 달랐다는 말씀을 하시고 있다. 이 비유의 초점은 '땅'에 있다. 그러므로 "씨의 비유"보다는 "땅의 비유"가 훨씬 낫다.

마지막으로, "씨뿌리는 사람의 비유"보다는 "듣는 사람의 비유"가 훨씬 좋은 제목이다. 결실은 씨뿌리는 사람과는 아무런 관계도 없다. 누가 들었느냐, 즉 어떤 마음 밭을 가진 사람이 들었느냐에 따라 결실이 달라진다는 것을 말하고 있다. 우리가 열매를 맺지 못하는 것은 씨뿌리는 사람(예수님) 때문이 아니라 듣는 우리들 때문이라는 것이다. 따라서 이 비유의 제목으로는 "듣는 사람의 비유"가 가장 적합하다고 할 수 있다.

유머 감각이 뛰어나신 예수님

왕이 마련한 잔치에 초청받은 사람들은 여러 가지 이유를 들어 잔치에 참석하지 않았다(눅 14:15~24). 밭을 산 사람은 새로 구입한 밭을 둘러보러 나가야 되기 때문에 잔치에 갈 수 없노라고 했다. 그러나 땅을 새로 구입하는 사람이 그 땅도 둘러보지 않고 샀겠는가? 그것은 있을 수 없는 일이다. 새로 땅을 사기 위해 얼마나 심사숙고 했겠는가? 그런데 이 사람은 땅을 사고 난 다음에 그 땅이 어떤 땅인지 둘러보기 위해 나가야 하므로 잔치에 갈 수 없다는 핑계를 댔던 것이다.

그 다음 사람도 마찬가지이다. 소를 새로 샀는데, 그 소를 시험해 보러 나가야 되기 때문에 잔치에 갈 수 없다고 했다. 그러나 농사짓는데 쓸 소를 사는데, 그 소를 부려보지도 않고 살 수가 있겠는가? 그런 일은 있을 수 없다. 충분히 소를 시험해 보고 샀을 것이다. 그런데 이 사람은 소를 먼저 사고 난 후에 그 소를 잘 샀는지 알아보기 위해 지금 소를 부리러 밭에 나가봐야 된다고 핑계를 댔던 것이다.

또 한 사람은 막 장가를 가서 잔치에 참석할 수 없다고 했는데, 이것도 핑계에 지나지 않는다. 첫 번째 초청을 했을 때 이 사람은 잔치에 참석하겠다고 했다. 그런데 두 번째 초청을 하니까 이번에는 장가를 들어서 갈 수 없다는 것이다. 그러나 첫 번째 초청과 두 번째 초청 사이에 결혼을 했다고 하는 것도 앞뒤가 맞지 않는 말이다. 그 짧은 기간에 혼인을 하고 신방을 꾸민다는 것은 불가능한 일이다. 청중들은 이 말을 듣고는 '번갯불에 콩 구워 먹었나?' 라고 하면서 어이가 없어 했을 것이다.

이런 핑계들을 들은 청중들은 속으로 웃었을 것이다. 비유에 나오는 이 사람들은 그럴 듯한 핑계를 대는 대신에 누가 들어도 속이 빤히 들여다보이는 그런 핑계를 댔기 때문이다. 우리는 여기에서 예수님의 유머를 발견하게 된다. 예수께서는 누가 들어도 그들이 핑계를 대고 있다는 것을 알 수 있도록 하기 위해 이런 앞뒤가 맞지 않는 핑계를 대게 함으로써 청중들을 웃기셨던 것이다.

이러한 예수님의 유머는 여러 군데에서 발견된다. 포도원 일꾼들의 비유에서 포도원 주인은 하루 종일 일거리를 찾지 못해 장터에서 놀고 있는 사람들을 보고 이렇게 말한다. "왜 당신들은 이렇게 온종일 하는 일 없이 빈둥거리고 있소?"(마 20:6). 그들은 일하기 싫어서 놀고 있는 사람들이 아니었다. 이른 아침부터 일거리를 찾기 위해 인력 시장에 나왔지만, 아무도 그들을 데려다 쓰는 사람이 없어서, 혹시 일거리를 찾지 않을까 싶어서 하루 종일 장터를 떠나지 못하고 있는 그런 사람들이었다.

이런 사실을 청중들은 다 잘 알고 있었다. 그렇게 일거리가 없어서 안타까워하는 사람들을 보고 포도원 주인은 왜 놀고만 있느냐고 책망한 것으로 예수께서는 말씀하셨다. 그러나 포도원 주인이 왜 그들이 빈둥거리고 있는지 그 사정을 모를 리가 없다. 그렇지만 예수께서는 청중들을 재미있게 해 주려고 그런 유머를 사용하신 것이었다.

하나만 더 들어보자(마 18:21~35). 한 종이 주인(왕)에게 만 달란트의 빚을 졌다. 한 달란트는 6천 데나리온에 해당한다. 한 데나리온은 보통 노동자의 하루치 품삯이다. 한 달란트는 대강 말해서 보통 노동자의 15년치 품삯에 해당한다. 따라서 만 달란트는 15만 년치 임금에 해당하는 액수이다. 사실 이만큼 많은 빚은 한 나라가 지은 빚에 해당한다. 예를 들면, 예수 당시에 유대, 이두메아, 사마리아가 합쳐서 로마 정부에 낸 돈은 600달란트였다. 갈릴리와 베레아는 200데나리온의 세금을 냈다. 그런데 이 사람은 개인적으로 만 달란트의 빚을 졌다고 했다. 물론 과장법적인 표현을 사용한 것이다.

왕에게 빚진 이 사람은 무릎을 꿇고 애원을 한다. "참아 주십시오. 다 갚겠습니다." 예수의 유머 감각은 이곳에서도 잘 나타나고 있다. 이 사람이 그 많은 돈(15만년치 임금)을 어떻게 갚을 수 있겠는가? 도저히 그는 빚을 갚을 능력이 없는 사람이었다. 그런데도 속히 갚을 테니 조금만 더 기다려달라고 말했다고 함으로써 예수님께서는 청중들을 웃게 하셨던 것이다.

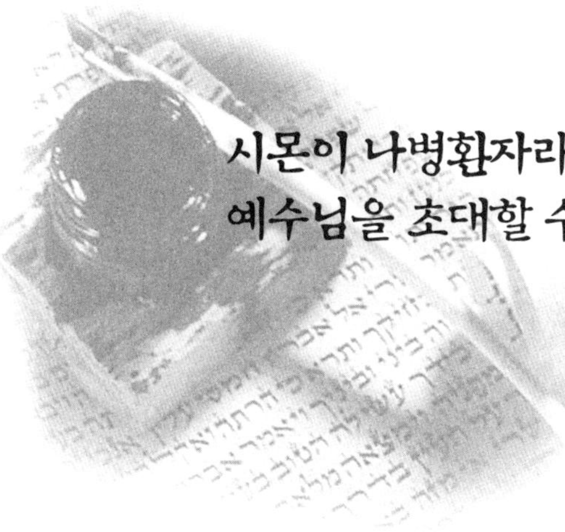

시몬이 나병환자라면 어떻게 예수님을 초대할 수 있었을까?

예수께서 베다니에 머무실 때의 일이었다. 그 동네에 나병환자 시몬이 살고 있었는데, 예수께서 그의 초청을 받아 그 집에서 식사를 하고 계셨다. 그때에 마리아가 갑자기 들어와서는 예수께 300 데나리온이나 되는 값비싼 향유를 부어 드렸다. 갑작스런 행동에 모두가 다 어안이 벙벙했다. 그 자리에 있던 사람들은 그렇게 값비싼 것을 허비한 마리아에게 다 한마디씩 했다(막 14:3~9; 마 26:6~13; 요 12:1~8).

이러한 일이 나병으로 고생하던 시몬의 집에서 일어났다고 했는데, 그런 자리에 가셔서 식사를 하고 계셨으니 예수님은 몰라도 적어도 제자들은 꺼림칙했을 것이다. 그런데 문제는, 어떻게 나병환자가 격리되지 않고 한 동네에서 살고 있었을까 하는 것이다. 우리 나라도 그랬지만, 유대인들 중에 나병환자들은 동네 안에 들어올 수가 없었다. 그들은 동네 밖에 거해야 했다.

때로는 나병환자들끼리 모여서 살기도 했다. 그들은 율법에 따라, 부정한 사람으로 여겨, 사람들을 가까이 할 수가 없었다. 10명의 나병환자들이 예수님을 만나 고침받은 사건은 잘 알려져 있다(눅 17:11~19). 이들은 "멀리서" 예수님께 자신들의 병을 고쳐 달라고 소리쳤다. 정결법에 따라 사람들이 있는 곳에 가까이 올 수가 없었던 것이다. 이들은 "추방"을 당해서 함께 모여 살고 있었던 사람들이었다. 혹시라도 사람들이 모르고 그들에게 가까이 오는 일이 없도록 하기 위해, 그들은 "부정하다" "부정하다"고 외치며 다녀야 했다.

그런데 어떻게 이런 나병환자가 베다니 동네에 버젓이 살고 있었을까? 그것은 있을 수 없는 일이다. 따라서 시몬은 나병에 걸렸다가 나은 사람이었을 것이라고 추측하기도 한다. 그러면 왜 더 이상 나병환자가 아닌데도 나병환자라고 불렀을까? 고대시대에는 같은 이름을 가진 사람들을 구분하기 위해 별명을 붙여 주었다. 신체 부위에 결점이 있을 때 그것을 별명으로 사용하기도 했다. 예를 들면 얼굴에 점이 많으면 '점순이'라고 하는 별명을 붙여 주었고, 과거에 어떤 병을 앓았으면 그것을 별명으로 붙여 주었다. "나병환자 시몬"도 바로 옛날에 나병에 걸렸다가 고침을 받은 사람이었기 때문에 그렇게 불렀을지도 모른다.

이 사람이 만일 나병환자라고 한다면(과거가 아니라 현재) 감히 예수님을 "초청"할 수가 없었을 것이다. 시몬은 열 명의 나병환자들이 그랬던 것처럼 "멀리서" 예수님께 고쳐 달라고 소리쳐 간구했어야 했을 것이다.

또 한 가지 고려해야 할 사항은, 예수님을 만난 환자들은 모두가 다 고침을 받았다. 한 사람도 고침받지 못한 사람이 없었다. 나병환자 시몬의 초청을 받아서 갔는데, 만일 그가 아직까지 나병에 시달리고 있었다고 한다면, 예수님이 왜 고쳐 주시지 않았겠는가?

이런 여러 가지 정황으로 미루어 보아 시몬은 나병으로 고생하고 있는 사람이 아니었음을 확실히 알 수 있다. 아마도 그는 옛날에 나병으로 고생하다가 고침받은 것으로 보인다. 그리고 그 동네에 시몬이라고 하는 다른 사람이 또 있었던 것 같다. 그래서 이 사람에게는 "나병환자"라는 별명을 붙여서 "나병환자 시몬"이라고 불렀는지도 모른다.

쿰란 동굴에서 발굴된 문서에 따르면 예루살렘 동쪽에 에세네파 가운데 나병환자들이나 또는 부정한 자들이 살았던 세 성읍이 있었다(Temple Scroll). 베다니와 벳바게가 바로 그런 성읍이었을 것으로 보인다(Yigael Yadin). 시몬이 베다니에 살고 있던 이유도 이런 측면에서 이해될 수도 있을 것이다. 그렇다면 그는 바리새인이 아니라 에세네파였을 것이다.

나사로 3남매도 베다니에 살고 있었다. 그들은 모두 결혼을 하지 않았다. 분명히 결혼할 나이는 훨씬 지났는데, 독신으로 살고 있었다. 유대인들은 독신으로 사는 것을 가장 큰 죄 가운데 하나로 여겼다. 그러나 에세네 종파에서는 독신으로 사는 것을 장려했다. 이렇게 볼 때 에세네파들이 모여 살던 베다니에서 결혼을 하지 않고 살았던 나사로 3남매도 에세네파였는지 모른다.

한 가지 또 다른 해석을 소개한다. 예수님은(그리고 당시의 유대인들은) 아람어를 사용했다. 그래서 학자들은 복음서도 처음에는 아람어로 기록되었을 것이라고 생각한다. 이 아람어가 후에 헬라어로 번역된 것이라고 보는 것이다. 나병환자는 아람어로 gar'ba이다. 그런데 이와 비슷한 말로 garaba가 있다. 이 두 단어는 구분이 없다. 발음이나 철자가 같은 단어이다. garaba는 '항아리 만드는 사람' 또는 '항아리 파는 사람'이라는 의미이다. 이 garaba를 gar'ba로 잘못 이해해서 "나병환자"라고 번역된 것이라고 생각하는 학자들도 있다. 다시 말해, 시몬은 나병환자가 아니라 토기장이였을 것이라고 보는 것이다.

이 성전은 46년 동안에 지었거늘…

예수님 당시 로마 제국 전체를 통틀어 예루살렘 성전만한 건물이 없었다고 한다. 헤롯이 이렇게 거대한 성전을 지은 이유는 무엇이었을까? 그의 신앙심 때문이었을까? 다윗이나 솔로몬처럼 하나님의 성전을 아름답고 웅장하게 지어 봉헌하고 싶어서였을까? 아니다. 헤롯은 소문난 건축광이었다. 그런데다 그는 여러 가지 일로 인해서 유대인들에게 신임을 잃었다. 그래서 어떻게 하면 유대인들의 환심을 살 수 있을까로 고민하던 중 무릎을 칠 만한 좋은 방법을 찾아냈다. 성전을 화려하고 웅장하게 지어 주면 자신에게서 떠난 민심을 되찾을 수 있을 것이라고 믿었던 것이다. 이렇듯 그는 순전히 정치적인 속셈에서 새 성전을 지었던 것이다. 순수한 신앙심의 발로에서 성전을 새로 지은 것이 아니었다.

헤롯 성전은 솔로몬 성전보다 2배 이상 크다. 그러면 그렇게 큰 성전을 짓는 데는 얼마나 걸렸을까? 예수께서 유대인들에게 "이 성전을 허물어라. 내가 사흘 만에 다시 세우겠다"고 하셨다. 그러자 유대인들이 대답하기를, "이 성전을 짓는 데 마흔여섯 해나 걸렸는데, 이것을 사흘 만에 세우겠습니까?"라고 힐난했다(요 2:19~20).

이 구절만 가지고 우리는 헤롯 성전이 46년 동안에 지어졌다고 생각하기 쉽다. 그러나 그렇지 않다. 헤롯은 주전 18년(19년 또는 20년?)에 성전을 짓기 시작했다. 1세기 역사가 요세푸스의 기록에 의하면 성전 공사는 9년이 걸렸는데 그 중 8년은 행각과 뜰을 짓는 데 걸렸고 성전 본 건물을 짓는 데는 1년 5개월이 걸렸다고 한다(Antiquities 15:420~421). 그러나 그 후에도 성전 공사—주로 성전 벽과 치장 공사—는 계속되었으며, 알비니우스가 총독으로 있을 때 완성이 되었다(62~64년).

헤롯 성전이 완성된 데 80년이 넘게 걸린 것이다. 이 말은 예수님 당시에도 성전 공사가 계속되고 있었다는 것이다. 예수께서도 완공되어진 성전을 보지 못했던 것이다(물론 거의 외형적으로는 완성되어진 상태이긴 했지만). 이렇게 46년 동안이나 지었는데도 아직 완공하지 못한 성전을 예수께서 사흘 만에 다시 지을 테니 허물라고 했을 때, 정신나간 소리로 들릴 수밖에 없었던 것이다.

헤롯 성전은 80년 넘게 지었지만, 완성된 지 10년도 못 되어, 예수님의 예언대로 로마에 의해 돌 위에 돌 하나도 남지 않고 무너지고 말았다. 그 후 유대인들은 2천 년 동안 성전 없이 살아왔다. 지금도 그들의 가장 큰 꿈은 옛 성전 터에 성전을 다시 짓는 것이다.

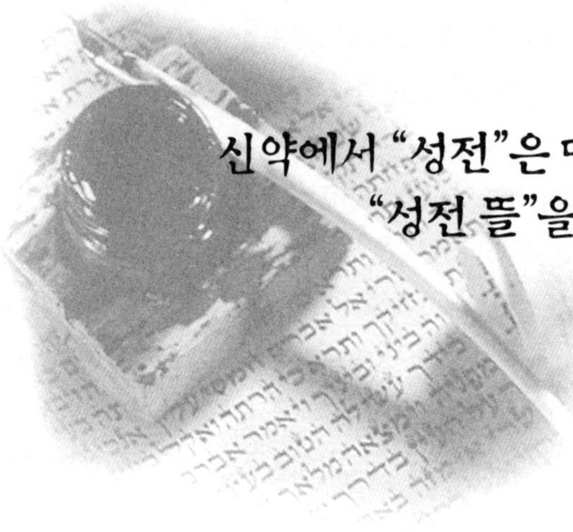

신약에서 "성전"은 대부분 "성전 뜰"을 가리킨다

예수께서 12세 때에 부모와 함께 유월절을 지키기 위해 예루살렘에 올라가셨을 때, 성전에서 랍비들의 가르침을 받으면서 그들과 토론을 하셨다. 공생애 기간에 예수께서는 예루살렘에 올라가실 때마다 성전에서 가르치셨다(마 21:23, 26:55). 초대교회 교인들은 날마다 성전에 모였다(행 2:46). 베드로와 요한도 기도하기 위해 성전에 올라갔다(행 3:1). 사도들은 성전에서 쉬지 않고 복음을 전했다(행 5:42).

이렇게 성전에서 기도하고 성경을 배우고 토론했다. 그러나 여기에서 말하는 성전은 성소와 지성소가 있는 성전 안이 아니라, 성전 뜰이나 솔로몬 행각을 말한다. 성전 안에는 제사장과 레위인 외에는 제물을 가진 사람들만이 들어갈 수가 있었다. 그곳에서는 제사만이 드려졌다. 그곳은 기도하거나 말씀 전하는 장소가 아니었다. 일반 사람들은 대부분 기도하거나 말씀을 듣기 위해 성전에 올라갔으며, 그들이

기도하고 말씀을 들은 장소는 성전 뜰이었지, "성전 안"이 아니었다.

세례자 요한의 아버지 사가랴가 성전에 들어가 제사를 드리는 동안에 "모든 백성은 밖에서 기도했다"(눅 1:10). 성전 안에서 제사가 드려지는 동안 많은 사람들은 성전 밖(성전 뜰)에서 기도했다. 이렇게 기도하고 하나님의 말씀을 토론하는 장소는 성전(temple)이 아니라 성전 밖의 뜰(temple court)이었다.

신약성경에서 "성전"은 대부분 "성전 뜰"을 가리킨다. 이 성전 뜰에는 사방으로 가장자리에 "솔로몬 행각"이 있었는데, 성전 뜰에 모인 사람들에게 그늘을 만들어 주기 위해 만들어놓은 곳이었다(참조. 요 10:29; 행 3:11, 5:12).

바리새인과 세리의 기도의 비유에서, 이들은 둘 다 성전에 기도하러 올라갔다. 그러나 기도하는 장소는 달랐다. 세리는 "멀리 서서" 눈을 들어 하늘을 쳐다보지 못하고 기도했다(눅 18:13). 이들이 기도한 곳은 성전 안이 아니라 성전 뜰이었다. 바리새인은 사람들이 많이 모여 있는 성전 건물 가까운 곳에서 기도했던 것이고, 세리는 성전 뜰 구석에 사람들이 뜸한 곳에서 기도했던 것이다.

한편 예수께서는 성전에 들어가셔서 돈을 바꿔 주는 사람들의 상을 뒤엎으셨다(마 21:12~17). 여기서 말하는 성전도 성전 뜰을 말한다. 이곳에서는 성전에 들어가는 사람들을 위한 제물을 팔기도 했으며, 외국에서 올라온 유대인들이 성전세를 내는 데 필요한 돈을 환전해 주기도 했다. 그런데 이들은 돈을 바꾸어 주는 데 있어서 지나친 이득을 취했다. 이들이 취한 이득은 실제로 거두어들인 세금의 1/9정도가 되었던 것으로 보인다. 예수께서는 이러한 사실에 대하여 분개하셨던 것으로 보인다.

성전 안에 일반인은 들어갈 수가 없었다. 제사장이나 제물을 가진 사람만이 들어갈 수 있었다. 그렇지 않은 사람들은 성전 밖(뜰)에 모여서 기도하고 말씀을 들었다. 그러나 제사장일지라도 아무나 성소에 들어갈 수 있었던 것은 아니다. 당번 맡은 제사장이나 또는 제비 뽑힌 제사장만이 성소에 들어갈 수 있었다. 물론 지성소는 대제사장만이 들어갈 수 있었다.

그러나 예수께서 우리에게 직접 하나님의 지성소에 나아갈 수 있는 길을 열어 주셨다.

"우리는 예수의 피를 힘입어서, 담대하게 지성소에 들어가게 되었습니다. 예수께서는 휘장을 꿰뚫어서 우리에게 새로운 살 길을 열어 주셨습니다"(히 10:19~20).

이제 우리는 더 이상 성전 뜰에 머물지 않고 지성소에까지 나아갈 수 있게 된 것이다.

교회는 “성전”과 다르다

성막과 성전은 여러 가지 면에서 다르다. 성막은 하나님이 직접 만들라고 지시하신 것으로 하나님은 설계도까지 보여 주셨다. 반면에 성전은 인간 편에서 하나님을 위해 지어 드리겠다고 요청한 것이었다. 성막은 움직이는 성전이었다. 광야 40년 동안 가나안에 들어갈 때까지 계속 행진해 나가야 했기 때문에 성전도 움직일 수 있도록 만들어야 했다. 그래서 텐트로 성전을 만들었으며, 성소의 모든 기물들도 움직이기 쉽도록 만들어졌다.

이후 가나안에 들어가서 정착하게 되자 다윗이 성전을 짓게 해달라고 요구했으나, 하나님이 허락하지 않으셨다. 성전은 솔로몬이 성소를 모형으로 해서 지었다.

교회는 구약 시대의 성전이 아니다. 성전은 예루살렘 한 곳에만 있었다. 이 세상에 성전은 단 하나밖에 없었다. 그리고 제사장만이 들어갈 수가 있었고, 일반인은 제물을 갖고 들어가야 했다. 성전에 들어가

기도하거나 찬송하거나 말씀을 공부하지 않았다. 성전에 올라가 기도했다는 표현이 많이 나오나, 성전 안에 들어가서 기도를 한 것이 아니라 성전 뜰에서 기도를 했던 것이다.

성전 안을 잠깐 들여다보자. 그곳에는 제물들이 마지막 비명 소리를 지르며 피를 흘리며 죽어 가고 있다. 제사장들은 그 피를 받아 제단에 뿌린다. 제물을 불태울 장작불이 활활 타오르고 있다. 여기저기 피가 쏟아져 있고, 피비린내가 진동을 한다. 한마디로 성전은 도살장 같은 곳이었다. 제사장들은 백정이 하는 일을 했다. 오늘날 교회에서처럼 예배가 드려지고, 말씀이 선포되어지고, 기도를 하고, 찬양을 하는 곳이 아니었다.

유대인들의 회당은 성전을 대신하는 곳이 아니었다. 회당에서는 제사를 드리지 않았고, 예배를 드리고 기도를 하고 교육을 했다. 즉 회당은 '배움의 장소'였다. 그곳에는 제사장이 없었다. 랍비가 회당의 책임을 맡은 것도 아니었다. 일반인들이 회당을 운영했다. 이 회당은 예루살렘 성전 바로 옆에 있기도 했다. 여기서도 회당이 성전을 대신하는 곳은 아니었음을 확인할 수 있다.

예수께서는 안식일마다 회당에 가셨다. 그곳에서 예배도 드리시고 가르치기도 하셨다. 바울도 마찬가지였다. 가는 곳마다 먼저 안식일에 회당을 찾아갔다. 유대인들을 만나기 위해서였다. 그리고 그곳에서는 아무나 자유롭게 하나님의 말씀을 가르칠 수 있었기 때문이다.

초대교회 교인들이 교회를 짓고 교회에 모여서 예배를 드린 것은 아니었다. 그들은 유대인들과 함께 회당에 모여서 예배를 드렸다. 유대인들은 기독교인들을 유대교의 한 종파로 생각했다. 그들은 기독교인들을 "도"를 믿는 사람들, 또는 "나사렛 종파"로 불렀다. 기독교인들도 자신들을 유대교에서 분리하는 것을 원하지 않았다. 그래서 안식일에 회당에 가서 예배를 드리고, 주중에 그들끼리 회당에서 모임을 가졌다.

그렇게 함께 지내다가 유대교와 갈라지게 되면서 교회가 생기게 되었다. 이렇게 초대교회 교인들은 교회가 아니라 회당을 출입하면서 신앙생활을 했다. 교회의 건축 양식이나 상징들도 회당에 상당한 영향을 받았다. 그러나 회당에서 가장 큰 영향을 받은 것은 바로 '말씀' 중심의 예배이다. 다른 종교와는 달리 유대교와 기독교는 의식보다는 '말씀' 을 중시한다. 이는 교회가 회당의 전통을 이어받았기 때문이다. 교회나 회당과는 달리 성전은 '의식' 중심의 예배가 드려졌다. 그러므로 교회는 성전보다는 회당에 훨씬 가깝다.

뜀박질에서 베드로가 요한에게 진 사연

막달라 마리아가 안식 후 첫날 이른 아침에 예수님의 무덤에 가보니 무덤 문이 열려 있었다. 그리고 예수님의 시신은 온데간데 없었다. 순간 가슴이 덜컹 내려앉았다. 누군가가 시신을 훔쳐 간 것이 확실했다. 너무 놀라서 그녀는 산등성이를 달려 내려갔다. 그리고 단숨에 제자들이 숨어 있는 곳으로 가서 숨을 헐떡이면서 이 소식을 전했다(요 20:1~10).

막달라 마리아는 일곱 귀신 들린 여인이었다. 그러나 예수께 고침받고 나서 예수님을 따라다니며 수종을 들었다. 예수님이 십자가에 달려 돌아가실 때 다른 사람들은 다 도망가고 없었다. 그러나 예수님의 어머니 마리아와 그녀는 끝까지 예수님의 죽으심을 십자가 곁에서 지켜보았다.

그녀는 예수님을 십자가에서 내려 아리마대 요셉의 무덤에 안장시키고 돌아왔다. 안식일에는 무덤에 갈 수가 없었다. 그래서 안식일이 끝나자마자 이른 새벽에 예수께 향유를 발라 드리기 위해 무덤을 찾아갔다가 최초로 예수님의 무덤이 빈 것을 확인했던 것이다. 그리고 최초로 예수님의 무덤이 비었다는 것을 알려 주는 사람이 되었다. 비록 그때까지 그녀 자신도 예수님이 부활하신 것을 알지 못했지만 말이다.

예수님의 무덤이 비었다는 소식을 듣고는 베드로와 "다른 제자"가 후다닥 일어나 예수님의 무덤을 향해 달려갔다. 베드로가 앞서 갔다. 그러다가 "다른 제자"가 베드로를 앞질러 갔다(요 20:4). 이 다른 제자가 누굴까? 바로 요한이다. 요한은 자신이 쓴 복음서에서 자기 이름을 밝히지 않고 그냥 "어떤 제자"(또는 "예수의 사랑하는 제자")라고만 밝혔다. 이렇게 베드로가 먼저 달려갔는데, 무덤에 먼저 도착한 사람은 요한이었다. 먼저 가던 베드로가 왜 뒤쳐졌을까? 요한이 베드로보다 달리기를 잘 했기 때문인가?

베드로는 예수님의 무덤이 어디 있는지 정확히 몰랐다. 그는 예수님이 십자가에 달려 돌아가셨을 때, 그 근처에 얼씬도 하지 않은 채 숨어 있었다. 그러기 때문에 예수님의 무덤이 어디에 있는지 몰랐다. 대강 들어서 알고는 있었겠지만, 정확한 위치는 몰랐다. 그렇지만 요한은 예수님의 무덤을 알고 있었다. 예수님이 십자가에 달려 돌아가실 때 끝까지 곁에서 지켜보았으며(요 19:26), 예수님을 마리아와 함께 무덤에 안장시켰을 것이기 때문이다.

상황이 이러하니 요한이 먼저 예수님의 무덤에 도착할 수밖에 없었던 것이다. 베드로는 먼저 앞서가긴 했지만(무덤이 어디쯤인지는 알고 있었을 것이기 때문에), 정확한 위치는 몰랐으므로 요한을 뒤따라갈 수밖에 없었다.

이렇게 요한이 먼저 무덤에 도착하긴 했지만, 무덤에 들어가지는 않고 밖에서만 무덤 안을 들여다보았다. 그 사이에 뒤쫓아오던 베드로는 무덤 안으로 뛰어 들어갔다. 요한과 베드로의 성격이 잘 드러나는 장면이다. 요한은 신중한 사람이었던 것 같다. 무덤에 도착해서 먼저 안을 잘 살펴보고, 그런 다음 들어갔다. 요한은 먼저 눈으로 확인했다. 그러나 베드로는 앞뒤 가리지 않고 일단 들어가고 보았다. 베드로는 행동이 앞서는 사람이었다. 부활하신 예수님이 갈릴리 호수에서 고기를 잡고 있는 제자들에게 오셨을 때, 베드로는 예수님을 알아보고는 바다로 뛰어들었다. 그리고 수영을 해서 호숫가로 나왔다. 다른 제자들은 배를 저어 나왔다. 갈릴리 바다에 큰 풍랑이 일 때 예수님이 물 위로 그들에게 걸어가셨다. 물 위로 걸어오시는 분이 예수님인 것을 알고는 그때도 그는 바다 속으로 뛰어들지 않았던가!

예수님의 수의에 관한 이야기

예수님의 일대기를 그린 영화들을 보면, 십자가에서 고난당하시는 장면은 비교적 상세하게 묘사된다. 그러나 부활하신 후의 행적은 아주 간략하게 그려지고 있어 아쉬움을 느끼게 된다. 즉 십자가 사건을 클라이맥스로 처리하고는 이야기를 서둘러 끝내는 느낌을 받는다. 부활이 '결론'이 아니라, 이야기가 다 끝난 다음에 첨가하는 '부록'처럼 그려지고 있어, 맥이 없다.

영화에서는 예수님의 부활 장면을 그리는 데 있어서, 무덤 안에 아무렇게나 놓여져 있는 수의를 클로즈업시킨다. 그 장면은 긴 여운을 남긴다. 영화를 감상한 이들은 부활하면 바로 이 아무렇게나 놓여져 있는 수의를 떠올리게 된다.

빈 무덤을 처음 발견한 사람은 막달라 마리아였다. 무덤 문이 굴려져 있는 것을 보고 막달라 마리아는 누군가가 예수님의 시신을 훔쳐갔다고 생각했다. 그녀는 이 소식을 베드로와 요한에게 전했다. 그들이 달려가 무덤에 들어가 보니 수의가 놓여져 있었다. 어안이 벙벙했다. 누군가가 예수님의 시신을 훔쳐 간 것도 이해가 안 되는 일이었지만, 수의가 풀려져 있는 것은 더 더욱 이해가 안 되는 일이었다. 아니 왜 수의를 풀고 예수님을 훔쳐 갔을까? 정말 해괴망측한 일이 아닌가?

당시의 유대인들은 시신을 땅에 묻지 않았다. 바위에 무덤을 파서 그 안에 시신을 안치시켰다. 관을 사용하지 않고 시신을 그대로 무덤 안에 있는 돌 벤치 위에 뉘었다. 예수님의 시신은 유대인들의 장례 관습에 따라 고운 삼베로 쌌다(마 27:59).

그런데 빈 무덤 속에 예수님의 수의만 남아 있었는데, 어떠한 모습으로 놓여져 있었는가? 여기저기 아무렇게나 던져져 있었는가? 아니다. 복음서 가운데 요한만이 이 수의에 관해 자세하게 기록하고 있다. "무덤 안으로 들어가 보니 고운 베가 놓여 있었고, 예수의 머리를 쌌던 수건은 그 고운 베와 함께 놓여 있지 않고, 한 곳에 따로 개켜 있었다"(요 20:6~7). 얼굴과 나머지 부분을 따로따로 쌌던 것을 알 수 있다. 그런데 이상한 것은, 얼굴을 쌌던 세마포와 몸을 쌌던 세마포가 따로따로 놓여 있는 것이었다. 더 이상한 것은, 그것들이 아무렇게나 놓여 있지 않고, 잘 정리된 채 놓여 있었다는 것이다.

수의가 잘 정돈되어 있었다고 했는데, 우리는 이 말은 수의가 잘 개켜 있었다는 뜻으로만 생각하기 쉽다. 그러나 옷을 개듯이, 그렇게 수의가 개켜 있었던 것이 아니다. 개역개정판 성경에서는 머리를 쌌던 수건은 "쌌던 대로 놓여" 있었다고 되어 있다. 쌌던 대로 놓여 있었다는 말은 무슨 뜻일까? 여기에 사용된 헬라어는 entulisso인데, '둥글게 말다'는 뜻이 있다. 대부분의 영어 성경에서는 "rolled up(둥글게 말다)"으로 번역하고 있다. 얼굴을 쌌던 수의가 둥글게 말려 있었다는 것이다. "쌌던 대로 놓여 있더라"라는 말은 예수님의 머리(얼굴)를 수의로 쌌을 때 모습 그대로—다시 말해서 둥글게 말려서—남아 있었다고 하는 의미이다. 마치 머리만 쏙 빠져나가고 수의는 그대로 남아 있는 것 같은 그런 모습을 하고 있었던 것이다. 몸을 쌌던 세마포는 한쪽에 잘 개켜 있었고, 머리를 쌌던 세마포는 또 다른 쪽에 돌돌 말려 있었던 것이다.

예수께서 부활하셨을 때, 수의를 아무렇게나 집어던지시고, 곧바로 무덤 밖으로 나오신 것이 아니었다. 마치 자고 나서 잠옷을 벗어서 잘 개놓고, 이불을 다 개서 한편에 쌓아놓고, 방 청소를 한 다음, 방에서 나오듯이, 예수님은 죽음의 잠에서 깨어나 잠옷과 이불(수의)을 잘 개놓고, 방(무덤) 청소를 잘 한 다음, 모든 것이 제자리에 잘 정리되어 있는 것을 확인하신 후에, 무덤 문을 열고 밖으로 나오셨던 것이다.

예수님의 부활을 믿지 않는 사람들은 누군가가 예수님의 시신을 훔쳐 갔을 것이라고 생각한다. 그러나 시신을 훔쳐 가는 마당에 수의를 다 벗겨놓고 갔다는 것은 잘 이해가 안 간다. 더군다나 수의를 다 벗겨서 잘 정리정돈 해놓고 갔다는 것은 더욱 이해가 안 되는 일이다. 그것도 머리를 쌌던 수의는 돌돌 말아놓고, 나머지 부분은 잘 개놓은 채 말이다. 어떻게 그렇게 할 경황이 있었을까?

예수님은 실제로는 이틀 만에 부활하신 것이 아닌가?

예수님은 사흘 만에 다시 부활하셨다. 그러나 시간적으로 계산하자면 40시간도 안 된다. 그런데 어떻게 사흘 후에 부활하셨다고 말할 수 있는가?

1) 예수님은 "사흘째 되는 날"에 부활하실 것이라고 미리 알려 주셨다(마 16:21; 눅 18:33, 24:7, 24:21, 24:26; 참조. 행 10:40; 고전 15:4).

우리 계산법으로는 예수께서 부활하신 것은 장사 지낸 지 이틀째 되는 날이었다. 그러나 유대인들의 계산법에 따르면 장사지낸 금요일이 첫째 날이 되고 부활하신 일요일은 사흘째가 되는 날이 된다. 예수께서 "오늘과 내일은 내가 귀신을 내쫓고 병을 고칠 것이요, 사흘째 되는 날에는 내 일을 끝낸다"고 말씀하셨는데(눅 13:32), 여기에서 볼 수 있듯이, 사흘째 되는 날은 우리식 계산으로는 이틀 후를 말한다.

2) 둘째로 문제가 되는 것은 "사흘 후에" 예수께서 부활하실 것이라고 예언하셨으나(마 27:63; 막 8:31, 9:31, 10:34), 우리식 계산법으로는 실제로 부활하신 것은 사흘 후가 아니라 이틀 후였다는 것이다.

그러나 유대 계산법으로는 사흘 후가 된다. 예를 들어보자. 백성들이 르호보암 왕을 찾아갔는데, 왕은 돌아갔다가 "사흘 후에" 다시 오도록 하고 돌려보냈다(왕상 12:5; 대하 10:5). 그래서 백성들은 "사흘째 되는 날"에 왕을 다시 찾아왔다(왕상 12:12; 대하 10:12).

여기에서 우리는 "사흘 동안"(또는 "사흘 후")과 "사흘째 되는 날"이 같은 의미임을 알 수 있다. 이는 공관복음서에서도 확인된다. 마가복음 8장 31절, 9장 31절, 10장 34절에서는 "사흘 후에"라는 표현이 사용되었으나, 마태와 누가복음의 평행 구절(마 16:21, 17:23, 20:19; 눅 9:22, 18:33)에서는 "사흘째 되는 날"이라는 용어가 사용되어졌다.

Cook Islands에서 1970년에 발행한 부활절 우표

3) 마지막으로, 사흘 밤과 사흘 낮 동안 땅 속에 계실 것이라는 예언이 문제가 된다(마 12:40; 참조.욘 1:17). 이를 시간으로 계산하면 우리식 계산법으로 72시간이 된다.

그러나 유대인들의 시간 계산법은 그렇지 않다. 밤낮 사흘 동안이라는 시간은 꼬박 3일 밤낮을 의미하는 것이 아니다. 성경에서 한 예를 들면, 한 이집트 사람이 다윗에게 "사흘 전"에 아파서 버림받은 후 "밤낮 사흘 동안" 아무것도 먹지 못했다고 했다(삼상 30:12~13). 여기에서 우리는 밤낮 사흘 동안이라는 용어와 사흘이라는 용어가 서로 같은 의미로 사용되고 있음을 보게 된다(참조, 행 10:3, 9, 23, 24, 30; 에 4:16, 5:1). "사흘 낮과 사흘 밤"은 단순한 의미에서의 사흘을 의미한다. 금요일 오후부터 일요일 새벽까지도 유대적인 시간 계산법으로는 "밤낮 사흘 동안"이 된다.

따라서 유대적인 시간 계산법에 있어서, "사흘 후"나 "밤낮 사흘 동안"이나 "사흘 만에"는 모두 "사흘째 되는 날"을 의미하는 것으로서, 사흘째 되는 날은 시작한 날로부터 이틀 후를 의미한다. 그러므로 부활의 시간에 대한 예수님의 예언과 실제로 부활하신 시간은 서로 일치한다.

120명이나?
120명밖에?

제자들은 예수께 큰 기대를 하고 있었고 꿈에 부풀어 있었다. 왜냐하면 예수께서 부활하셨기 때문이다. 예수님이 메시아이심이 만천하에 분명하게 드러나게 된 것이다. 이제 부활하신 예수께서 하실 일은 한 가지밖에 남지 않았다. 이스라엘 나라를 회복하시는 것이다.

그들은 메시아이신 예수께서 로마의 식민지였던 이스라엘을 해방시켜 주시고, 이스라엘이 온 세계의 중심이 되며, 예수께서는 만왕의 왕이 되실 것이라고 굳게 믿고 있었다. 그렇게 되면 3년 동안 예수님을 따라다니며 고생한 보람이 있게 된다. 그들은 좌의정, 우의정 자리에 앉게 될 것이 분명하기 때문이다. 그들은 그런 기대에 잔뜩 부풀어 있었다. 그래서 예수께 물었다. "주님께서 이스라엘에게 나라를 되찾아주실 때가 바로 지금입니까?(행 1:6)"

그러나 예수님은 그런 물음에 동문서답을 하셨다. 그 때는 모른다고 하시면서, "성령이 너희에게 임하시면, 너희가 능력을 받고, 예루살렘과 온 유대와 사마리아에서, 그리고 마침내 땅 끝에까지 이르러 내 증인이 될 것이다"(행 1:8)라고 하셨다. 예수님은 이 한 마디 말씀만 남기시고 하늘로 올라가셨다. 제자들은 어안이 벙벙해서 하늘만 바라보고 있었다. 상상도 못한 일이다. 그들의 꿈이 한순간에 물거품이 되는 순간이었다. 아니, 어떻게 이럴 수가, 우리만 남겨두고 떠나가시다니…

얼마나 낙심하고 좌절했겠는가? 꿈도 희망도 다 사라져 버리고 말았다. 무슨 일을 어떻게 해야 좋을지 몰랐다. 이제 따라야 할 예수님도 안 계시니 더 이상 제자로 남을 이유가 하나도 없다. 예루살렘에 머물 필요도 없게 되었다. 짐 싸서 다시 갈릴리로 내려가야 할 판이다. 좌의정, 우의정의 꿈도 사라지고 다시 어부로 돌아가야 할 판국이다. 그러나 한 사람도 갈릴리로 돌아가지 않았다. "너희는 예루살렘을 떠나지 말라"고 하시는 예수님의 마지막 분부가 있었기 때문이다.

그들은 다락방에서 오직 기도에 힘썼다. 그러던 어느 날, 120명이 한자리에 모이게 되었다. 예수님을 따르던 이들이 모여서 중요한 결정을 하게 된다. 12제자 중 공석으로 남아 있는 한 자리를 채우기 위한 제자 보궐 선거를 했다. 이로 미루어 보아 제자들은 앞으로 그들이 무슨 일을 해야 하는지 알고 있었던 것으로 보인다. 그들은 사도직을 사임하고 12사도단을 해체하는 해단식을 거행한 것이 아니라, 그 반대로 빈 자리를 채우는 보궐 선거를 한 것이다. 흩어진 전열을 다시 정비하고 새롭게 시작하기 위해 모인 것이다. 그들이 오순절 성령을 받고 난 다음에야 비로소 새롭게 시작한 것이 아니었다. 120명이 함께 모인 자리에서 이미 발단식을 했던 것이다.

이 모임은 예수님이 없이 모인 최초의 역사적인 모임이었다. 예수님 대신에 이제 제자들이 회의를 주관하고 있다. 제자들이 모여서 일을 의논하고 결정했다. 11제자들은 예수님이 세우신 제자들이었지만, 유다 대신에 새로 제자단에 들어온 맛디아는 예수님에 의해서가 아니라 교회(?)에서 제자로 세운 사람이었다. 우리는 교회의 최초의 회의를, 이방인들이 기독교인이 되기 위해서 할례를 받아야 하는가 하는 문제를 가지고 모였던 예루살렘 회의라고 생각하는데, 어떤 의미에서는 제자 보궐 선거를 위해 모였던 이 모임이 최초의 회의라고 할 수 있을 것이다.

이 자리에 120명이 모였다. 예수께서는 갈릴리에서 12명으로 시작하셨지만, 교회는 예루살렘에서 120명으로 시작했다. 120명이 모여서 사도를 보선하고, 그들이 오순절에 성령을 받았다. 그들이 바로 교회의 시작이 되었던 것이다. 120명이면 많은 숫자일까? 아니면 적은 숫자일까? 예수님을 따르던 그 수많은 사람들은 다 어디 가고 120명만 모였던 것일까? 바로 얼마 전에는 500여 명이나 되는 사람들이 한자리에 모여 있다가 부활하신 예수님을 만나기도 하지 않았는가? 그런데 지금 모인 숫자는 120명밖에 되지 않는다. 나머지는 다 어디로 간 것일까?

그런데 개역성경을 관심 있게 읽어보면 흥미로운 사실을 하나 발견하게 된다.

"모인 무리의 수가 한 일백이십 명이나 되더라"(행 1:15).

"120명밖에 모이지 않았더라"가 아니라 "120명이나 모였더라"로 되어 있다. 적게 모인 숫자가 아니라는 것이다. 120명씩이나 모였다는 것이다. 생각보다 많이 모였다는 것이다. 사도행전을 기록한 누가는 120명도 많이 모인 것이라고 생각한 것일까?

누가는 모인 무리의 수가 약 백이십 명쯤 되었다고만 기록하고 있다. 그는 자신의 판단은 유보하고 객관적으로만 기록했다. 그러나 우리말 성경 번역자가 "이나"를 덧붙였다. 120명이 모인 것도 많이 모인 것이라고 생각한 것이다. "모인 무리의 수가 한 일백이십 명이나 되더라." 우리는 이 번역을 통해서 우리말로 성경을 번역한 사람이 개인적으로 어떤 생각을 가지고 있었는지를 알 수 있다. 적어도 그의 생각에는 120명도 많은 숫자였던 것이다! 기왕이면 120명밖에 모이지 않았다고 말하는 것보다는, 120명이나 모였다고 말하는 것이 더 낫지 않겠는가?

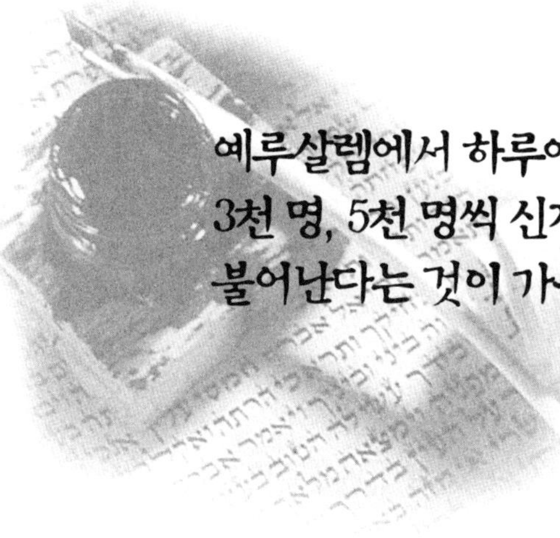

예루살렘에서 하루에 3천 명, 5천 명씩 신자가 불어난다는 것이 가능한가?

오순절날 예루살렘에서 베드로의 설교를 듣고 한 날 세례 받은 사람이 3천 명이나 되었다(행 2:41). 얼마 후 베드로와 요한의 설교를 들은 사람들 중에 믿기로 작정한 사람들이 "남자 어른"만 5천 명이나 되었다(행 4:4). 고대시대의 3천 명, 5천 명은 오늘날의 3천 명, 5천 명과는 비교도 안 될 만큼 많은 숫자이다. 그렇다면 이 숫자는 얼마나 믿을 만한 숫자일까? 혹 과장된 것은 아닐까?

예수님 당시에 예루살렘의 인구를 예레미아스 같은 학자는 20,000에서 35,000명 정도로 추산하고 있다. 2~3만 명 인구에 하루 3천 명, 5천 명의 신자들이 불어났다고 한다면 믿기 어려울 것이다. 그러나 예레미아스는 예루살렘의 인구를 너무 작게 잡은 것으로 보인다. 고고학자들은 대개 6만 명 정도가 살고 있었을 것으로 보고 있다.

그러나 우리가 여기에서 생각해야 할 것이 하나 더 있다. 그것은, 사도들의 설교를 듣고 교인들이 3천 명, 5천 명씩 불어났는데, 그러한 일이 오순절에 일어났다는 것이다. 유대인들에게는 3대 절기가 있었다. 유월절과 오순절과 장막절이 그것이다.

이때가 되면 성인 남자는 예루살렘에 올라와서 절기를 지키도록 되어 있었다. 3천 명, 5천 명 불어나는 사건이 일어난 오순절에 세계 각국에 흩어져 살던 유대인들이 예루살렘에 올라왔다. 그들 가운데는 "바대, 메대, 엘림, 메소포타미아, 유대, 갑바도기아, 본도, 아시아, 브루기아, 밤빌리아, 이집트, 구레네, 리비아, 로마, 유대, 크레타, 아라비아"에서 올라온 사람들이 포함되어 있었다(행 2:9~11).

얼마나 많은 순례객들이 이 오순절에 예루살렘에 올라왔는지는 정확히 알 수 없다. 참고로 1세기 역사가인 요세푸스에 의하면 예수님 당시에 유월절에 올라온 이들은 200만 명 정도가 되었다고 한다. 그러나 이는 과장된 것이고, 그 당시의 숙박 시설로 미루어 보아 20만 정도 되었을 것으로 본다. 아무튼 분명한 사실은 오순절에 예루살렘은 이스라엘뿐만 아니라 세계 도처에서 올라온 순례객들로 몹시 붐볐을 것이다.

특별히 오순절 성령 강림시, 방언으로 말하자 외국에서 올라온 순례자들이 다 모여들었다. 베드로가 그 자리에서 일어나 설교를 했다. 그때 회개한 사람들이 3천 명이 되었다고 했다. 이들 가운데 많은 사람들이 외국에서 올라온 디아스포라 유대인들이었던 것이다. 사도들의 설교를 듣고 회심한 사람들은 예루살렘에 사는 유대인들뿐만이 아니라 전 세계에 흩어져 살던 유대인들도 상당수 포함되었을 것임이 분명하다.

이렇게 예루살렘 주민의 수와 또 그곳에 모였던 수많은 순례객들의 숫자를 고려할 때, 사도들의 설교를 듣고 3천 명, 5천 명이 회개했다고 하는 것은 결코 과장된 것이 아니라 얼마든지 가능한 일이었다.

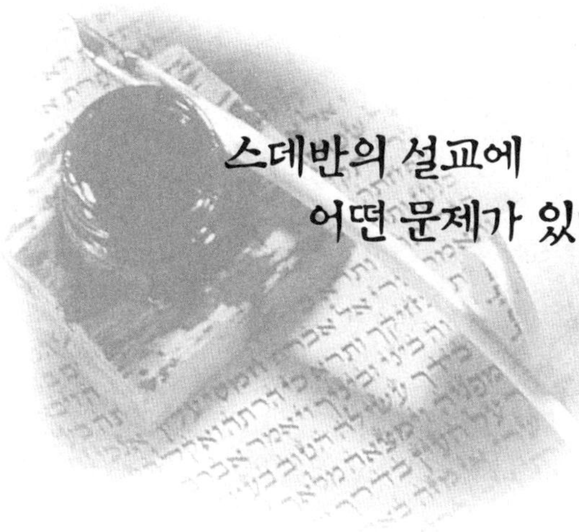

스데반의 설교에 어떤 문제가 있었는가?

스데반은 초대 예루살렘 교회의 7명의 평신도 지도자 가운데 한 사람이었다. 그러나 그는 평신도 지도자로 선택된 지 얼마 되지 못해서 순교하게 된다. 설교 한번 잘못해서 그 자리에서 돌에 맞아 죽고 만 것이다. 이렇게 해서 그는 기독교 최초의 순교자로 기록되었다. 기독교 역사상 최초의 순교자는 설교를 하다가 순교를 당한 것이다.

스데반과 달리 베드로의 최초의 설교는 대성공이었다. 그의 설교를 듣고 수많은 사람들이 가슴을 치며 회개했다. 하루에 3천 명이나 되는 사람들이 세례를 받았다(행 2:14~42). 베드로는 이렇게 성공적인 데뷔를 하게 된다.

그러나 스데반은 무대에 등장하자마자 돌에 맞아 죽고 만다. 그의 설교를 들은 사람들이 스데반을 향해 이를 갈면서 그를 죽였다(행 7장). 베드로의 설교를 듣고는 3천 명이나 세례를 받았는데, 스데반의 설교를 듣고는 회개하기는커녕, 그를 돌로 쳐죽였던 것이다. 어떻게

스데반에게 돌을 던지는 군중들(렘브란트 작품), St. Vincent에서 발행

이렇게 반응이 다를 수가 있는가?

베드로는 은혜가 충만하고 스데반은 그렇지 못해서인가? 베드로는 성령이 충만하고 스데반은 그렇지 못해서인가? 그래서 베드로의 설교를 듣고는 은혜를 받고 회개했지만, 스데반의 설교는 은혜가 안 되어서, 돌을 던졌을까?

스데반은 은혜와 권능이 충만한 사람이었다(행 6:8). 또한 그는 믿음과 성령과 지혜가 충만한 사람이었다(행 6:3, 5, 10). 그는 사도가 아니었는데도 큰 기적을 행했다(행 6:8). 그는 베드로와 하나도 다를 바가 없다. 언변에 있어서도 베드로 못지 않았다(행 6:10). 그런데도 베드로의 설교를 듣고는 수많은 사람들이 회개했는데, 스데반의 설교를 듣고는 오히려 돌로 쳐죽였다. 왜 그랬을까?

스데반은 다분히 세례자 요한과 같은 성격의 인물이었던 것으로 보인다. 세례자 요한은 헤롯 안티파스에게 할 말 다 하면서 정면 대결을 벌였다. 결국 요한은 참수형을 당하게 되고 만다. 그렇지 않았더라면 그는 일들을 할 수 있었을 텐데….

스데반도 군중들을 향해 거침없이 할 말을 다 했다.

"목이 곧고 마음과 귀에 할례를 받지 못한 사람들이여, 당신들은 언제나 성령을 거역하고 있습니다. 당신네 조상들이 한 그대로 당신들도 하고 있습니다. 당신들의 조상들이 박해하지 않은 예언자가 한 사람이나 있었습니까? 그들은 의인이 올 것을 예언한 사람들을 죽였고, 이제 당신들은 그 의인을 배반하고 죽였습니다. 당신들은 천사들이 전해 준 율법을 받기만 하고, 지키지는 않았습니다"(행 7:51~53).

그는 다분히 감정적인 설교를 했다. 그도 그럴 수밖에 없었던 것이, 지금 스데반은 그를 하나님과 성전과 율법을 모독한 죄로 몰아붙이고 있는 군중들을 향해서 자신을 변호하는 설교를 하고 있기 때문이다. 그러나 베드로는 감정적인 사람이긴 했지만, 감정을 자극하는 설교를 자제했다. 이것이 베드로와 스데반의 설교의 가장 두드러진 차이점이라 할 수 있을 것이다.

스데반은 창세기에서부터 출애굽기를 거쳐 다윗, 솔로몬까지 길게 이스라엘의 역사를 회고하면서 설교했다. 그 가운데 특이한 점 몇 가지를 살펴보자.

1) 스데반은 하나님이 아브라함을 갈대아 우르에서 부르신 것으로 말하고 있다. "네 고향과 친척을 떠나 내가 네게 보일 땅으로 가라 하시니, 아브라함이 갈대아 사람의 땅을 떠나 하란에 거하다가…"(행 7:3~4). 그러나 창세기(12:4)에는 하란에서 이런 부르심이 주어진 것으로 되어 있다.

2) 스데반은 요셉의 일가족 75명이 이집트로 가족 이민을 갔다고 했다(행 7:14). 그러나 구약에서는 70명으로 되어 있다(창 46:27). 어떻게 된 것인가? 스데반이 실수한 것일까? 그렇지 않다. 히브리 성서에는 70명으로 되어 있으나, 70인역 헬라어 성서에는 75명으로 되어

있다. 스데반은 헬라어 성서를 잘 알고 있었을 것이다. 그래서 스데반은 70인역 헬라어 성서를 인용해서 75명이라고 말했던 것이다.

그러면 왜 히브리 성서와 헬라어 성서가 다른 것일까? 히브리 성서에는 요셉의 아들이 둘이었다고 되어 있다. 그러나 헬라어 성서에는 9명이라고 되어 있다. 그래서 총합에 차이가 생기게 된 것이다. 헬라어 성서는 이렇게 원래의 히브리 성서와 가끔 차이가 있다.

3) 모세가 40세에 이집트 바로의 궁전을 떠나 미디안 광야로 들어갔으며, 40년의 광야 생활 끝에 하나님의 부르심을 받고, 그리고 40년 동안 이스라엘 백성들을 광야 길로 인도하여 가나안에 들어가게 했다고 했다(행 7:23, 30). 모세의 일생을 40년씩 3개의 주기로 구분하고 있다.

그러나 구약 성서에는 모세가 바로의 궁과 미디안 광야에서 얼마나 오래 머물렀는지에 대해 아무런 언급이 없다. 다만 40년 동안 이스라엘 백성들을 가나안으로 인도하다가 120세에 죽었다는 기록밖에 없다. 우리가 알고 있는 모세의 연대기는 바로 이 스데반의 설교에 근거한 것이다. 그러나 스데반이 어디에서 무슨 근거로 이렇게 모세의 나이를 제시한 것인지 알 수 없다.

4) 스데반은 모세가 말에 능했는데, 그것은 이집트 왕궁에서 받은 교육 때문이었다고 설명하고 있다(행 7:22). 그러나 모세는 말이 어눌한 사람이었고, 그래서 그에게 아론을 그의 "대언자"로 붙여주지 않았는가?(출 4:10~16)

5) 스데반은 하나님께서 천사를 통해 모세에게 율법을 주셨다고 말하고 있다. 모세는 하나님과 이스라엘 사이의 중재자가 아니라 천사와 이스라엘 사이의 중재자로 나타난다(행 7:38). 그는 천사가 율법을 전해주었다고 말한다(행 7:53). 그러나 구약 어디에도 그런 말이 없다. 그런데 갈라디아서와 히브리서에서도 율법이 천사를 통해 주어진 것

으로 되어 있다. "그 율법은 천사들을 거치고, 중개자의 손을 거쳐서 제정하신 것입니다"(갈 3:19~20). "천사들을 시켜 하신 말씀이 효력을 내어, 모든 범죄와 불순종에 공정한 보응이 내렸거든…"(히 2:2). 천사를 통해 율법이 주어졌다는 말이 구약에는 없으나 유대인들은 그렇게 믿고 있다.

5) 스데반은 이스라엘의 조상들이 예언자들을 핍박했고, 그들을 본받아 이스라엘 백성들이 예언자들이 예언한 메시아도 핍박하고 죽였다고 질책했다(행 7:52). 그러나 구약에는 실제적으로 예언자들을 핍박한 실례가 거의 없다. 다만 유대 전승에서 그렇게 전해 내려오고 있을 뿐이다.

바울은 개종했는가?

바울에게 있어서 다메섹 도상에서의 체험은 그의 삶의 전환점을 이루었다. 이 사건은 성경에 네 번씩이나 언급되고 있다. 한 번은 사건 자체를 설명하기 위함이었고(행 9:1~9), 두 번은 바울이 자신의 입을 통해서 간증한 고백 가운데 나온다(행 22:6~16, 26:12~18). 그리고 한번은 그의 서신에서 언급하였다(갈 1:15~17).

다메섹 도상에서의 바울의 체험을 우리는 흔히 바울의 회심이라고 부른다. 그러나 문제는 바울의 이 체험을 회심이라고 부르는 것이 적절한 표현인가 하는 것이다. 회심하면 우리는 어거스틴의 회심을 먼저 떠올리게 된다. 그는 허랑방탕한 생활을 살다가 어느 날 갑자기 죄를 회개하고 새사람이 되었다. 바로 이런 것을 두고 "회심"이라고 부른다. 그러나 바울의 회심은 이런 범주에 속하지 않는다.

불교에서 기독교로 개종한다든지, 무당이 교회 나오게 되었다면, 회심이라고 부를 수 있을 것이다. 이런 회심을 통해 이전에 가졌던 생각이나 믿음, 신념, 태도가 완전히 바뀌게 된다. 그러나 바울은 유대교인에서 기독교인으로 개종한 것이 아니다. 아직은 유대교와 기독교가 분리되지 않았다. 기독교는 유대교의 한 종파(나사렛 당, 도)로 인식되었다. 유대교의 이단으로 취급되기도 했다. 그래서 사울은 기독교인들을 박해하고 핍박했던 것이다.

바울은 이른바 회심을 한 다음에도 유대교에 계속 머물러 있었다. 그는 계속해서 자신이 유대인임을 자랑스럽게 여겼으며, 유대의 유산을 그대로 지켰다. 그는 바리새인으로 남아 있었다. 그는 산헤드린 앞에서 자신을 이렇게 소개했다. "나는 바리새파 사람이요, 바리새파 사람의 아들입니다"(행 23:6).

바울이 바리새인이었던 것은 잘 알려진 사실이다. 그러나 그는 이른바 회심을 한 다음에도 바리새파를 떠나지 않고, 바리새파로 남아 있었다. 그는 "나는 바리새파 사람이었습니다"라고 자신을 소개하지 않았다. 현재형으로 "나는 바리새파 사람입니다(ego eimi pharisaios)"라고 진술했다. 여기 사용된 eimi는 be동사 현재형이다. 바울은 예수를 영접한 후에도 철저하게 율법을 지키는 바리새인으로 남아 있었던 것이다. 그는 결코 유대교를 떠나지 않았다. 회심하고 유대교와 결별하고 기독교인이 된 것이 아니었다. 그의 회심은 개종이 아니었던 것이다.

많은 학자들은 다메섹 도상의 사건을 "회심"으로 보기보다는 "소명(calling)"으로 보아야 한다고 지적한다. 바울은 예수 그리스도를 체험하고 자신의 사명을 새롭게 깨달았던 것이다. 요나나 예레미야 선지자처럼, 하나님께서 예수 그리스도를 통해 자신을 이방인을 위한 예언자(사도)로 부르셨다고 믿었다. 그는 "마지막 때"가 매우 임박했다고 믿었다. 그래서 하나님이 자신을 이방인을 위한 사도로 부르셨다고 믿었다. 그는 이방인들에게 예수를 받아들이고 하나님의 백성이 될 것을 전했다. 바울의 다메섹 도상 사건은 유대교에서 기독교로 개종한 사건이 아니라, 이방인을 위한 사도로 부름을 받은 사건으로 이해해야 할 것이다.

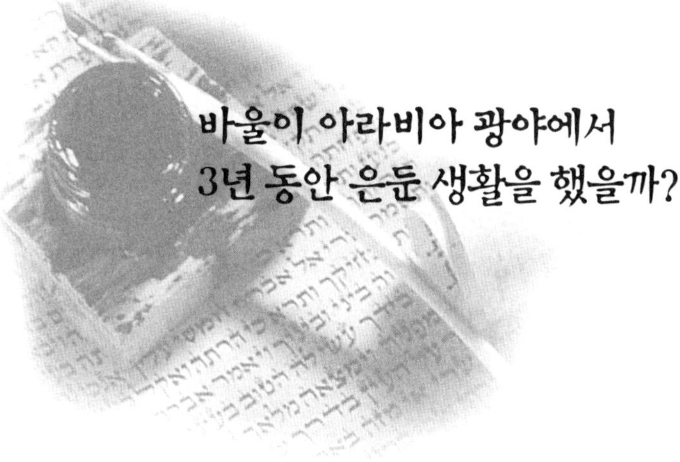

바울이 아라비아 광야에서 3년 동안 은둔 생활을 했을까?

바울이 얼마동안 아라비아에 머물러 있었을까? 대부분 3년이었다고 말한다. 그러나 바울이 얼마나 아라비아 광야에 머물러 있었는지는 아무도 모른다. 누가는 사도행전에서 바울의 아라비아 행에 대해 아무 언급도 하고 있지 않다. 그러나 당사자인 바울은 이렇게 언급하고 있다. "또 나보다 먼저 사도가 된 사람들을 만나려고 예루살렘으로 올라가지도 않았습니다. 나는 곧바로 아라비아로 갔다가, 다마스쿠스로 되돌아갔습니다. 삼 년 뒤에 나는 게바를 만나려고 예루살렘으로 올라갔습니다"(갈 1:17~18).

여기서 우리가 확실히 알 수 있는 것은 바울이 회심하고 곧바로 예루살렘에 올라가지 않았다고 하는 것뿐이다. "3년 뒤에" 예루살렘에 올라갔다고 했는데, 회심한 지 3년 후에 예루살렘에 올라갔다는 것인지, 아니면 아라비아에서 돌아와 3년 동안 다메섹에 머문 다음 예루살렘에 올라갔다는 이야기인지 확실하지 않다. 그러나 우리는 보통

별 생각 없이 "삼 년 뒤에"라는 표현을 아라비아 체류 기간으로 생각하는데, 그렇지 않다. 3년일 수도 있고, 3달일 수도 있고, 30일일 수도 있다.

바울의 아라비아 행에 대해서 우리가 알 수 있는 것은 거의 없다. 그가 왜 예루살렘에 돌아오지 않고 아라비아로 먼저 갔는지, 다메섹에서 아라비아로 갈 수밖에 없었던 이유가 있었는지, 그리고 그곳에 얼마나 머물렀는지, 그곳에서 무엇을 했는지, 베일에 쌓여있다. 그러나 대부분 우리는 바울이 회심 후 하나님의 사람으로 쓰임받을 준비를 하기 위해서 들어갔다고 생각한다. 광야는 하나님의 사람으로 쓰임받기 위한 시련과 연단과 준비의 장소로 성경에서 자주 나온다. 모세도 40년 동안 미디안 광야에서 그런 기간을 가졌으며, 이스라엘 백성도 광야 40년을 지나는 동안 가나안에 들어가 하나님의 백성으로 살 준비를 했다. 예수님도 40일 동안 광야에서 시험받으시며 기도하신 다음 공생애 활동에 들어가셨다.

바울도 하나님이 크게 사용하시고자 3년 동안 광야에 들어가 훈련을 시키신 것이라고 생각하는 것은 이런 맥락에서이다. 그러나 바울이 아라비아에서 무엇을 했는지 성경은 아무런 언급도 하고 있지 않다. 그러나 광야로 갔으니까 당연히 그곳에서 기도와 묵상을 하면서 앞으로 하나님의 사람이 되기 위한 준비를 했을 것이라고 보는 것이다.

사실, 한 사람이 하나님의 사람으로 쓰임받기까지는 오랜 준비 과정이 필요하다. 바울도 회심하고 곧장 제1차, 2차, 3차 전도 여행을 떠난 것이 아니었다. 그가 본격적으로 전도 여행에 나선 것은 회심하고 나서 14~15년 후였다. 그렇게 오랜 세월 동안 바울은 장차 이방인을 위한 사도가 되기 위해 준비하고 있었던 것이다.

그런데 한 가지 문제가 있다. 바울이 회심한 후 잠적했던 곳을 우리는 보통 아라비아 광야라고 부른다. 아라비아를 사막의 명칭으로 생각하는 것이다. 그러나 그렇지 않다. 아라비아는 지금 이스라엘 남부 네게브 사막 지역과 요단 강 동편 지역(지금의 요르단)을 말한다. 이 지역을 나바티안 족이 다스리고 있었는데, 이들의 거점은 요르단에 있는 그 유명한 "페트라"이다. 물론 아라비아의 대부분이 사막 지대이긴 하지만, 그러나 사람이 전혀 살지 않는 지역은 아니었다. 인적이 전혀 없는 광야가 아니라, 그곳에도 사람이 살고 도시가 건설된 문명 세계였다. 그렇다면 바울이 아라비아로 간 데는 은둔 생활 이외에 다른 이유가(도) 있었던 것이 아닐까? 도대체 바울은 아라비아에 가서 무엇을 했을까?

이 문제에 답하기 위해서 우리는 바울이 아라비아에서 돌아온 후에 어떤 일이 있었는지를 살펴볼 필요가 있다. 바울이 다메섹에서 한밤중에 몰래 광주리를 타고 성벽을 넘어 도망친 사실을 우리는 잘 알고 있다. 누가는 단순히 다메섹에 있는 유대인들이 바울의 생명을 노렸기 때문에 그렇게 피할 수밖에 없었다고 말하고 있으나(행 9:23~25), 본인은 좀 더 자세하게 그 정황을 이야기해주고 있다. "아레다 왕의 총독이 나를 잡으려고 해서, 다마스쿠스 성을 지키고 있었으나, 교우들이 나를 바구니에 담아 성벽의 창문으로 내려주어서, 나는 그 손에서 벗어났습니다"(고후 11:32~33).

아레다 왕의 총독이 왜 바울을 잡아죽이려고 했을까? 이에 대해서도 성경은 침묵을 지키고 있다. 바울이 말하고 있는 아레다는 더 정확히 말하면 아레다 4세(Aretas IV)로서, 주전 9년부터 주후 40년까지 나바티안(Nabataean) 왕국을 다스렸다. 아라비아는 바로 이들이 다스리고 있었으며, 다메섹 성 외곽 지역까지 그들이 통치했다. "아레다 왕의 총독"은 아레다 왕의 파견을 받아 다메섹에 살고 있던 사람이었던 것으로 보인다.

아레다 왕의 총독이 바울을 잡으려고 한 것은 아마 아라비아에서 복음을 전했기 때문일 것이다. 그러면서 많은 문제(?)를 야기시켰기 때문에 바울을 처단하려고 했던 것이 아닐까?(F. F. Bruce, Paul: Apostle of the Heart Set Free)

이를 뒷받침해주는 간접적인 증거를 갈라디아서에서 발견할 수 있다. 바울은 자신이 부활하신 예수님에 의해 직접 이방인을 위한 사도로 부름을 받았다고 하는 사실을 강조하면서 예루살렘에 올라가서 사도들을 만나기 전에 먼저 아라비아로 갔다고 진술하고 있다(갈 1:17~18). 즉 사도들이 자신을 이방인을 위한 사도로 임명하거나 사도들에게 인준을 받거나 한 것이 아니었다는 것이다. 그는 그런 사실을 증명하기 위해서 예루살렘에 올라가기 전에 먼저 아라비아로 갔다고 말하고 있다. 아라비아로 간 다음에 예루살렘에 올라갔다고 하는 것이 그의 사도직과 무슨 관계가 있는 것일까?

바울이 하고자 하는 말은 이런 것이었을 것이다. 나는 사도들에게 이방인을 위한 사도로 임명을 받아서 사도로서 활동하고 있는 것이 아닙니다. 나는 부활하신 예수님에게 직접 임명을 받았습니다. 그래서 나는 사도들에게 이방인을 위한 사도 임명장을 받기 전에 아라비아로 갔던 것입니다. 나는 그곳에 가서 이방인을 위한 사도로서 복음을 전하고 예수를 전했습니다. 그런 다음에 예루살렘에 올라가 사도들을 만난 것입니다. 내가 사도들에게 인정을 받은 다음에 활동을 시작한 것이 아니라 그들의 인준없이 나는 이미 사도로서 활동하고 있었습니다. 나의 사도직은 땅에서가 아니라 하늘에서 온 것입니다.

이런 정황들로 미루어 볼 때, 바울이 아라비아에 가서 전적으로 은둔 생활을 하며 영성 훈련만을 했던 것은 아닌 것 같다. 그런 은둔 생활과 더불어 복음도 열심히 전했던 것으로 보인다. 그렇다고 볼 때 바울이 아라비아에서 얼마나 기거했는지 몰라도, 바울의 제1차 전도 여행은 아라비아 지역에서 이루어졌다고 보아야 할 것이다. 그렇게 되면 안디옥 교회를 거점으로 한 그의 본격적인 세 차례에 걸친 전도 여행은 2차, 3차, 4차 전도 여행이라고 불러야 하지 않을까?

"사도"라는 칭호를 받은 바나바

회심한 바울이 사도들을 만나러 올라왔다. 그러나 아무도 선뜻 그를 만나려고 하지 않았다. 바울이 어떤 인물인지 잘 아는 사도들은 그가 회심했다는 사실이 믿어지지 않았던 것이다. 바나바가 나서서 바울과 사도들 사이에 다리를 놓아주었다. 말하자면 바울의 보증인이 되어 주었던 것이다. 사도들은 바나바를 믿고 바울을 만났다.

10년 후에 바나바는 예루살렘 교회의 파송을 받고 안디옥에 내려가게 된다. 그는 고향에 내려가 10년 동안 초야에 묻혀 살고 있던 바울을 안디옥 교회로 데리고 와서 1년 동안 같이 사역을 하게 된다. 그리고 그와 함께 전도 여행을 하게 된다. 이것이 바울의 제1차 전도 여행이다. 이때까지만 해도 바울은 바나바의 동역자였다. 성경도 처음에는 그들을 "바나바와 바울"이라고 부르지, "바울과 바나바"라고 부르지 않았다. 바울에게 있어서 바나바는 평생의 은인이나 마찬가지다. 바나바가 아니었다면 바울도 없었을 것이다.

바나바는 구브로(Cyprus) 출신으로서, 예루살렘에 올라와 예수를 믿고 예루살렘 교회의 일원이 되었다. 그는 전 재산을 다 팔아 교회에 바쳤다. 아마 구브로에 있던 땅을 팔았던 것 같다. 왜냐하면 그는 레위인이었기에 그의 땅이 이스라엘에 있었다고 하면, 율법에 의해 팔 수가 없었을 것이기 때문이다. 바나바가 전 재산을 팔아바치는 것을 흉내내다 아나니아와 삽비라는 변을 당하고 말았다. 아마 아나니아와 삽비라는 바나바와 교회 안에서 경쟁 관계에 있었는지도 모른다. 그래서 그에게 지지 않기 위해 억지로 재산을 팔아바치다가 그런 변을 당하고 말았던 것 같다.

바나바는 원래 이름이 요셉이었다. 사도들이 별명 비슷하게 지어준 이름인 '바나바'는 "위로의 아들, 권면하는 사람"이라는 뜻이다. 성경에서 그는 요셉이라고 불리지 않고, 바나바라는 이름으로 불린다.

안디옥에도 교회가 생겼다는 소식을 듣고, 예루살렘 교회에서는 바나바를 파송했다. 바나바가 예루살렘 교회에서 상당히 신임을 받는 인물이었음을 알 수 있다. 아마 그는 헬라파 유대인이었기에 유대인과 헬라인들이 함께 모여 있는 안디옥 교회를 맡기에 적절한 인물로 간주되었던 것으로 보인다. 더군다나 안디옥은 그의 고향인 구브로에서 얼마 떨어지지 않는 곳에 있기 때문에 바나바는 그곳을 잘 알고 있었을 것이다.

그는 "착하고 성령과 믿음이 충만한 사람"이었다(행 11:24). 그리고 헬라파 유대인이었다. 전 재산을 팔아 바칠 정도로 헌신적인 사람이었다. 예루살렘 교회에서 다 인정하는 사람이었다. 그런데 그러한 그가 대부분 헬라파 유대인들로 이루어진 이른바 "초대 교회 7집사" 가운데 왜 들어가지 못했을까? 우리는 그 사정을 알 길이 없다. 그러나 그는 7집사 못지 않은 역할을 했다. 사실 그들보다 훨씬 예루살렘 교회에서 영향력 있는 인물이었음은 의심의 여지가 없다.

후에 교회에서는 그에게 "성자"라는 칭호를 붙여 주었다. "집사" 소리도 듣지 못한 바나바였지만 성자의 칭호를 받게 된 것이다. 그뿐 아니다. 그는 사도라는 칭호를 받고 있다.

"이 말을 듣고서, 바나바와 바울 두 사도(apostolos)는 자기들의 옷을 찢고…"(행 14:14; 참조. 14:4).

이상하다. 바울은 그렇다 쳐도 어떻게 바나바가 사도란 말인가? 그런데 사도로 불리는 사람들은 더 있다.

"그러나 나는, 나의 형제요 동역자요 전우요 여러분의 사신(apostolos)이요, 내가 쓸 것을 공급한 일꾼인 에바브로디도를, 여러분에게 보내야 할 필요가 있다고 생각하였습니다"(빌 2:25).

"디도로 말하면, 그는 내 동료요, 여러분을 위한 내 동역자입니다. 그리고 그와 같이 간 우리의 형제들로 말하면, 그들은 여러 교회의 심부름꾼들(apostolos)이요, 그리스도의 영광입니다"(고후 8:23).

위에서는 apostolos가 사도라는 말 대신 "사신, 심부름꾼"으로 번역되었다. 우리는 여기에서 신실한 하나님의 사람들을 넓은 의미에 있어서 "사도"(apostolos)로 불렀음을 알 수 있다. 바나바는 바로 이런 의미에서 "사도"로 불렸던 것이다.

바울이 그렇게 심한 말을 하다니…

갈라디아서는 편지 분위기가 삭막하다. 우리가 전한 복음과 다른 복음을 전하는 자는 저주를 받아야 한다(1:6~9). 나의 사도직은 사람에게서 난 것이 아니라, 즉 12사도들의 인정을 받아서 된 것이 아니라, 하늘로부터 직접 받은 것이다(1:11~24). 나는 다른 사도들보다 조금도 못할 것이 없다. 베드로는 위선자이기 때문에 비난을 받아 마땅하다(2장). 갈라디아 교인들은 "어리석은" 사람들이다"(3~4장). 그러면서 이렇게 말한다. "이제라도 내가 여러분들을 만나 어조를 바꾸어서 이야기를 나눌 수 있다면 좋겠습니다. 나는 여러분의 일을 어떻게 하면 좋을지 당황하고 있습니다"(4:20).

바울이 마구 퍼부어 대는 것을 보면 뭔가에 어지간히 화가 나 있는 것을 알 수 있다. 이런 바울의 격노는 5장 12절에 이르러 절정에 이른다.

"너희를 어지럽게 하는 자들은 스스로 베어 버리기를 원하노라"(개역개정판).

이방인이 예수를 믿으려면 반드시 먼저 율법에 따라 할례를 받아야 한다고 주장하는 "몰래 들어온 거짓 신도들"(갈 2:4)에 대하여 퍼부은 말이다. 바울은 그들이 "스스로 베어 버리기를" 원한다고 했다. 그러나 무엇을 벤단 말인가? 분명하지 않다.

표준 새번역과 공동 번역을 살펴보자.

"할례를 가지고 여러분을 선동하는 사람들은, 차라리 자기의 그 지체를 잘라 버리는 것이 좋겠습니다"(표준 새번역).

"할례를 주장하여 여러분을 선동하는 자들은 그 지체를 아예 잘라 버리는 것이 어떻겠습니까?"(공동 번역)

할례가 그렇게 좋으면, 남자 생식기의 표피만 잘라버리지 말고, "그 지체"를 아예 잘라버리라는 것이다. 남자의 음경을 잘라버리라는 것이다. 거세하라는 것이다. 이와 비슷한 영어 성경을 보자.

NIV

As for those agitators, I wish they would go the whole way and emasculate themselves.

NRSV

I wish those who unsettle you would castrate themselves.

헬라어 원문에는 무엇을 베어버리라는 것인지 언급이 없다. 그러나 전후 문맥으로 보아 위의 번역들처럼 남자의 음경을 말하고 있는 것임에 틀림없다. 남자의 음경을 잘라버리는 것은 율법으로도 금하고 있는 것이며, 이런 사람은 유대인 사회에서 축출하게 되어 있다(신 23:1). 바울의 이 말은 문자 그대로 음경을 잘라버리라는 의미뿐만 아니라, 그런 사람은 교회 공동체에서 축출시켜 마땅하다는 의미도 포함되어 있었을 것이다.

바울이 할례를 주장하는 자들에게 얼마나 화가 났으면 이렇게 심한 말을 했을까? 갈라디아 교인들이 이 편지를 읽었을 때, 바울의 가르침을 따르던 자들은 이 부분에서 파안대소했을 것이고, 할례주의자들은 얼굴이 새파랗게 질렸을 것이다.

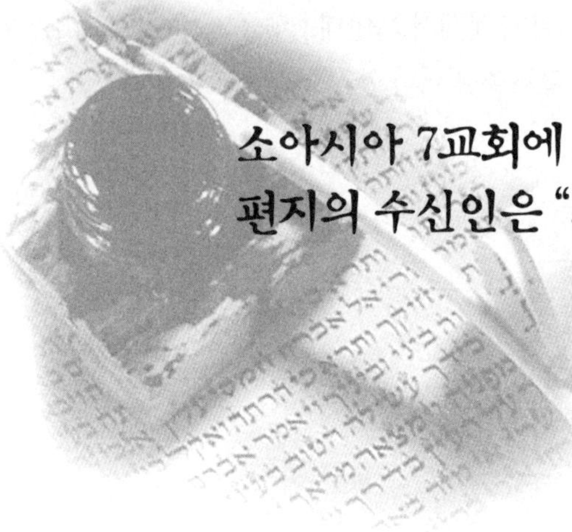

소아시아 7교회에 보낸 편지의 수신인은 "교회의 천사"?

요한계시록에 나오는 소아시아 7교회에 보내는 메시지는 잘 알려져 있다. 소아시아는 흔히 터키로 알고 있는데, 나라 이름이 아니라, 지역 이름이다. 터키에 본도, 갈라디아, 길리기아 등 여러 지역들이 있었는데, 그 중에 하나가 바로 소아시아였다. 이곳은 터키 남서부에 위치하고 있으며 에게 해를 끼고 있다. 바로 이 지역 쿠사다시 항에서 배로 4시간이면 가는, 멀지 않은 곳에 밧모 섬이 있는데, 그곳에서 환상 가운데 요한은 7교회에 보내는 예수님의 메시지를 받았다.

7교회에 보내는 메시지들은 칭찬과 책망, 그리고 교훈으로 이루어져 있다. 그런데 특이한 것은 수신인에 관한 묘사이다. "에베소 교회의 사자에게 편지하기를", "서머나 교회의 사자에게 편지하기를", "버가모 교회의 사자에게 편지하기를" 등 교회의 "사자"에게 보내는 편지로 되어 있다(계 2:1, 8, 12, 18, 3:1, 7, 14). 사자는 심부름꾼(messenger)을 말하는 것일 것이다. 표준 새번역에서는 "사자"를 "천사"

로 옮겼다. 헬라어에는 "aggelos"로 되어 있다. 심부름꾼(messenger)의 의미도 있으나, 보통 천사를 뜻한다. 거의 모든 영어 성경에서도 천사로 옮기고 있다.

그냥 무슨 무슨 교회에 편지하노니 하면 될 것을, 왜 교회의 천사들에게 보낸다고 했을까? 교회의 천사에게 보낸다? 교회의 천사가 무슨 말일까? 교회를 지키는 수호 천사? 편지를 사람에게 보내지 않고 천사에게 보낸다? 그것도 이상하다. 왜 천사에게 보내는 메시지를 요한을 통해서 보낸단 말인가? 천사가 요한을 통해서 교인들에게 하나님의 메시지를 전달해준다면 몰라도…잘 이해가 안 간다.

그러나 여기 "교회의 천사"는 우리가 생각하는 천사가 아니다. 이 용어를 이해하기 위해서는 회당에 대한 설명이 필요하다. 복음서에서 "회당"은 예수님이 가르치신 장소로 가장 많이 등장하고 있다(마 4:23, 9:35, 13:54; 막 1:21, 1:39, 6:2; 눅 4:15~16, 6:6, 13:10; 요 18:20). "언제나 나는 모든 유대 사람이 모이는 회당과 성전에서 가르쳤고, 아무것도 숨어서 말한 것은 없다"(요 18:20). 복음서에서 예수님의 사역과 관련하여 "회당"에 관한 언급이 40여 번 나타나고 있는 것은 바로 이러한 맥락에서 이해할 수 있을 것이다.

회당에는 특별히 회당일을 맡아서 전담하는(오늘날 교회의 목사와 같은) 성직자가 따로 없었다. 회당장(nasi)이 있긴 했지만, 그들은 그 마을에서 일어나는 문제나 분쟁들을 해결하기 위하여 회중 가운데서 뽑은 사람들로서 각 회당에는 3명 이상의 회당장들이 있었다(참조. 눅 13:10~16; 막 5:22~24, 5:35~43; 눅 8:41~42, 8:49~56, 13:10~17). 2세기 중반까지도 교회는 목사라는 말 대신에 nasi라는 칭호를 사용하고 있었다(Justin).

또한 회당을 감독하는 사람(chazen)이 있었다. 그는 안식일 예배를 준비하는 일을 주로 했다. 예수께서 고향 회당에 들르셨을 때 그에게 성경을 읽도록 한 사람은 바로 이 사람이었다(마 10:16~21).

요한계시록에 나오는 소아시아 7교회에 보내는 메시지의 수신인인 "angel of the church(assembly)"는 바로 회당 일을 책임 맡고 있던 chazen을 일컫는 칭호였다고 한다. 이들은 또한 "overseer of the congregation", "minister of the synagogue"라고도 불리었다(John Lightfoot, *Commentary on the New Testament from the Talmud and Hebraica* Hebraica, vol. II).

그러면 편지를 회당의 책임자에게 보냈다는 말이 되는데, 그게 말이 되는가? 1세기 당시에는 아직 교회라는 조직체나 건물이 따로 없었다. 교인들은 유대인들과 함께 회당에 모여 예배를 드리고 말씀을 배우고 기도를 했다. 교인들 대부분이 유대인이었으며, 기독교를 유대교의 한 분파로 생각하고 있었기 때문이다. 이 편지들의 수신인이 회당의 책임을 맡고 있는 chazen에게 보내진 이유가 바로 여기에 있다.

"보라 내가 문 밖에 서서 두드리노니" —전도용 성경 구절이 아니다

홀만 헌트가 그린 "The light of the world"라는 유명한 그림이 있다. 1850년대에 그려졌는데, 전체 배경이 밤이다. 음산하고 곧 쓰러질 것 같은 아주 낡은 집 앞에 예수님이 서 계신다. 이 집 앞의 정원은 폐허가 되다시피 했다. 잡초들이 무성하게 나 있고, 과일들이 떨어져 뒹굴고 있다. 문 앞에는 박쥐들이 날아다니고 있다. 이렇게 낡고 오래된 집 문 앞에서 예수님이 한 손에는 랜턴을 들고 계시고, 다른 한 손으로 문을 두드리고 계신다.

이상한 것은 이 문은 문고리가 없다는 것이다. 왜 문고리가 없는 문을 그렸을까? 이 집은 인간을 가리키고, 이 문은 인간의 마음을 가리킨다. 인간의 마음의 문은 안에서만 열 수 있다. 그래서 예수님은 우리가 마음 문을 열 때까지 밖에서 문을 두드리고 계신 것이다.

이 그림을 잘 보면, 왼손은 아주 힘이 있는 반면에 문을 두드리는 오른손은 지쳐 있는 느낌을 받을 수 있다. 그만큼 오랫동안 두드리고 계신데도 안 열어주는 것이다. 이것이 바로 우리의 과거 모습이었고, 현재 모습일 수도 있다.

"세상의 빛" 홀만 헐트 작.

이 그림을 보면 우리가 너무도 잘 아는 성경 구절이 떠오른다. "보아라, 내가 문 밖에 서서, 문을 두드리고 있다. 누구든지 내 음성을 듣고 문을 열면, 나는 그에게로 들어가서 그와 함께 먹고, 그는 나와 함께 먹을 것이다"(계 3:20).

예수님이 어떤 집 앞에서 문을 두드리고 계시는 성화를 많이 볼 수 있다. 그런데 요즘 새로 나온 그림을 보면, 예수님이 한 집 한 집 찾아다니면서 문을 두드리시는 것이 아니라, 도심 한 가운데 있는 거대한 빌딩 앞에서 문을 두드리고 있다. 무슨 빌딩일까? 다른 곳이 아니라 바로 UN 빌딩이다. 전 세계의 모든 민족을 향해서, 5대양 6대주의 60억 인구를 향해서 문을 두드리고 계신 것이다.

우리는 흔히 전도할 때, 이 말씀을 많이 인용한다. "예수님이 당신의 마음 문을 두드리고 있습니다. 어서 마음 문을 열어놓고 예수님을 영접하고 구원받으시기 바랍니다…" 그러나 사실은 이 말씀은 믿지 않는 이들을 향해서 하시는 말씀이 아니다. 그러면 누구에게 하시는 말씀인가? 우리에게? 그렇다. 이 말씀은 소아시아 7교회 가운데 하나였던 라오디게아 교회에 보내신 권면과 경고의 말씀이다. 교회 밖에 있는 사람들이 아니라 교회 안에 있는 사람들에게 주신 말씀이다. 믿지 않는 이들이 아니라 이미 믿고 있는 사람들에게 주신 말씀이다.

그렇다고 믿지 않는 이들에게 이 구절을 가지고 전도하는 것이 잘못되었다는 말은 아니다. 하지만 "전도용"으로 주신 말씀으로만 이해해서는 안 된다는 것이다. 우리는 이 말씀을 나는 이미 예수님을 영접했으니까 하면서 나와는 별로 상관없는 것으로 생각하기 쉽다. 그러나 이 말씀은 바로 그렇게 생각하는 우리에게 주신 말씀인 것이다. 그렇다면 왜 이미 예수님을 마음속에 모셔들인 우리에게 이런 말씀을 주시는 것일까?

인용 출처가 모호한 구절들

1. "안식일에 성전에서 제사장들이 안식일을 범해도, 그것이 죄가 되지 않는다는 것을 율법책에서 읽지 못하였느냐?"(마 12:5).

난하주(성경 본문 아래 작은 글씨로 설명이 되어 있는 부분)를 보면 민수기 28장 9절을 보라고 되어 있다. 그곳을 찾아보니 다음과 같이 되어 있다.

"안식일에도 일 년 된 흠 없는 어린 숫양 두 마리를, 기름으로 반죽한 고운 밀가루 십분의 이 에바의 곡식 제물과, 거기에 맞는 부어 드리는 제물과 함께 바쳐라."

마태복음 12장 5절과 민수기 28장 9절이 어떤 연관이 있는지 알 수가 없다.

2. "나사렛이라는 동네로 가서 살았다. 이리하여 예언자들을 시켜서 말씀하신 바, '그는 나사렛 사람이라고 불릴 것이다' 하신 말씀이

이루어졌다"(마 2:23).

예언서뿐만 아니라 구약 어디에서도 이런 예언을 찾아볼 수 없다. 구약에는 그렇게 많은 지명이 나오지만, "나사렛"이라는 지명은 한 번도 나타나지 않는다.

3. "나를 믿는 사람은, 성경에 이른 것과 같이, 그의 배에서 생수가 강처럼 흘러나올 것이다"(요 7:38).

장막절에 예수님께서 예루살렘에 올라가셔서 하신 말씀이다. 구약성경 어디에도 "그의 배에서 생수가 강처럼 흘러나올 것이다"라는 말씀은 나오지 않는다. 예수님께서 어떤 구절을 염두에 두시고 이 말씀을 하신 것인지 확실하지 않다.

4. "주 예수께서 친히 '주는 것이 받는 것보다 더 복이 있다' 하신 말씀을 반드시 명심해야 합니다"(행 20:35).

복음서에 나와 있는 예수님의 가르침 가운데는 "주는 것이 받는 것보다 더 복이 있다"는 말이 없다. 그렇다고 해서 바울이 전해 들은 이 말씀의 신빙성을 의심할 필요는 없을 것이다. 예수님의 모든 가르침들이 다 기록된 것은 아니기 때문이다. 아마 바울은 사도들에게서 이 말씀을 전해 받았을 것이다.

5. "'네 이웃을 사랑하고 네 원수를 미워하여라' 하고 이른 것을 너희가 들었다"(마 5:43).

네 이웃을 사랑하라는 계명은 구약에 나오지만, 원수를 미워하라는 계명은 없다. 우리는 구약에서는(모세는) 원수를 미워하라고 가르치고 있으나, 신약에서는(예수께서는) 원수까지도 사랑하라고 가르치고 있다고 생각한다. 그러나 사실은 그렇지 않다. 구약에서도 원수를 갚아서도 안 되며 앙심도 품어서는 안 된다고 가르치고 있다(레 19:18).

왜 예수께서는 구약에 나오지도 않는 계명을 마치 구약에 나오는 것처럼 말씀하신 것일까? 이 말씀의 출처가 구약이 아니라면, 어디서 인용하신 것일까?

학자들은 그 근원이 쿰란 종파였을 것이라고 생각한다. 이들은 자기들과 함께 공동체 생활을 하며 같은 신념을 갖고 있는 사람들을 "빛의 자녀"라고 불렀으며, 그렇지 않은 모든 사람들(유대인들 포함)을 "어둠의 자식들"이라고 불렀다. 그리고 마지막 날에 메시아가 오시면 "빛의 자녀들"은 구원을 받지만, "어둠의 자녀들"은 심판을 받게 될 것이라고 가르쳤다. 그들은 "빛의 자녀들"은 "어둠의 자녀들"과 상종도 하지 말아야 하며 그들을 미워해야 한다고 가르쳤다(훈육 교범서 <1 QS> 1:9). 예수께서는 바로 이러한 가르침을 지적하신 것으로 보인다. 그러나 당시에 이들 쿰란 종파들의 가르침이 어느 정도나 널리 퍼져 있었는지는 확실하지 않다.

6. "이런 사람들을 두고 아담의 칠대 손 에녹은 이렇게 예언하였습니다. '보아라, 주께서 수만 명이나 되는 거룩한 천사들을 거느리고 오셨으니, 이것은 모든 사람을 심판하시고, 모든 불경건한 자들이 저지른 온갖 불경건한 행실과, 또 불경건한 죄인들이 주님을 거슬러 말한 모든 거친 말을 들추어내서, 그들을 정죄하시려고 하는 것이다'"(유 14~15).

성경의 난하주를 보면 이 구절은 창세기 5장 18절, 21~24절에서 인용한 것으로 나와 있다.

"야렛은 백예순두 살에 에녹을 낳았다"(창 5:18).

"에녹은 예순다섯 살에 므두셀라를 낳았다. 에녹은 므두셀라를 낳은 뒤에, 삼백 년 동안 하나님과 동행하면서, 아들딸을 낳았다. 에녹은 모두 삼백육십오 년을 살았다. 에녹은 하나님과 동행하다가 사라졌다. 하나님이 그를 데려가신 것이다"(창 5:21~24).

창세기 본문은 에녹에 대해서 말하고 있지만, 유다서에서 인용한 구절과는 아무 관계가 없다. 그런데도 마치 창세기에서 인용한 것처럼 난하주는 밝히고 있다. 구약에서는 에녹의 예언에 관해서는 아무런 언급이 없다. 그러면 유다는 어떤 근거에서 에녹이 그런 예언을 했다고 말한 것일까?

위경 가운데 에녹서가 있다. 유다가 인용한 에녹의 예언은 에녹1서에 나오는 예언을 요약한 것이다. 에녹1서 1장 9절에는 하나님께서 거짓 선지자들과 거짓 교사들을 심판하시기 위해 천군 천사들을 대동하시고 마지막 날에 임하실 것이라고 예언하고 있다. 유다는 하나님을 "주(예수)"로 바꿨다.

성경에 나오는 "성경"은 다 구약을 말한다

"그대는 어려서부터 성경을 알고 있습니다. 성경은 그리스도 예수를 믿는 믿음으로 말미암아, 구원에 이르는 지혜를 그대에게 줄 수 있습니다. 모든 성경은 하나님의 영감으로 된 것으로, 교훈과 책망과 바르게 함과 의로 교육하기에 유익합니다. 그것은 하나님의 사람으로 하여금 유능하게 하고, 온갖 선한 일을 할 준비를 갖추게 하려는 것입니다"(딤후 3:15~17).

성경에 대해 이보다 더 간명하게 잘 말해 준 구절도 없을 것이다. 성경이 가져다 주는 유익은 무엇인가? 1) 그리스도 예수를 믿는 믿음으로, 구원에 이르는 지혜를 준다. 2) 교훈 3) 책망 4) 바르게 함 5) 의로 교육하기에 유익하고 6) 하나님의 사람으로 유능하게 한다. 7) 온갖 선한 일을 할 준비를 갖추게 한다.

예수님은 성경에 대해 뭐라고 말씀하셨는가?

"너희가 성경을 연구하는 것은, 영원한 생명이 그 안에 있다고 생각하기 때문이다. 성경은 나를 증언하고 있다"(요 5:39).

"또 성경은 폐하지 못한다"(요 10:35).

성경은 구원을 가져다 주는 지혜가 있고, 그 안에 영원한 생명이 들어 있다. 성경을 통해 구원의 진리를 깨닫게 되고, 영생을 얻게 된다. 또한 성경은 우리를 완전한 사람으로 만들어 준다.

그렇다면 왜 성경에 대해 당연한 것을 장황하게 성경을 인용하면서 말하는 것일까? 여기서 말하는 성경은 우리가 생각하는 성경이 아니라는 것을 말하기 위해서다.

바울이 읽은 성경은 구약이다. 예수께서 읽고 배우시고 가르치시고 인용하신 성경도 구약이다. 예수님이나 사도 바울은 신약이라고 하는 것을 읽어본 적이 없다. 훨씬 후대에 만들어졌기 때문이다. 신약에서 구약을 인용할 때, "경에 이르되," "이르시되," "기록된 바" 또는 "성경에"라는 표현을 사용하고 있는데, 이는 모두 구약을 가리킨다.

따라서 우리는 서두에서 인용한 구절을 다음과 같이 읽어야 한다.

"그대는 어려서부터 <구약> 성경을 알고 있습니다. <구약> 성경은 그리스도 예수를 믿는 믿음으로 말미암아, 구원에 이르는 지혜를 그대에게 줄 수 있습니다. 모든 <구약> 성경은 하나님의 영감으로 된 것으로, 교훈과 책망과 바르게 함과 의로 교육하기에 유익합니다. 그것은 하나님의 사람으로 하여금 유능하게 하고, 온갖 선한 일을 할 준비를 갖추게 하려는 것입니다"(딤후 3:15~17).

"너희가 <구약> 성경을 연구하는 것은, 영원한 생명이 그 안에 있다고 생각하기 때문이다. <구약> 성경은 나를 증언하고 있다"(요 5:39).

"또 <구약> 성경은 폐하지 못한다"(요 10:35).

구약에서도 구원의 길을 발견할 수 있고, 구약은 우리에게 완전한 사람이 되게 하며, 구약은 성령의 감동으로 된 것으로 결코 폐할 수 없는 하나님의 말씀이다. 이런 사실을 명심할 때 우리는 구약성경을 새롭게 보게 될 것이다.

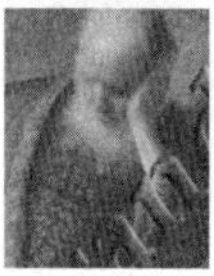

아니, 이럴 수가?

제3장 원어를 찾아 가며 성경을 읽었더니…

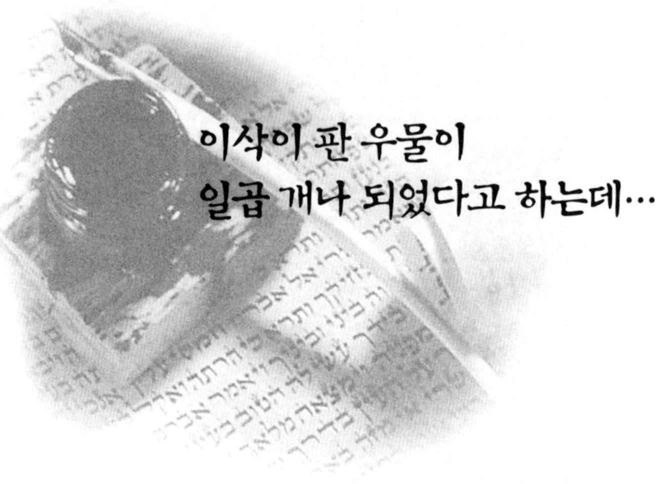

이삭이 판 우물이 일곱 개나 되었다고 하는데…

우물은 반유목민 생활을 했던 족장들에게는 매우 중요했다. 팔레스타인 지역에서는 양이나 염소에게 물을 공급해 주는 것이 쉬운 일이 아니었다. 샘이 많지 않기 때문이다. 더군다나 이스라엘은 여름 내내 비 한 방울 내리지 않기 때문에 물이 가장 큰 문제였다. 그래서 대개 웅덩이를 파서 빗물을 모아 사용하였다. 지금도 이스라엘 곳곳에는 고대시대에 사용했던 이러한 웅덩이들이 많이 남아 있다. 아브라함과 그의 조카 롯이 헤어져 따로 거주한 것도 물 때문이었다. 이삭도 블레셋 사람들과 물 때문에 자주 다투었으며 급기야는 이사까지 가게 되는 일이 벌어졌었다.

성경에서 우물을 판 사람은 두 명이 나오는데, 아브라함과 이삭이 바로 그들이다. 아브라함이 우물을 판 곳은 브엘세바였다(창 21:22~34). 아브라함과 아비멜렉은 서로 잘 지내기로 맹세를 하고는, 아브라함이 그 증거로 이 우물을 팠다. 그리고 그 우물의 이름을 브엘세바라고 붙였다. "브엘세바"는 두 가지 의미가 있다. 하나는 '맹세의 우물' 이라는 뜻이고 또 하나는 '일곱 우물' 이라는 뜻이다. 아브라함은 이 우물을 증거로 맹세를 지키겠다는 뜻에서 그 우물을 팠다. 따라서 '맹세의 우물' 이라는 뜻으로 그런 이름을 지은 것이 확실하다.

이삭이 블레셋의 그랄 땅에 살 때 거부가 되자 블레셋 사람들이 그를 시기해서 아브라함이 파놓은 우물들을 다 막고 흙으로 메워 버렸다. 우물이 없으면 그곳에서 살 수가 없으므로 떠나야만 한다. 이렇게 아비멜렉은 우물을 막아놓고 이삭에게 그곳을 떠나라고 요구한다. 이삭은 아무런 저항도 하지 않고 순순히 그곳을 떠나 다른 곳으로 갔다. 그리고 그곳에서 이삭의 종들은 계속 우물들을 팠다.

그러나 우물을 파놓으면 그 지방의 목자들이 와서 그 우물을 차지했다. 그러면 이삭은 그 우물을 순순히 내주고 또 다른 곳으로 옮겨가서 또 샘을 팠다. 이렇게 하기를 몇 번이나 했을까. 마침내 아무도 그들이 판 우물을 가지고 시비를 거는 사람이 없는 곳에서 이삭은 정착해서 살았다. 그리고 그 우물 이름을 "르호봇('넓은 곳' 이라는 뜻)" 이라 지었다(창 26:12~22).

얼마 후 이삭은 브엘세바로 이주해 갔다. 그곳은 일찍이 아브라함이 우물을 파고 아비멜렉과 약조를 했던 곳이었다. 그런데 아비멜렉이 이삭을 찾아와 아브라함에게 그랬던 것처럼 사이좋게 지내자고 제안을 했다. 아브라함과 맺은 계약을 깨뜨리고 이삭을 내쫓았던 아비멜렉이 다시 이삭을 찾아와 화친하자고 한 이유는 무엇일까? "우리는 주께서 그대와 함께 계심을 똑똑히 보았습니다"(창 26:28). 무엇으로 그들이 그 사실을 알게 되었을까?

우물은 가장 큰 재산 목록이었으며, 그것은 생명과 직결되는 문제였다. 그러나 우물이 많지 않았다. 샘을 찾는 것이 결코 쉬운 일이 아니었던 것이다. 그런데 이삭은 파는 곳마다 우물에서 물이 솟아 나오는 것이었다. 이것을 본 아비멜렉은 '하나님이 함께하시지 않고는 어떻게 이런 일이 일어날 수 있단 말인가' 라는 생각에, 결국은 이삭에게 화친을 청하게 된 것으로 보인다.

이삭은 아비멜렉과 서로 화친조약을 맺고 그 약조를 잘 지키기로 맹세하였다. 그리고 그날 판 우물의 이름을 "세바"라고 불렀다. 그래서 오늘날까지 그곳을 "브엘세바"라고 부르게 되었다고 한다(창 26:30~33). 그러나 이 이름은 아브라함이 붙였던 이름이다.

"브엘세바"라는 명칭은 위에서도 밝힌 바와 같이 '맹세의 우물' 또는 '일곱 우물' 이라는 뜻이 있다. 그렇다면 어느 뜻이 더 적절한 것인가? 아브라함은 아비멜렉과 계약을 맺으면서 그 (맹세의) 증거로 우물을 팠다. 이삭도 아비멜렉과 계약을 맺고 맹세한 다음에 이 샘을 발견했는데, 그 이름을 "브엘세바"라고 지었다. 분명히 그날 아비멜렉과 맺은 약조(맹세)를 기념하여 그 이름을 "맹세의 우물"이라고 지었던 것으로 보인다.

이삭은 많은 우물을 팠다. 가는 곳마다 먼저 우물을 팠다. 몇 개를 팠는지는 알 수 없다. 그러나 많은 사람들이 생각하고 있는 것처럼, 일곱 개를 팠기 때문에 "브엘세바"라는 이름을 붙인 것은 아닌 것 같다.

야곱의 사닥다리? 경사로?

야곱이 들에서 노숙을 하다가 천사가 오르락내리락하는 꿈을 꾸었다. 그리고 하나님의 말씀을 들었다. 이것은 야곱에게 하나님이 처음으로 현현하신 것이었다. 하나님께서는 아브라함에게는 직접 말씀하셨으나, 야곱에게는 꿈을 통해서 말씀하셨다.

우리는 야곱이, 천사들이 사닥다리를 통해 오르락내리락하는 꿈을 꾸었다고 배워 왔다(창 28:10~13). 이 사닥다리는 하늘과 땅을 연결시켜 주었다. 그러나 하늘과 땅을 연결시켜 주는 이 사닥다리는 층계를 의미하기도 한다. 개역성경에서는 사닥다리로, 표준 새번역 성경에서는 층계로 옮겼다. 또 이 말은 경사로(비탈길, ramp)를 의미하기도 한다.

바빌론 사람들은 '지구랏' 이라는 탑을 만들었다. 이 탑은 올라갈수록 줄어드는 층계와 같은 형식으로 만들어졌는데, 바벨탑이 바로 이 지구랏이었을 것이라고 보기도 한다. 바빌론 사람들은 이 지구랏 꼭대기에 제단을 만들어 놓고는 거기에서 신들에게 제물을 바쳤다. 이

꿈꾸는 야곱(Jose de Ribera의 작품),
Gambia에서 발행

곳은 인간(땅)과 신(하늘)이 만나는 장소로 여겨졌다. 즉 그곳은 신이 인간을 만나기 위해 내려오는 장소였고, 인간이 신을 만나기 위해 올라가는 장소이기도 했던 것이다. 그래서 이곳을 "지구의 배꼽"이라고도 불렀다. 층계를 따라 하늘로 올라가기도 하고, 땅으로 내려오기도 하였다.

여기에서 우리는 고대인들의 세계관을 보게 된다. 그들은 하늘과 땅이 연결되어 있다고 믿었다. 야곱도 꿈 속에서 땅에서 하늘에까지 닿아 있는 사닥다리(또는 층계, 경사로)를 보았다. 그러나 여기에서 우리는 지구랏과 야곱의 사닥다리의 차이점을 발견하게 된다. 지구랏은 신의 강림의 장소였으나, 야곱의 사닥다리에서는 하나님이 아니라 천사들이 오르락내리락하였다.

요셉이 입은 옷이 채색 옷이었다는데…

이삭의 아내 리브가는 야곱을 편애했다. 그래서 눈이 어두운 남편 이삭을 속이고, 에서가 받아야 할 축복 기도를 야곱이 받게 했다. 그 야곱은 자신의 열두 아들들 가운데 요셉을 가장 사랑했다. 결국 부모들의 편애로 형제들 간의 갈등이 생기게 되고, 그 편애로 인해 형제를 살인하는 일까지 일어날 뻔했다. 야곱이 요셉을 편애했다는 사실은 야곱이 요셉에게 "채색 옷"을 해 입혔다고 하는 사실에서 분명하게 알 수 있다(창 37:3).

요셉의 이야기 가운데서 그가 입었던 옷은 중요한 역할을 하고 있다(창 37장). 그는 채색 옷을 입고 있었고, 바로 그 채색 옷을 입고 형제들을 찾으러 갔다가 변을 당하게 된다. 형제들이 요셉이 입은 채색 옷을 벗기고 그를 구덩이로 집어 던졌다. 때마침 미디안 상인들이 지나가는 것을 보고는 그를 꺼내서 종으로 팔아넘겼다. 그들은 아버지를 속일 계략을 세웠다. 요셉의 옷에 염소 피를 발라서 요셉이 들짐승

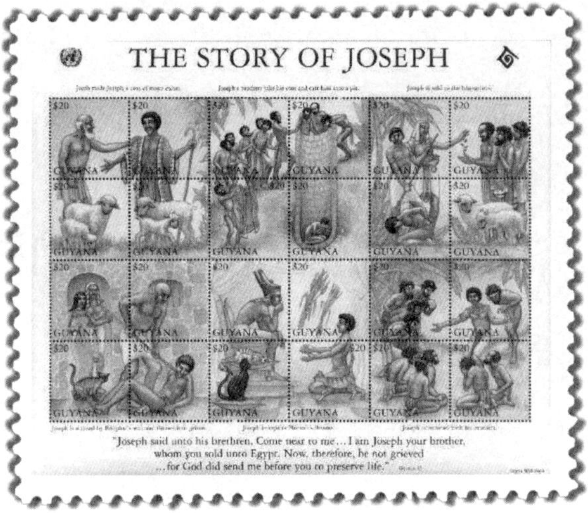

요셉의 생애, Guyana에서 발행

에게 물려 간 것처럼 아버지 야곱을 속였다.

고대에는 염료 산업이 발달되지 않았기 때문에 채색 옷을 입는다는 것은 상당히 어려운 일이었다. 대부분은 자연 그대로의 흰 옷을 입었다. 왕이나 제사장 같은 신분의 사람들만이 채색 옷을 입을 수 있었다. 따라서 채색 옷은 권위와 부와 권력의 상징이었다. 그런데 이러한 옷을 야곱은 요셉에게만 해 입혔던 것이다.

요셉이 어떤 색깔의 옷을 입고 있었을까? 청색은 쪽과 같은 식물에서, 노란색은 석류에서, 그리고 빨강(주홍)은 조개에서 많이 채취했다. 특별히 페니키아의 두로는 자주색 물감으로 세계적으로 명성을 떨쳤던 곳이다. 이곳에서 잡은 톨라라고 하는 조개에서 자주색 물감을 채취했는데, 1g의 자주색 염료를 얻으려면 무려 12,000마리의 소라를 잡아야 했다고 한다. 그래서 자주색 옷은 금값일 수밖에 없었고, 왕이나 입을 수 있었다. 이제 왕복이 왜 자주색이었는지, 그리고 royal purple이라는 말이 왜 나왔는지 이해가 갈 것이다. 그리고 부자와 거지 나사로의 비유에서, 왜 부자가 자주색 옷을 입고 있었는가도 이해가 될 것이다.

우리는 요셉이 입고 있던 옷을 채색 옷으로만 알고 있다. 그러나 표준 새번역에는 "화려한 옷"을 입고 있었다고 되어 있다. 다만 난하주에서는 "채색 옷"으로 번역할 수도 있다는 설명을 덧붙이고 있다. 그런가 하면 공동번역 성경에서는 "장신구를 단 옷"이라고 옮겼다. 히브리어로는 pas로 되어 있는데, 영어 성경에서는 "채색 옷, 아름다운 옷, 긴 옷(long coat, long robe with sleeves)" 등으로 다양하게 번역하고 있다.

요셉이 채색 옷을 입고 있었는지, 아니면 단순히 좋은 옷을 입고 있었는지, 아니면 긴 옷을 입고 있었는지는 알 수 없다. 그러나 한 가지 확실한 것은 보통 사람들이 입는 옷은 아니었다는 것이다.

요셉이 갇혔던 감옥은 어떤 곳이었을까?

예언자 예레미야는, 바빌론이 치러 올 것이라는 예언을 했다고 해서 서기관 요나단의 관저에 있는 지하 감옥에 가두어졌다(렘 37:15~16). 그러나 시드기야 왕이 그를 꺼내 주었다. 후에 다시 그는 감옥에 던져지게 되는데, 이번에는 물 없는 웅덩이 속에 던져졌다. 그를 밧줄에 매달아 웅덩이 속으로 내려보냈는데, 물은 없고 진흙만 있어서, 예레미야는 진흙 속에 빠져 있었다(렘 38:6). 이 웅덩이는 말기야라고 하는 사람의 물 웅덩이었는데, 근위대의 뜰 안에 있었다. 몇 년 전에 다윗 성에서 예레미야가 던져졌던 곳으로 보이는 웅덩이가 발견되었는데, 필자도 그곳에 내려가 보았다.

이스라엘에는 이런 웅덩이가 많이 있다. 이유인즉, 이스라엘은 지형상 샘이 거의 없다. 비가 오더라도 물이 고이지 않고 다 흘러가 버린다. 그래서 물을 보관하기 위해 웅덩이를 파야 했다. 고대 성읍들의 유적지를 가면 어디에서나 거대한 웅덩이를 발견할 수 있는데, 이는 물을 저장하기 위한 것이었다.

요셉도 형제들에 의해 도단에 있는 웅덩이로 던져졌다. 그러나 다행히도 그 웅덩이에는 물이 없었다. 물이 말라 있었던 것으로 보아 여름이었던 것 같다. 이 웅덩이는 양이나 염소에게 줄 물을 보관하기 위한 웅덩이었던 것으로 보인다. 이렇게 요셉은 들판에 있는 웅덩이에 던져졌다가 극적으로 다시 꺼내져서 이집트에 종으로 팔려 가게 되었다.

유대 전승은 후에 요셉이 고향에 돌아오는 길에, 이 웅덩이 옆을 지나가게 되었다고 한다. 그때 그는 가던 길을 멈추고 이 웅덩이 앞에서 감사의 기도를 드렸다고 한다. 이 웅덩이에 던져졌기 때문에 이집트의 총리가 될 수 있었다고 생각하고 하나님께 감사를 드렸던 것이다.

후에 요셉은 다시 한 번 웅덩이에 던져지게 된다. 언제 그랬는가? 요셉은 보디발의 아내의 모함을 받고 감옥에 갇히게 된다. 그러나 하나님은 감옥에 갇힌 요셉을 간수의 눈에 들게 하시고, 그 안에서도 죄수들을 돌보는 일을 하게 하셨다. 그곳에서 바로의 두 신하의 꿈을 해몽해 주게 되고, 요셉이 해몽을 잘 한다는 소문을 듣고 바로는 그에게 자신의 꿈을 해몽하게 하였다. 그것 때문에 요셉은 총리의 자리에 앉게 된다.

이렇게 요셉의 운명을 바꾸어 놓은 감옥은 어떻게 생긴 곳이었을까? 창세기 40장 15절을 개역성경에서는 이렇게 기록하고 있다.

"나는 히브리 땅에서 끌려온 자요 여기서도 옥에 갇힐 일은 행하지 아니하였나이다."

41장 14절에는 "그들이 급히 그를 옥에서 내 놓은지라"라고 기록되어 있다.

여기에서는 요셉이 갇힌 감옥이 어떤 감옥이었는지 알 길이 없다. 그러나 히브리 성경에는 "bor"라고 되어 있다(창 39:20~22, 40:15).

이것은 '구덩이, 웅덩이, 지하 감옥'이라는 뜻이다. 요셉이 처음 던져졌던 그 웅덩이도 "bor"라고 되어 있다(창 39:20~22, 40:15). 요셉은 예레미야처럼 구덩이 감옥 속에 갇혔던 것이다. 그래서 표준 새번역에서는 "구덩이 감옥"이라고 옮겼다. 개역성경보다 훨신 좋은 번역이다. 그러나 그 구덩이는 간수가 있었던 것으로 보아 규모가 컸던 것으로 보인다. 이 구덩이 감옥은 경호대장의 집에 위치하고 있었으며, 왕의 죄수들을 가두는 데 사용되었다(창 39:20, 41:10).

이렇게 요셉은 두 번씩이나 웅덩이에 던져지는 기구한 운명의 사람이었다. 이 웅덩이는 혼자 힘으로 결코 빠져나올 수 없는 곳이다. 그러나 그가 웅덩이에 던져질 때마다 하나님은 다시 꺼내 주셨다. 그리고 그 웅덩이에 던져졌기 때문에 오히려 잘 되지 않았는가?

노아의 방주 외에 또 다른 방주가 하나 더 있다

홀로코스트(유대인 대학살)를 배경으로 해서 만든 "쉰들러 리스트"라는 영화가 있다. 2차대전 말 폴란드에서 있었던 실화를 토대로 만든 것이다. 오스카 쉰들러라는 사람은 독일의 나치 당원으로서, 폴란드에 가서 에나멜 무기 공장을 경영했던 사람이다. 가톨릭 신자인 그는 나치 당원으로서는 상상도 할 수 없는 일을 하기 시작한다. 막대한 돈을 들여서 독일 군인들과 흥정을 한다. 돈을 주고 유대인들을 사서 그의 공장에서 일을 하게 하는 것이었다. 그렇게 해서 1,100명이나 되는 유대인들을 구해 주게 된다.

영화의 끝 장면에서는 드디어 독일이 망하게 되고 공장의 종업원(유대인)들이 쉰들러에게 목숨을 살려 준 것에 대하여 깊은 감사를 한다. 쉰들러는 더 많은 사람들을 살려 내지 못한 것에 대하여 한탄을 한다. 자기의 승용차를 보면서 그것을 팔았더라면 유대인 10명은 더 구할 수 있었을 것이고, 자기의 시계와 결혼 반지를 팔았더라면 유대인 2명은 더 구할 수 있었을 것이라며 후회했다. 예루살렘에 있는 유대인 학살 기념관에 가면, 유대인 학살시 유대인들을 도와준 사람들의 이름 가운데서 쉰들러의 이름을 발견할 수 있다.

본래 이 영화는 "쉰들러 리스트(Schindler' s List)"가 아니라 "쉰들러의 방주(Schindler' s Ark)"였다. 그의 공장에서 일하던 유대인들은 다 살아남았기 때문에 쉰들러의 방주라고 불렀던 것이다. 유대인들에게는 쉰들러의 공장이 바로 노아의 방주와도 같은 곳이었다.

방주는 '네모난 배' 라는 뜻이다. 영어로는 ark라고 한다. 성경에서 방주라는 말은 구원과 연관되어 사용되고 있다. 일반적으로 '방주' 하면 노아의 방주를 뜻한다.

성경에 노아의 방주 외에 또 다른 방주가 나온다. 그 방주에는 모세가 타고 있었다. 무슨 말인가? 모세가 태어날 때 이집트의 바로 왕에 의해서 히브리인의 모든 사내 아이들은 죽이도록 되어 있었다. 그러나 모세는 석 달 동안 몰래 키워졌다. 더 이상 모세를 숨겨둘 수 없게 되자 모세의 어머니는 갈대 상자를 만들어 그 안에 갓난아이 모세를 넣고 나일 강에 떠내려보냈다. 마침 그 갈대 상자를 바로의 딸이 발견하고는 모세를 데려다가 키우게 된다. 그 아이가 히브리인인 것을 알면서도 그렇게 했다. 바로의 딸은 그 아이의 이름을 '물 속에서 건졌다' 는 뜻에서 '모세' 라고 지어 주었다.

모세가 타고 있던 갈대 상자는 히브리어로 tebah라고 되어 있는데 (출 2:3), 이 말은 노아의 방주를 지칭할 때 사용했던 단어이다. 테바라는 용어는 노아가 타고 있던 방주와 모세가 타고 있었던 갈대 상자를 지칭할 때만 사용되었다. 우리 성경에는 모세가 "갈대 상자"에 타고 있었다고 번역되어 있으나, "갈대로 만든 방주"로 번역하는 것이 더 좋을 것이다.

노아가 타고 있던 것도 방주였고, 모세가 타고 있던 것도 방주였다.

노아의 방주는 나무로 만들어졌으나, 모세의 방주는 갈대를 상자처럼 엮어 거기에 역청과 나무 진을 칠해서 만들었다. 노아의 방주에는 노아의 가족과 온 세상의 모든 동물들이 타고 있었으나, 모세의 방주에는 갓난아이 모세만 타고 있었다. 그리고 그들 모두 물에서 건짐을 받았다. 방주를 통해 구원을 받았던 것이다.

모세의 이마에 뿔이 난 까닭은?

모세가 시내산에 올라가 40일간 금식하며 하나님과 대면하고 내려올 때, 그의 얼굴에서는 광채가 빛났다. "주와 함께 말씀을 나누었음으로" 얼굴에서 그렇게 빛이 났던 것이다. 사람들은 그에게 가까이 가기를 두려워하였다. 그러나 모세 자신은 전혀 알지 못하였다(출 34:29, 30, 35).

예수께서 높은 산에 올라가셔서 기도하실 때 그 모습이 변하였다. 어느 산인지는 확실하지 않지만, 다볼 산이나 헤르몬 산인 것으로 알려져 있다. 그곳에 올라가서 기도하실 때, "그의 얼굴은 해와 같이 빛나고, 옷은 빛과 같이 희게 되었다"(마 17:2).

성경에 그 얼굴이 모세와 예수님처럼 빛났던 사람이 또 한 사람 있다. 스데반이 그 사람이다. 그는 복음을 증거하다가 몇몇 사람들과 논쟁을 벌이게 되었다. 격분한 그들은 사람들을 선동하여 스데반을 산헤드린으로 끌고와 누명을 씌워 고소하였다. 그들은 험상궂은 얼굴로 분노에 가득차 스데반에게 삿대질을 해가며 거짓으로 누명을 뒤집어 씌웠지만, 스데반은 조금도 동요하지 않았다. 그는 조금도 두려워하거나 흥분하거나 화를 내지 않았다. 오히려 그 얼굴이 "천사의 얼굴처럼" 보였다(행 6:15).

은혜 받은 사람은 얼굴에 표시가 난다. 얼굴이 밝다. 환하다. 빛이 나는 것 같다. 그런 사람은 바라보기만 해도 은혜가 된다. 모세는 하나님과 대면하고 내려올 때 얼굴에서 광채가 났다. 예수님은 기도하는 가운데 얼굴이 해처럼 빛났다. 스데반도 억울한 누명을 쓰고 재판을 받으면서도 얼굴이 천사처럼 빛났다. 은혜가 충만했기 때문이다(행 6:8).

미켈란젤로가 "모세 상(像)"을 조각하였다. 2.5미터 정도로서, 십계명을 가슴에 안고 앉아 있는 모습이다. 이 모세 상은 막 시내 산에서 내려오는 모세의 모습을 조각한 것이다. 십계명 돌판을 손에 들고 있다. 시내 산에서 내려와 보니 백성들이 금송아지를 만들어 놓고 먹고 마시고 떠들며 우상을 숭배하고 있는 것이 아닌가? 모세는 그때 분을 이기지 못해 십계명 돌판을 던져서 깨뜨리고 말았다. 이 조각은 바로 그런 사건이 일어나기 직전의 모습이다. 그래서 분노에 가득 찬 모습을 하고 있다.

미켈란젤로의 모세 상(像)

그런데 이상한 모습을 하고 있다. 모세의 이마 양쪽에 뿔이 나 있다. 어떻게 사람의 얼굴에 뿔을 달아 놓았을까? 마귀라면 몰라도 모세에게…너무 화가 난 모세의 모습을 그리기 위해 머리에 뿔이 난 것처럼 만든 것일까?

사연이 있다. 모세가 시내 산에서 내려올 때 그 얼굴이 "빛났다"고 했는데, "빛나다"라는 히브리어는 카란(karan)인데, "뿔이 나다, 뿔이 자라다"는 뜻도 있다. 이 단어를 라틴어 성서(불가타)에서는 "빛나다"로 번역하지 않고 "뿔이 나 있다"(cornutam)로 옮겼다. 바로 이 성서를 근거로 해서 모세의 이마에 뿔을 달았던 것이다.

산에 올라가 나무를 벤 것이 아니라 돌을 떠낸 것이다

다윗은 성전 짓기를 소원했지만, 하나님이 허락하지 않으셔서 어쩔 수 없이 그의 아들 솔로몬이 성전을 짓게 되었다. 그러나 다윗은 성전을 짓지 않았다 뿐이지, 어떤 의미에서는 다윗이 성전을 지은 것이나 다름이 없다. 성전을 짓고자 원했던 것도 다윗이고, 성전을 지을 수 없게 되자, 아들이 성전을 지을 수 있도록 모든 준비를 다 해놓은 것도 다윗이었다. 그는 장소까지 다 정해 주고 설계도까지 다 만들어서 솔로몬에게 성전을 그대로 짓도록 했다(대상 22, 28~29장).

솔로몬이 성전을 짓는 데 얼마나 많은 인력이 동원되었을까?

"솔로몬이 여호와의 이름을 위하여 전을 건축하고 자기 권영을 위하여 궁궐 건축하기를 결심하니라 솔로몬이 이에 담군 칠만과 산에 올라 작벌할 자 팔만과 일을 감독할 자 삼천육백을 뽑고"(대하 2:1~2, 개역성경).

솔로몬 성전은 헤롯 성전처럼 거의 다 돌로 지어졌다. 그리고 나무는 내부 장식을 하는 데 사용되어졌을 뿐이다. 성전 내부 장식을 위해서 백향목을 레바논에서 수입해 왔다. 레바논에서 지중해를 통해 뗏목을 만들어 욥바(텔 아비브)까지 보냈다. 그러면 욥바에서 예루살렘으로 나무를 운반해 왔던 것이다. 그런데 나무를 벨 인부들이 8만 명씩이나 동원된 이유가 무엇인가? 정말 필요한 사람들은 돌을 캘 사람들인데, 채석하는 사람들에 대한 언급은 없다. 어떻게 된 것인가?

여기 "산에 올라가 작벌(斫伐)할 자"라는 번역은 잘못된 것이다. 우리 나라에서는 산에 올라가서 나무를 벤다. 그리고 그 나무로 집을 짓는다. 그래서 성경 번역자가 성전을 지을 때도 나무로 짓고, 성전을 짓기 위해 산에 가서 나무를 잘라온 것으로 생각을 한 것 같다. 그러나 성전은 나무가 아니라 돌로 지어졌고, 일꾼들은 산에 올라가 나무를 벤 것이 아니라 돌을 떠낸 것이다.

그런데 이러한 배경에 대한 이해가 없었던 탓에, 산에 올라가 돌을 떠내는 일을 한 것이 아니라 나무를 베는 일을 한 것으로 생각을 한 것 같다. 여기 나오는 "산에 올라 작벌할 자"들은 사실은 벌목하는 사

솔로몬 성전과 다윗성, 1998년 이스라엘 발행

람들이 아니라 돌을 떠내는 사람들이었다. 이런 잘못된 번역을 개역개정판과 표준 새번역 성경에서는 바로잡아 "8만 명은 산에서 돌을 떠냈다"라고 번역하였다. 그러나 개역 개정판 성경 역대하 2장 18절에는 여전히 산에 올라가 "벌목"을 했다고 되어 있다. 2장 1절에서는 "벌목"으로 잘못 번역된 것을 고쳤으나 바로 아래에 나오는 2장 18절에서는 오역을 수정하지 않고 그대로 두는 실수를 범한 것이다.

豫言者인가, 預言者인가?

우리가 가장 많은 오해를 하고 있는 사람들이 바로 예언자가 아닐까 싶다. '예언자' 하면 하나님이 미래에 일어날 일들을 보여주셔서 그것을 선포한 하나님의 사람들로 생각한다. 그런 생각이 꼭 틀린 것만은 아니다. 그러나 "예언자=예언하는 사람"으로 생각하는 것은 예언자를 한참 잘못 생각하는 것이다. 예언자에게 있어서 예언의 기능도 일부 있지만, 그것으로 예언자를 규정해서는 안 된다.

예언자라는 명칭은 비교적 후대에 사용되어졌다. 예언자는 초기에는 "로에(roeh)" 또는 "호제(chozeh)"라고 불렀다. 두 단어 모두 '본다'는 말에서 온 것으로서 "선견자"라고 번역되어 있다. 사무엘이나 갓 같은 이들을 "선견자"라고 부르고 있다(대상 29:29).

후대(바빌론 포로 이후)에 이르러 이 두 단어 모두 "나비(nabi)"라는 용어로 대치된다. 나비는 아카드어 "나비움"에서 유래된 것으로 보이며, '불리움 받은 자'라는 뜻이다. 여기에서 우리는 예언자들의

예언자 예레미야,
Sierra Reone에서 발행

정체를 발견하게 된다. 그들은 예언을 하는 사람들이 아니라, 하나님으로부터 부름을 받은 사람들이었다. 물론 그들이 예언을 하기도 했지만, 예언은 일부분에 지나지 않는다.

고대 근동의 예언자들은 황홀경이나 무의식의 상태에서 예언을 하는 경향이 있었다. 물론 성경에도 그런 예언자들이 없었던 것은 아니지만, 대체적으로는 온전한 정신 상태에서 하나님의 말씀을 받아 전했다. 특별히 예언서를 기록한 예언자들 가운데는 한 사람도, 소위 말하는 입신 상태에 들어가 예언을 한 사람은 없다.

히브리어 "나비"를 헬라어 성경에서는 prophetes라고 번역했는데, 이 말에서 prophet(예언자)라는 말이 유래되었다. pro는 '앞에서' 라는 뜻이고, phet는 '말하다' 는 뜻이다. 그래서 '미리 말하다' 라는 의미로 사용되고 있다. 그러나 pro는 시간적인 의미에 있어서의 앞이라는 의미보다는 장소적인 의미에 있어서의 앞이라는 의미를 더 많이 갖고 있다고 한다. 그래서 prophet는 미리 말한다라는 뜻보다는, 누구누구 앞에서 말하다는 의미로 보아야 한다고 학자들은 주장한다. 예언자는 미래의 일을 미리 내다보고 말해 주는 사람이라기보다는, 하나님 앞에서 말하는 사람이라는 것이다.

모세가 말을 못한다는 이유로 하나님의 부르심을 거절했을 때, 하나님은 그에게 말 잘 하는 아론을 붙여 주겠다고 하셨다. "너의 형 아론이 너의 대언자가 되게 하겠다"(출 7:1). 여기 대언자는 히브리어로는 나비, 헬라어로는 prophetes라고 되어 있다. 위에서 나비와 prophet에 대해 알아보았다. 예언자로 번역되어지는 이런 단어들이 맨 먼저 사용되어진 곳이 바로 이곳인데, 여기에서는 "대언자"라는 의미로 사용되었으며 또 그렇게 번역되어 있다. 성경에서 말하는 예언자의 정체성이 분명해지지 않는가?

예언자는 하나님께 부름받은 자들로서, 하나님에게 말씀을 받아 백성들에게 하나님 앞에서 말씀을 대언하는 자들이다. 물론 예언도 하기는 하나 그것이 그들의 주된 임무는 아니었다. 그들이 미래에 있을 일들에 대해 예언을 하기도 했으나, 그들이 한 예언은 대부분은 하나님의 말씀대로 살지 않고 죄를 범하면 반드시 형벌을 받게 될 것이며, 회개하고 돌아오면 하나님의 형벌이 멈추어질 것이라는, 지극히 일반적인 형태의 예언이었지, 우리가 생각하는 그런 특별한 예언이 아니었다. 예언자들의 예언은 오늘날의 설교로 보면 될 것이다.

豫言者인가, 預言者인가? 대답은 분명해졌다. 예언자의 '예' 자는 미리 예자를 사용하고 있는데, 여기서 오해가 비롯된다. 미리 예(豫)자가 아니라 맡길 예(預)자를 사용해서 預言者라고 써야 할 것이다. 그럴 때 예언자는 하나님이 그 입술에 말씀을 맡기신 자, 하나님의 대언자라는 뜻이 살아나게 될 것이다.

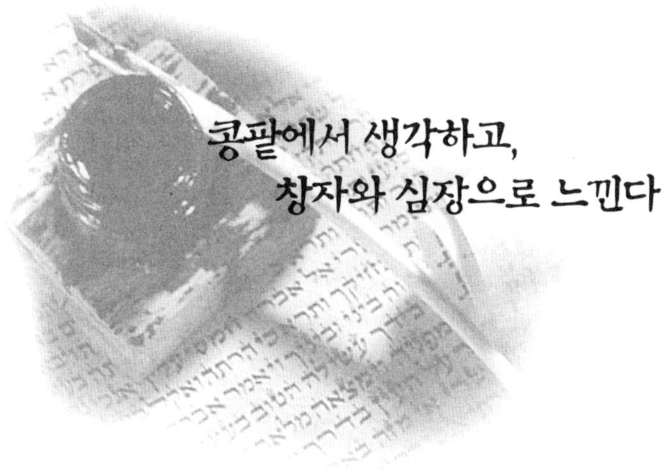

콩팥에서 생각하고, 창자와 심장으로 느낀다

우리는 심장에 마음이 있다고 생각한다. 서구인들은 머리에 마음이 있다고 믿는다. 그렇다면 유대인들은 어디에 마음이 있다고 생각할까? 그들은 내장에서 생각하고 느끼고 사랑하고 고통스러워한다고 믿는다.

1) 신장(kelayot)에서 생각한다

"주께서 그들을 심으시므로 그들이 뿌리가 박히고 장성하여 열매를 맺었거늘, 그들의 입은 주께 가까우나, 그들의 마음은 머니이다"(렘 12:2, 개역개정판).

후반절을 직역하면, "입은 주께 가까우나, 그들의 콩팥은 머니이다." 마음이 콩팥에 있다고 생각하는 것이다.

"나 여호와는 심장을 살피며, 폐부를 시험하고 각각 그 행위와 그의 행실대로 보응하나니"(렘 17:10, 개역개정판).

표준 새번역에는 "각 사람의 마음을 살피고, 심장을 감찰하며"로 두리뭉실하게 옮겼다. "폐부"로 번역된 히브리어는 '신장(콩팥)'을 뜻한다. 신장을 시험한다는 것이 무슨 의미일까? 마음을 살핀다는 뜻이다. 마음이 신장에 있다고 믿는 것이다.

"모든 교회가 나는 사람의 뜻과 마음을 살피는 자인 줄 알지라. 내가 너희 각 사람의 행위대로 갚아 주리라"(계 2:23, 개역개정판).

여기에서도 사람의 뜻(생각)은 헬라어로는 "신장"으로 되어 있다. 신장으로 생각을 한다고 본 것이다.

"만일 네 입술이 정직을 말하면 내 속이 유쾌하리라"(잠 23:16, 개역개정판).

"네가 정직하게 말하면 내 신장이 상쾌하리라"는 뜻이다. 신장에서 기쁨을 느낀다고 본 것이다.

2) 창자(me' eh)로 느낀다

"슬프고 아프다. 내 마음속이 아프고 내 마음이 답답하여 잠잠할 수 없으니, 이는 나의 심령 네가 나팔소리와 전쟁의 경보를 들음이로라"(렘 4:19, 개역개정판).

"슬프고 아프다"를 직역하면, "내 창자여, 내 창자여"이다. 전쟁의 소문을 듣고 창자가 뒤틀려 고통을 당하고 있는 것이다.

"에브라임은 나의 사랑하는 아들 기뻐하는 자식이 아니냐, 내가 그를 책망하여 말할 때마다 깊이 생각하노라. 그러므로 그를 위하여 내 창자가 들끓으니 내가 반드시 그를 불쌍히 여기리라"(렘 31:20, 개역개정판).

"내 창자가 들끓으니"를 표준 새번역에서는 "측은한 마음이 들어"로 옮겼다. 측은한 마음이 들 때 창자가 들끓듯이 아프다는 표현이 색다르지 않은가? 창자로 측은한 마음을 느끼는 것이다.

"여호와여 보시옵소서. 내가 환난을 당하여 나의 애를 다 태우고 나의 마음이 상하오니"(애 1:20, 개역개정판).

애를 태우다는 표현은 "창자가 뒤틀린다"는 말을 의역한 것이다. 유대인들은 측은한 마음이 들 때에도 창자가 아프고, 애가 탈 때에도 창자가 아픈가 보다.

"내 눈이 눈물에 상하며 내 창자가 끊어지며 내 간이 땅에 쏟아졌으니 이는 딸 내 백성이 패망하여 어린 자녀와 젖 먹는 아이들이 성읍 길거리에 기절함이로다"(애 2:11, 개역개정판).

길거리에 기절해 있는 사람들을 볼 때에, 눈물이 흐르고, 창자가 끊어지고 간이 쏟아지는 듯한 고통을 느꼈다고 했다. 이렇게 마음 아픈 일이 있을 때 유대인들은 창자에 고통을 받는다.

"형제여, 성도들의 마음이 너로 말미암아 평안함을 얻었으니"(몬 1:7, 개역개정판)

"평안함을 얻었다"는 표현보다는 "생기를 얻었다"는 표현이 낫다. "성도들이 그대로 말미암아 마음에 생기를 얻었기 때문입니다"(몬 1:7, 표준 새번역).

또한 개역성경에는 "마음"으로 번역되어 있는데, 사실은 마음이 아니라 "창자"이다. 창자가 시원함을 얻게 되었다는 뜻이다.

"내 마음이 그리스도 안에서 평안하게 하라"(몬 1:20, 개역개정판).

여기에서도 "평안"보다는 "생기"가 훨씬 좋은 표현이다. "그리스도 안에서 나의 마음에 생기를 불어넣어 주십시오"(몬 1:20, 표준 새번역).

그리고 마음도 위에서와 마찬가지로 헬라어로는 "창자"이다. 나의 창자가 시원하게 해 달라는 뜻이다.

3) 심장(leb, lebab)으로 사랑하고, 심장으로 고통을 느낀다

"너는 마음을 다하고 뜻을 다하고 힘을 다하여 네 하나님 여호와를 사랑하라. 오늘 내가 네게 명한 이 말씀을 너는 마음에 새기고"(신 6:5~6, 개역개정판).

마음으로 번역된 히브리어는 "심장"을 뜻한다. 하나님을 심장으로 사랑하고, 하나님의 말씀을 "심장"에 새기라고 되어 있다.

"여호와께서 거기에서 네 마음을 떨게 하고 눈을 쇠하게 하고 정신을 산란하게 하시리니"(신 28:65, 개역개정판).

여기에서도 "마음"은 "심장"을 말한다. 두려움을 느끼는 곳이 심장이다.

"내가 다시는 여호와를 선포하지 아니하며 그의 이름으로 말하지 아니하리라 하면 나의 마음이 불붙는 것 같아서 골수에 사무치니 답답하여 견딜 수 없나이다"(렘 20:9, 개역개정판).

마음이 불붙는 것 같다고 했는데, 오장육부 중 어느 기관을 통해 그렇게 느끼는 것일까? 심장이다. 답답할 때 심장에 불이 붙는 것같이 화끈거리는 느낌을 받는 것이다.

화가 날 때는 "콧구멍이 화끈거린다"

1) 화가 날 때는 "콧구멍이 화끈거린다."

"여호와께서 모세를 향하여 노하여 이르시되"(출 4:14, 개역개정판).

직역을 하면 "모세 때문에 여호와의 콧구멍이 뜨거워졌다." 히브리인들은 '화를 내다'는 말을 할 때, "콧구멍에서 열이 나다, 콧구멍이 뜨거워지다"는 표현을 쓴다. 화를 내면 콧구멍이 먼저 열을 받는가 보다. 그래서 콧구멍이라는 뜻을 가진 히브리어 "aph"는 "화"로 번역된다.

하나만 더 예로 들어보자.

"이런 자들은 내 코의 연기요, 종일 타는 불이로다"(사 65:5, 개역개정판).

"그들을 향한 나의 분노는 꺼지지 않는 불처럼 타오른다"(표준 새번역).

표준 새번역에서 코의 연기를 분노로 의역한 것을 볼 수 있다.

2) 목을 꼿꼿하게 세운다

"너희는 목이 곧은 백성인즉 내가 길에서 너희를 진멸할까 염려함이니라 하시니"(출 33:3, 개역개정판).

목이 곧다는 말은 '완악하다'는 뜻이다. 자기를 조금도 숙이지 않고 목을 꼿꼿이 세우며 고집을 부리는 모습을 그리면 이해가 될 것이다. 구약뿐만 아니라 신약에도 이런 표현이 나온다.

"목이 곧고 마음과 귀에 할례를 받지 못한 사람들아 너희도 너희 조상과 같이 항상 성령을 거스리는도다"(행 7:51, 개역개정판).

완악하다는 표현을 하기 위해 구약에서처럼 "목이 곧다"는 두 개의 단어를 하나로 만들어 사용하였다(skleros + trachelos = sklerotrachelos).

3) 얼굴을…로 향하다

"보라 내가 얼굴을 너희에게로 향하여 환난을 내리고 또 온 유다를 끊어 버릴 것이며"(렘 44:11, 개역개정판).

얼굴을 향하다(set my face)는 '작정하다'는 의미이다. 그래서 표준 새번역에서는 "내가 너희에게 재앙을 내리기로 작정하였다"고 옮겼다.

한가지 더 예를 들어보겠다.

"너희가 만일 애굽에 들어가서 거기에 살기로 고집하면"(렘 42:15, 개역개정판). 히브리어를 영어로 직역하면 "If you set your face to enter Egypt…"이다.

4) 허리를 동이다

"그러므로 너는 네 허리를 동이고 일어나 내가 네게 명령한 바를 다 그들에게 말하라"(렘 2:17, 개역개정판).

"허리를 동이다"는 '준비하다', '대비하다' 라는 뜻의 히브리 관용구이다. 허리를 동였다고 하는 것은 무엇을 할 준비가 되어 있음을 보여 주는 것이다. 유대인들은 무슨 일을 하기 위해서는 옷의 구조상 먼저 허리를 동였음을 알 수 있다. 허리띠를 차야만 무엇을 할 수 있었던 것이다.

5) 갑자기 뭔가를 깨달았을 때, 허벅지를 친다

"내가 돌이킨 후에 뉘우쳤고 내가 교훈을 받은 후에 내 볼기를 쳤사오니 이는 어렸을 때의 치욕을 지므로 부끄럽고 욕됨이니이다 하도다"(렘 31:19, 개역개정판).

갑자기 깨달음을 얻고는, '아하 그렇구나' 하면서 볼기를 쳤다는 것이다. 볼기는 궁둥이를 말한다. 그러나 히브리어로는 허벅지로 되어 있다. 그런데 왜 볼기라고 했는지 모르겠다. 어느 성경에도 그렇게 번역한 곳이 없다. 표준 새번역에는 "가슴"을 쳤다고 의역했다.

6) 극심한 슬픔 가운데 있을 때 머리를 두 손으로 감싼다

다윗의 딸 다말이 오빠인 암논에게 욕을 당하고 쫓겨났을 때, 다말은 "손을 머리 위에 얹고" 크게 울부짖었다(삼하 13:19). 이렇게 유대인들은 극심한 슬픔 가운데 있을 때 머리에 두 손을 얹었다. 다음 구절에서도 이런 사실을 발견할 수 있다.

"네가 두 손으로 네 머리를 싸고 거기서도 나가리니 이는 네가 의지하는 자들을 나 여호와가 버렸으므로 네가 그들로 말미암아 형통하지 못할 것임이라"(렘 2:37, 개역개정판).

영국 박물관에 소장되어 있는 이집트의 벽화 가운데, 상을 당한 가족들이 머리에 두 손을 얹고 있는 그림이 있다. 유대인뿐만 아니라 이집트인들도 슬픔을 당할 때 두 손을 머리 위에 얹었음을 알 수 있다.

"너희는 간음하라"처럼 정반대로 번역된 성경들

1632년 런던의 한 인쇄업자가 십계명의 "간음하지 말라"고 하는 구절을 실수로 "말라(not)"를 빠뜨리고 "간음하라"로 인쇄하였다. 이 성경은 유명하게 되어 "The Wicked Bible"이라는 이름이 붙게 되었다. 결국 이 일로 인쇄업자는 300파운드의 벌금을 냈다고 한다.

필자는 이사야서와 예레미야서에서 이와 비슷한 예를 발견했다.

1) "그들의 모든 환난에 동참하사 자기 앞의 사자로 그들을 구원하시며"(사 63:9, 개역개정판).

하나님께서 이스라엘 백성들의 환난에 동참하시고, 천사들을 통해 그들을 구원하셨으며, 사랑과 자비로 그들을 구원하셨다는 말씀이다.

그런데 표준 새번역에는 다음과 같이 번역되어 있다.

"주께서는 그들이 고난을 받을 때에 사자나 천사를 보내셔서 그들을 구하게 하시지 않고 주께서 친히 사랑과 긍휼로 그들을 구하여 주시고."

공동번역을 보자.

"온갖 곤경에서 그들을 구해 주셨다. 누구를 대신 파견하거나 천사를 보내지 아니하시고, 당신께서 친히 오시어 그들을 구해 내셨다."

개역성경에서는 천사를 통해 구해 주셨다고 되어 있다. 그러나 공동번역이나 표준 새번역에서는 천사를 통해 구해 주시지 않았다고 되어 있다. 완전히 반대로 번역되어 있다. 어떻게 된 것인가? 표준 새번역이나 공동번역은 하나님이 천사를 보내시지 않은 이유를 분명하게 밝히고 있다. 하나님은 천사를 대신 보내시지 않고 당신 자신이 직접 이스라엘 백성을 구해 주셨다는 것이다.

어느 것이 맞는 것일까? 거의 모든 영어 성경들도 천사들을 통해 그들을 구하셨다고 번역되어 있다. 그러나 NRSV만이 천사들을 통해 구해 주시지 않았다고 번역하였다. 여러 번역판의 히브리어 본문에도 부정사(lo)가 없다. 70인역 헬라어 성경에도 부정사가 나타나지 않는다.

주석가들은 본문 번역에 여러 난점이 있다고 한다. 둘 다 가능한 번역이긴 하지만, 어느 한 사실을 강조하기 위해 대조적인 표현법이 사용된 것이라면, 표준 새번역이나 공동번역처럼, 하나님이 천사들을 통해서 이스라엘 백성을 구해 주지 않으시고 당신 자신이 직접 구해 주셨다고 하는 번역이 더 나은 것 같기도 하다. 그러나 두 경우 모두 하나님이 이스라엘 백성을 구해 주신다는 사실을 강조하고 있다. 다시 말해 의미에 있어서는 크게 문제될 것이 없다는 것이다. 문자적인 의미는 상반되지만, 큰 의미에서 보면 두 번역은 같은 의미로 볼 수 있다.

2) "그들이 나무를 향하여 너는 나의 아버지라 하며 돌을 향하여 너는 나를 낳았다 하고 그들의 등을 내게로 돌리고 그들의 얼굴은 내게

로 향하지 아니하다가 그들이 환난을 당할 때에는 이르기를 일어나 우리를 구원하소서 하리라"(렘 2:27, 개역개정판).

표준 새번역을 보자.

"그들은 나에게 등을 돌리면서도, 얼굴은 돌리지 않고 있다가, 환난을 당할 때에는 '오셔서 우리를 구하여 주십시오' 하고 부르짖는다."

공동번역에는 다음과 같이 되어 있다.

"나를 외면하고 등을 돌렸다가도, 재앙만 만나면 나더러 살려 달라고 한다."

개역개정판과 공동번역은 우상을 숭배하면서 하나님에게서 얼굴을 돌려 버리고 등을 보였던 이스라엘 백성이 어려움을 만나면 살려 달라고 애원을 하는 것으로 번역되어 있다. 그러나 표준 새번역에서는 등은 돌렸지만 얼굴은 계속 하나님을 바라보고 있는 것으로 번역하였다. 어느 것이 맞는 것일까?

영어 성경은 모두 다 표준 새번역처럼 등은 돌리고 있었지만 얼굴은 돌리지 않고 있었다고 되어 있다. 히브리 성경도 마찬가지다. 이스라엘 백성들이 하나님에게서 등을 돌리고 우상을 숭배하고 있었지만, 얼굴만은 하나님을 향하여 있었던 것이다.

다시 말해 완전히 하나님을 떠난 것은 아니었다. 여차하면 하나님께 매달리기 위해, 등은 돌렸지만, 얼굴은 돌리지 않고 하나님을 바라보고 있었던 것이 아닐까? 그래야 이렇게 도움을 청할 면목이 있으니까 말이다. "하나님 보십시오. 우리가 이렇게 하나님만을 계속 바라보고 있지 않았습니까? 그러니 우리를 도와주십시오."

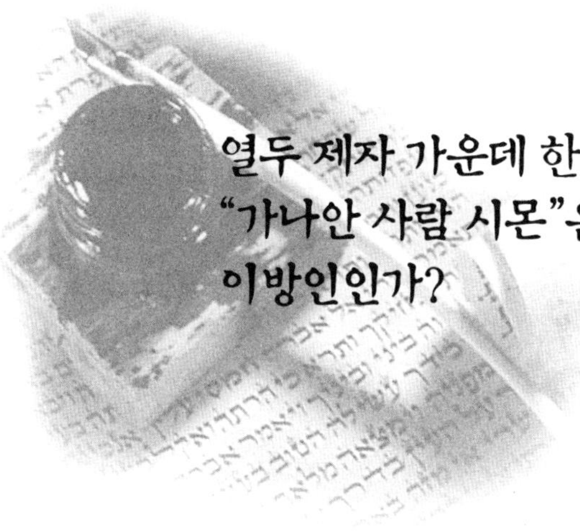

열두 제자 가운데 한 사람인 "가나안 사람 시몬"은 이방인인가?

마태복음과 마가복음에 나오는 열두 제자의 명단은 다음과 같다. 베드로, 야고보, 요한, 안드레, 빌립, 바돌로매, 마태, 도마, 알패오의 아들 야고보, 다대오, 가나안 사람 시몬과 가룟 유다(마 10:1~4; 막 3:13~19). 누가복음에는 한 사람이 다르게 나와 있다. 다대오 대신 야고보의 아들 유다가 명단에 올라가 있다(눅 6:12~16).

이들 열두 제자를 소개하는 방식을 눈여겨 보자.

1) 아버지의 이름을 밝히고 있다(세베대의 아들 야고보, 알패오의 아들 야고보). 유대인들에게는 성이 없고 이름만 있었다. 그래서 '누구의 아들 누구'와 같은 식으로 불렀다. 아들을 히브리어로 ben이라고 하는데, 이름이 들어가고 그 다음에 '벤'을 붙이고 그 다음에 아버지의 이름을 붙여서 불렀다(예, Johanan ben Zachai).

2) 형제 관계를 밝히고 있다. 베드로와 안드레, 요한과 야고보는 형

제지간이었다.

3) 직업을 밝히고 있다(세리 마태).

4) 신분을 밝히고 있다(열심당원 시몬).

12제자의 구성원을 보면,

1) 베드로와 안드레, 요한과 야고보는 각각 형제지간이다.

2) 시몬과 유다의 이름을 가진 사람들이 각각 두 명씩이다.

3) 한 동네 출신이 5명이나 된다(베드로, 안드레, 요한, 야고보, 마태)

4) 어부 출신이 5명, 세리가 1명, 그리고 독립 투사가 1명 있다.

5) 이름만 나오고 활동상을 전혀 알 수 없는 사람들이 많다—시몬, 다대오, 바돌로매(또는 야고보의 아들 유다), 알패오의 아들 야고보.

흔히 베드로를 '수제자'라고 부르는데, 여기에 성경적인 근거가 있는 것일까? 마태의 명단을 그 근거로 제시할 수도 있을 것이다. 마태는 그를 "첫째(인) 시몬 베드로"라고 지칭하고 있다. 첫째(protos)는 순서상의 첫 번째라는 의미를 갖고 있기도 하고, 명사형으로서 '첫째 가는 사람, 우두머리'와 같은 의미를 가지고 있다. 마태가 어떤 의미로 사용했는지는 분명하지 않다. 성경에 따라 first(먼저)로 번역한 것도 있고(KJV, NIV, RSV), the first(수제자)로 번역한 것도 있다(ASV, NASV). 우리 성경에서는 "베드로라고 부르는 시몬을 비롯하여…"라고 번역하였다(마 10:2). 즉 수제자라는 의미가 아니라 "먼저"라는 의미로 번역하였다.

열두 제자들은 모두 유대인들이었을까? 제자 명단에 가나안 사람이 한 사람 끼어 있는 것을 볼 수 있다. "가나안인 시몬"이 바로 그 사람이다. 예수님 당시에 가나안인은 페니키아인을 말한다. 그러면 예수님의 제자 가운데 이방인도 포함되어 있다는 말인데, 정말 그랬을까? 시몬이라는 사람을 마태복음과 마가복음에서는 가나안 사람으로 소개하고 있는 반면, 누가복음에서는 이 사람을 셀롯인이라고 소개하고 있다. 셀롯인은 젤롯당이라고도 부르며, 열심당원을 가리킨다. 이들은 로마에 대해서 무력으로 저항하는 '독립 투사' 이다. 그러면 이 사람은 가나안 사람으로서 셀롯당원이었을까? 그렇지 않다.

"가나안 사람"은 잘못된 번역이다. 헬라어로는 kananites로서, "가나나 사람"이란 뜻이다. 가나안 사람은 kananaia로서, 예수께서 두로와 시돈 지방에 가셨을 때 고쳐 주신 가나안 여인을 지칭할 때 kananaia라는 단어가 사용되었다(마 15:22).

개역성경 개정판에서는 이 오류를 시정해서, "가나나인 시몬"이라고 번역했다(마 10:4). 가나나인은 난하주에서 밝히고 있는 대로, "열심당원"이라는 뜻이다. 이들의 활동 거점은 갈릴리 호수 동편에 있던 감라(gamla)였으며, 예수께서 활동하시던 가버나움에서도 매우 가깝다. 시몬은 바로 이곳 출신이었던 것으로 보인다.

갈릴리 호수를 왜 바다라고 부르는가?

갈릴리 호수는 분명히 호수인데 성경은 바다라고 부르고 있다. 어떻게 된 것인가? 갈릴리 호수가 바다처럼 크다고 해서 바다라고 부르는 것인가? 그렇지 않다. 갈릴리 호수는 사방 둘레가 55km 정도밖에 되지 않는다. 로마시대 때 만들어진 호숫가 주변 도로를 따라 호수를 한 바퀴 돌려면 한 시간 정도면 충분하다. 남북으로 가장 긴 거리가 21km, 동서로는 12km가 된다. 갈릴리 동쪽에서 건너편 서쪽이 다 보인다.

호수 동편 골란고원에는 전망대가 있는데, 이곳에 올라가면 갈릴리 호수가 한눈에 다 들어온다. 호수가 큰 편이기는 하지만 '바다'라고 부를 만큼 큰 곳은 전혀 아니다.

그러면 바다처럼 깊어서 바다라고 부르는 것일까? 갈릴리 호수의 수심은 가장 깊은 곳이 44m 정도다. 참고로 백두산의 천지연은 가장 깊은 곳이 384m이다. 그리고 사해는 수심이 400m 정도가 된다. 이렇게 볼 때 갈릴리 호수의 수심이 그렇게 깊은 것도 아님을 알 수 있다. 먼저 갈릴리 호수의 다양한 명칭에 대해 알아보기로 하자.

1) 갈릴리 바다(요 6:1, 22)

2) 게네사렛 호수(눅 5:1)

3) 게네사렛 바다(수 13:27, 긴네렛 바다)

4) 디베랴 바다(요 6:1, 21:1)

5) 호수(눅 8:22, 23, 33)

6) 바다(막 5:1, 13, 6:47, 6:49; 요 6:16, 22; 마 8:27, 14:25 등)

이상에서 볼 수 있듯이, 갈릴리 호수를 단순히 "바다"라고 표현한 곳이 가장 많다. 그러나 정작 "갈릴리 호수"로 표현된 곳은 한 곳도 없다. 마가복음 7장 31절에는 "갈릴리 호수"로 번역되었으나(개역개정판), 헬라어 성서에는 "갈릴리 바다"로 되어 있다. 누가는 바다라는 표현을 하지 않고 "호수"라고 표현하고 있다. 누가복음에서는 "게네

갈릴리 호수,
1992년 이스라엘 발행

사렛 호수"라고 표현하고, 요한복음에서는 "디베랴 바다"라고 표현하고 있는데, 게네사렛은 긴네렛의 헬라어식 표기이고, 디베랴는 오늘날의 티베리아의 이름을 따서 지은 이름이다.

그러면 왜 호수를 바다라고 부르는 것일까? 바다(헬라어로 thalassa)로 옮긴 히브리어는 얌(yam)이다. 얌은 일차적으로 바다를 가리킨다. 홍해나 지중해를 부를 때 이 단어가 사용되었다. 그런가 하면 갈릴리 호수를 구약에서는 "얌 킨네렛"이라고 불렀다(수 13:27). 유대인들은 지금도 그렇게 부른다.

이렇게 물이 많은 곳은 다 얌이라고 부른다. 얌은 바다를 의미할 뿐만 아니라 호수를 의미하기도 한다. 그러나 얌을 헬라어로 옮기는 과정에서 바다라고 하는 의미밖에 없는 "탈라싸"로 옮겨, 갈릴리 호수를 바다라고 번역하게 된 것이다.

잎만 무성하고 열매가 없는 무화과나무?

수난 주간에 있었던 일이다. 예수께서 베다니에서 아침 일찍 예루살렘으로 들어오시다가 무화과나무를 보시고는 열매가 없을까 해서 가까이 다가가셨다. 그러나 열매가 없어서 그 무화과나무를 저주하시자 곧 말라 버렸다(막 11:12~14, 20).

무화과는 8월경에 열린다. 그러나 이때는 3, 4월경이다. 마가복음에도 언급되어 있는 대로, 아직 무화과 때가 아니었다(막 11:13). 때가 아닌데 왜 예수님은 그 나무가 열매를 맺지 못했다고 해서 저주를 하셨을까?

무화과나무는 1년에 2번 열매를 맺는다. 첫 열매는 3월 말에 시작해서 4월에 체리(cherry)만한 조그만 열매가 열리기 시작한다. 이 열매는 "겨울 무화과(타크쉬)"라고도 하며, 한 달 정도 익으면 먹을 수도 있으나, 따서 시장에 팔지는 않는다. 상품으로서의 가치는 없는 것이다. 따라서 아무나 따 먹을 수 있었다. 이것이 많으면 그 해 열매가 많이 열리게 되고, 그렇지 않으면 열매가 많이 맺히지 않는다. 아마 이 무화과나무에는 바로 이런 타크쉬가 열리지 않았던 것으로 보인다. 따라서 그 해에는 아무런 열매도 기대할 수 없다. 그래서 예수께서 저주하신 것이라고 보기도 한다.

무화과나무는 이렇게 첫 열매가 나오면서 잎사귀가 나오기 시작한다. 그러다가 잎이 커지면서 8월이 되면 본격적으로 열매를 맺게 되는데, 이 열매를 '키르무스' 라고 부른다. '무화과 열매' 하면 바로 이 열매를 말한다.

지금은 3월 말 또는 4월 초이다. 이 무화과나무는 어떠했는가? 열매가 없었다. 그러나 잎은 어떠했는가? 개역성서에는 "잎사귀 있는 한 무화과나무"였다고 되어 있다. 그러나 표준 새번역에 보면 잎이 "무성하다" 고 했다(막 11:13). 잎은 무성한데 열매는 없는 무화과나무였다는 것이다. 정상적인 나무라면 3, 4월에 잎이 무성할 수가 없다. 그때는 이제 막 새로운 잎들이 나오는 때이다. 잎이 무성해지려면 6, 7월이 되어야 한다.

그런데 표준 새번역에서는 왜 "잎이 무성했다" 고 번역을 한 것일까? 성서공회에 문의한 결과 민영진 박사에게서 다음과 같은 답변을 받았다. 본문을 이해하는 데 또 다른 도움을 줄 것이다.

> "그리스어 "에쿠산 휠라(echousan phulla)" 를 그대로 번역하면 "having leaves" 입니다. 이러한 분사(participle)는 술어적 위치에서 형용사의 구실을 하지요. 그래서 영어로 번역하면 "(a fig tree) which had leaves" 가 되지요. "잎들을 가진 한 무화과나무" 라고 직역할 수 있습니다.
>
> 그런데 여기 한 무화과나무가 "잎들을 가지고 있다" 는 것은 "잎이 막 나는 것" 과는 다릅니다. 유월절 이전 3월 말경에는 아직 잎이라고

할 수 없습니다. 그때는 가지가 연해지고 "잎들이 막 돋는" (막 13:28 엑퓌에 타 휠라 ekphue ta phulla: the leaves sprout) 때이지요. 마태복음 24장 32절의 "타 휠라 엑퓌에(ta phulla ekphue: the leaves sprout)" 역시 "잎들이 막 돋아나는 것"이지요.

아직 예루살렘의 올리브 산 위에 있는 다른 무화과나무들은 가지가 막 연해지고 잎사귀가 막 돋아나고 있는 때인데, 오직 "한 무화과나무"(suken, a fig tree)만이 "잎들을 가지고 있는" 것이지요. 어느 정도의 "잎들(복수)"을 가지고 있었을까요? 예수께서 잎이 저 정도면 무화과 열매가 있을 것이라고 생각하실 정도로 잎이 다 컸고 나무는 그 큰 잎들로 빽빽했을 것입니다. 그것을 우리말로는 "잎이 무성(茂盛)하다"고 말하지요. 그래서 영어 번역 중에서 NLT와 GNB 같은 것은 "잎이 무성한 한 무화과나무"라고 번역하였습니다.

New Living Translation(1996)

He noticed a fig tree a little way off that was in full leaf, so he went over to see if he could find any figs on it. But there were only leaves because it was too early in the season for fruit(Mark 11:13).

Today's English Version(1966)

He saw in the distance a fig tree covered with leaves, so he went to see if he could find any figs on it. But when he came to it, he found only leaves, because it was not the right time for figs(Mark 11:13).

예수께서 저주하신 무화과나무는 저 혼자서만 잎들로 덮여 있습니다. 아직 다른 무화과나무들은 가지에 물이 오르고 막 싹이 돋아날 무렵입니다. 아마 이 나무만이 돌연변이로 잎이 무성했던 것 같습니다. 아직 무화과 철이 아니라고 한 말은(막 11:13) 아직 잎이 무성할 철도 아니란 말입니다. 그런데 어쨌든 철을 무시하고 잎이 무성했다면 거기에 걸맞은 과일을 맺어야 하는 것이지요. 다른 나무들은 겨울나무에서 막 봄 나무로 푸른 빛을 띠는데, 이 나무 하나만 유독 그렇게 무성한 잎을 가지고 있었으니까요.

"오직 성령이 너희에게" "오직 의인은 믿음으로"
—"오직"은 원문에 없다

개역성경에서 강조하기 위해 사용된 "오직"과 "다만" 그리고 "전혀"에 대해서 알아보자.

1. "오직 성령이 너희에게 임하시면 너희가 권능을 받고… 땅 끝까지 이르러 내 증인이 되리라"(행 1:8).

여기에서 "오직"이라는 부사가 강조를 위해 사용되었다. "오직"을 빼고 읽으면 평범한 서술체 문장이 되어 문장 전체가 힘을 잃는 것같이 느껴진다. 오직 성령을 받아야 능력을 얻고 예수의 증인이 될 수 있다, 성령을 받지 않고는 절대로 예수의 증인이 될 수가 없다, 오직 성령으로! 오직 성령으로!

그러나 불행히도(?) 헬라어 원문에는 "오직"이라는 단어가 들어가 있지 않다. 오직은 "그러나"로 번역되어야 맞다. 개역성경에서 "그러나"라는 말을 "오직"으로 번역한 것이다. 헬라어 alla는 역접 접속사이지 부사가 아니다. 그러나 본문을 우리말로 옮긴 역자는 이 구절의 중요성을 고려해서인지 원문에는 없는 "오직"을 삽입했다.

"술 취하지 말라. 이는 방탕한 것이니 오직 성령의 충만을 입으라"(엡 5:18).

여기에서도 "오직"은 헬라어 원문에 "그러나"로 되어 있다.

2. "오직 의인은 믿음으로 말미암아 살리라 함과 같으니라"(롬 1:17).

우리에게 너무 잘 알려진 말씀이다. 이 말씀 한마디로 마틴 루터가 종교를 개혁하지 않았는가? 오직 믿음으로만 의롭다 인정받게 되고 구원받게 된다고 하는 것이 개신교 교리의 핵심이 아닌가? 그러나 바울이 이러한 교리를 처음으로 주창한 것은 아니다. 바울은 하박국의 말씀을 인용한 것뿐이다. 하박국(2:4)의 말씀을 찾아보면 "오직"이라는 단어가 들어가 있지 않음을 발견할 수 있다.

그러면 바울이 잘못 인용한 것인가? 그렇지 않다. 바울도 "오직"이라는 말을 하지 않았다. "오직 성령이 너희에게 임하시면…"에서와 같이 여기에서도 번역자가 "오직"을 삽입했다. 헬라어 성서에는 "오직"에 해당되는 단어가 없다. "오직 믿음"을 주장했던 마틴 루터도 이 구절을 번역할 때 "오직"이라는 말을 넣지 않았다. 오직 우리 성경에서만 "오직 의인은 믿음으로"라고 되어 있다. 믿음으로 의롭게 된다고 하는 사실을 강조하기 위해서 원문에는 없는 "오직"을 집어넣은 것이다. 한글 번역자가 믿음을 강조하는 데 있어서는 성공했지만, 그러나 이 구절 때문에 얼마나 많은 오해가 생겼는지 모른다(이에 대해서는 "'오직 믿음으로' 라는 말은 성경에 없다"를 참조하라.)

히브리서에도 "오직 나의 의인은 믿음으로 말미암아 살리라. 또한 뒤로 물러가면 내 마음이 저를 기뻐하지 아니하리라 하셨느니라"(히 10:38)고 되어 있는데, 여기에서도 "오직"은 원문에는 없다. 영어 번역에는 now로 되어 있다.

"오직 믿음으로 구하고 조금도 의심하지 말라. 의심하는 자는 마치 바람에 밀려 요동하는 바다 물결 같으니"(약 1:6).

여기에서도 "오직"은 원문에 없다. "그러나"라는 접속사를 "오직"으로 번역한 것이다. 한글 성경에서 "오직"은 거의 대부분 "그러나"라는 의미로 사용된 접속사를 번역한 것이다.

한두 가지 예를 더 들어보자. "오직 너희를 위하여 보물을 하늘에 쌓아두라." 하늘에만 보화를 쌓아두라는 가르침으로 이해되기 쉽다. 그러나 원문에는 "그러나 너희를 위하여 보물을 하늘에 쌓아두라"로 되어 있다.

"오직 이것을 기록함은 너희로 예수께서 하나님의 아들 예수 그리스도이심을 믿게 하려 함이요"(요 20:31). 요한복음을 기록한 목적은 오직 하나인데, 그것은 예수님이 하나님의 아들이시다라는 것을 믿게 하기 위한 것이라는 뜻으로 들린다. 그러나 여기서도 "오직"은 원문에는 "그러나"라고 하는 단순한 접속사로 되어 있다.

3. "다만 악에서 구하시옵소서"(마 6:13).

주기도문의 마지막 간구이다. 그러나 여기에서도 "다만"은 우리말 성경 번역자가 집어넣은 말이다. 원문에는 "악에서 구하옵소서"라고만 되어 있다.

4. "전혀 기도에 힘쓰니라"(행 1:14, 42).

개역성경에는 "전혀"라는 말이 4번 나온다.

"너희의 먹으며 마심이 전혀 자기를 위하여 먹으며 자기를 위하여 마심이 아니냐"(슥 7:6).

"여자들과 예수의 모친 마리아와 예수의 아우들로 더불어 마음을 같이하여 전혀 기도에 힘쓰니라"(행 1:14).

"저희가 사도의 가르침을 받아 서로 교제하며 떡을 떼며 기도하기를 전혀 힘쓰니라"(행 2:42).

"전혀 우리를 위하여 말씀하심이 아니냐 과연 우리를 위하여 기록된 것이니…"(고전 9:10).

"전혀"라는 부사는 부정어와 함께 사용된다. 긍정문에서는 사용되어지지 않는다. 그러나 공교롭게도 개역성경에서는 모든 구절에서 "전혀"라는 단어가 긍정문에서 사용되어진 것을 볼 수 있다. 이는 문법적으로 맞지 않는다. 그러나 옛날에는 "전혀"가 "전적으로"라는 의미로 긍정문에서 사용되었다고 한다. 개역개정판에서는 "전혀"라는 단어 대신 "오로지"를 사용하였다.

"오로지 기도에 힘쓰니라"(행 1:14, 2:42).

"오로지 우리를 위하여 말씀하심이 아니냐"(고전 9:10).

문법적으로는 "오로지"가 맞는 표현이지만, 그래도 "오로지"보다는 "전혀"가 더 문장을 힘있게 하고 생동력 있게 하는 느낌이 든다. 아마 우리가 "전혀 기도에 힘쓰니라"는 말에 익숙해 있기 때문에 그렇게 느끼는 것인지도 모른다.

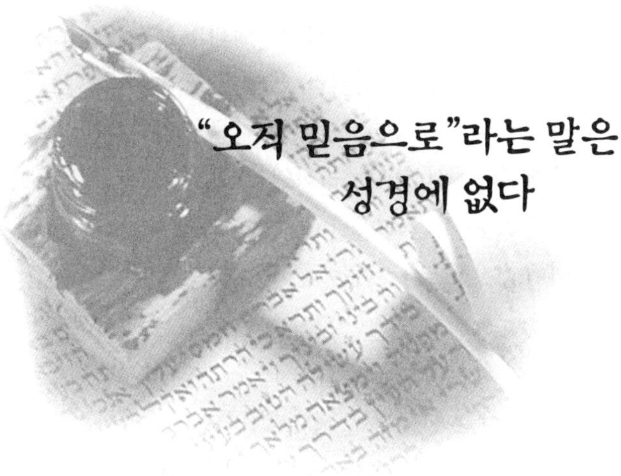

"오직 믿음으로"라는 말은 성경에 없다

누군가 "목사님, 어떻게 하면 영생을 얻을 수 있습니까?"라고 물었다고 하자. 이때 "하나님이 주신 계명들을 잘 지키고 선한 일을 많이 행하면 영생을 얻을 것"이라고 대답하는 목사는 없을 것이다. 그렇게대답했다가는 이단으로 몰리고 만다. 이때 목사는 "구원은 오직 믿음으로만 받을 수 있습니다"라고 대답할 것이다.

한 부자 청년이 예수께 찾아와서 물었다. "어떻게 해야 영생을 얻을 수 있습니까?" 예수께서는 십계명 중 몇 개를 예로 들면서 그런 것을 지켰는지를 물으셨다. 어려서부터 그런 계명들을 다 지켰다고 하자, 예수께서는 "잘 하였다. 그런데 한 가지 더 해야 할 것이 있다. 가서 재산을 팔아 가난한 사람들에게 나누어 주고 와서 나를 좇으라"고 하셨다. 그러나 이 부자 청년은 무거운 발걸음으로 돌아가고 다시 돌아오지 않았다(막 10:17~22).

어떤 율법 교사가 예수께 물었다. "어떻게 하여야 영생을 얻으리이까?" "성경에는 어떻게 되어 있느냐?" "주 너의 하나님을 사랑하고 이웃을 네 몸과 같이 사랑하라고 하였나이다." 예수께서 대답하셨다. "네 대답이 옳다. 그대로 행하여라. 그러면 살 것이다." 그러자 율법교사가 다시 묻는다. "그러면 나의 이웃이 누구입니까?" 이에 대한 대답으로 예수께서는 "선한 사마리아인의 비유"를 들려 주셨다. 나의 도움이 필요한 모든 사람들이—비록 그가 나의 원수라고 할지라도—나의 이웃이며, 그들을 사랑하는 것이 영생을 얻는 길이라고 가르치셨다(눅 10:25~37).

우리의 신앙적 상식으로는 예수께서 "오직 의인은 믿음으로 말미암아 살리라"는 대답을 하셨어야 했다. 그런데 예수께서는 "계명들"을 지키면 영생을 얻을 수 있을 것이라고 대답하셨다.

"믿음으로 구원받는다"는 구원론은 신약시대에 은혜로 주어진 구원의 방법도 아니고 바울이 주창한 교리도 아니다. 이 말씀은 하박국의 말씀을 바울이 인용한 것뿐이다. 구약시대에도 믿음으로 구원을 얻는다고 믿었다. 구약은 행함으로 구원받는다고 가르치고, 신약은 믿음으로 구원받는다고 가르친다고 생각하는 것은 잘못이다. "믿음으로 구원받는다"는 말씀은 바울이 재발견한 것이고, 그리고 그로부터 1,500년 후에 마틴 루터가 이 말씀을 근거로 해서 종교개혁을 단행하였다. 개신교는 믿음을 행함보다 강조하는 전통 위에 서 있기 때문에, 믿음만 지나치게 강조하고, 행함은 소홀히 하는 경향이 있다. 그 단적인 예를 하나 들어보기로 하자.

개신교의 구원론의 근간이라 할 수 있는 로마서 1장 17절의 말씀을 살펴보자. "오직 의인은 믿음으로 말미암아 살리라"(개역개정판). 이 말씀을 인용한 하박국(2:4)에는 이렇게 되어 있다. "의인은 그의 믿음으로 말미암아 살리라." "오직"이라는 말이 로마서에서 덧붙여진 것을 알 수 있다. "오직 믿음으로만"과 "믿음으로"는 의미가 다르다. 그러면 바울이 성경을 그대로 인용하지 않고 의도적으로 "오직"이라는 말을 붙인 것일까?

그렇지 않다. 바울은 "오직"이라는 단어를 덧붙이지 않았다. 그는 그대로 인용하였다. 그런데 우리말 성경에서 "오직"이라는 단어를 덧붙인 것이다. 믿음을 그렇게 강조했던 루터가 번역한 성경에도 "오직 믿음으로만"이라고 되어 있지 않고 단순히 "믿음으로"라고만 번역되어 있다. 개역성경에만 "오직 믿음으로만"이라고 번역되어 있다. 그러나 표준 새번역 성경에서는 이러한 오류를 시정하였다. "이것은 성경에 기록된 바 '의인은 믿음으로 살 것이다' 한 것과 같습니다."

성경에는 어디에도 "오직 믿음으로만" 구원받는다는 구절이 없다. 오히려 야고보서는 이렇게 말씀하고 있다. "사람이 행함으로 의롭게 되는 것이고, 믿음으로만 의롭게 되는 것이 아닙니다"(약 2:24). 믿음으로 구원받는 것과 오직 믿음으로만 구원받는 것은 다른 의미로 받아들여질 수 있다. 우리말 성경 번역자들이 아마도 믿음을 강조하기 위해서 "오직"이라는 말을 덧붙였던 것 같다. 믿음은 아무리 강조해도 지나침이 없겠지만, "오직 믿음으로만"의 사고 방식이 신앙과 생활의 분리라는 병폐를 낳았다.

믿음으로 구원받는다는 것은 절대 불변의 진리이다. 아이가 이 세상에 태어나는 데 있어서 스스로 할 수 있는 것은 하나도 없다. 그것은 절대적으로 부모에 의해 되어지는 것이다. 영적으로 거듭나는 것도 마찬가지다. 영적으로 거듭나는 데 있어서 우리가 할 수 있는 것은 하나도 없다. 오직 하나님의 은혜로만 거듭날 수 있다. 그러나 구원받은 사람은, 다시 태어난 사람은, 계속 그리스도의 충만한 분량에 이르기까지 자라야 한다. 아이가 태어나서 자라지 않는다면, 비정상이 아닌가? 믿음으로 구원받은 사람도 마찬가지다.

믿음으로 구원받고 거듭났다고 해서 다 된 것이 아니다. 우리는 믿음으로 구원받은 상태에서—즉 이제 막 거듭난 것으로—만족하거나 거기에 머물러 있어서는 안 된다. 성화(聖化)의 과정을 밟아 가야 한다. 믿음으로 구원받는 것은 시작일 뿐이다. 우리는 성화의 과정을 거쳐 완전과 영화(glorification)에 이르러야 한다. 그래야 구원이 비로소 완성된다.

지금까지 한국 교회는 믿음으로 구원받는 것만 강조했다. 어떻게 그리스도의 온전한 분량에 이르기까지 자라 가야 하는지에 대해서는 별로 관심이 없었다. 거듭나라, 구원받으라고만 계속 되풀이했지, 성장해야 한다는 메시지는 빈약했다. 비유컨대, 한국 교회는 아이를 낳기만 했지, 성장하도록 하지는 못했다. 구원은 받게 했어도 성화는 시키지 못했던 것이다.

야고보는 행함이 없는 믿음은 죽은 믿음이라고 강조한다. 죽은 믿음으로는 구원을 받을 수 없고 행함이 따르는 믿음으로만 구원받을 수 있다. 믿음과 행함이 동반되어야 한다. 왜 야고보는 믿음보다 행함을 강조했을까? 구원은 믿음으로 받는 것이므로 행함은 별로 중요하지 않게 여기는 잘못된 풍조가 만연했기 때문일 것이다. 그래서 야고보는 믿음이 있다고 하면서 행함이 없는 사람들을 향하여 개탄하고 있다. 어쩌면 그가 직면했던 상황이 바로 한국 교회의 현재의 모습이 아닐까?

우리의 믿음의 삶은 로마서(믿음)와 야고보서(행함)가 잘 조화를 이루어야 한다. 어느 한 곳으로 치우쳐서는 안 된다. 가톨릭은 야고보서에 치우쳤다. 그러한 가톨릭에 반기를 들고 뛰쳐나온 개신교는 자연히 로마서를 강조하게 되었고, 그러다 보니 로마서에만 너무 치우치게 되었다. 종교개혁을 일으켰던 루터가 그랬던 것처럼 야고보서를 "지푸라기"와 같이 하찮은 책으로 옆으로 밀쳐놓고 있는 것이다. 루터가 처한 상황에서는 로마서를 강조할 수밖에 없었다. 그러나 500여

년이 지난 지금의 상황은 바뀌었다. 이제 우리는 야고보서의 메시지에 귀를 기울여야 할 때가 되었다. 그래야 우리의 삶에 있어서 로마서와 야고보서가 서로 조화를 이룰 수 있게 될 것이다.

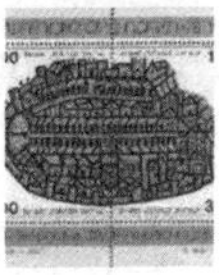

역시 배경을 알아야 돼!

제4장 배경을 알고서 성경을 읽었더니…

제사장들은 내세도, 부활도, 영생도 믿지 않았다

예수님 당시에 유대교에는 크게 두 개의 종파가 있었다. 바리새파와 사두개파가 바로 그것이다. 바리새인들에 대해서는 우리가 잘 알고 있다. 예수께서 "위선자"라는 비난을 퍼부으셨던 바로 그 사람들로, 랍비들이 이들의 지도자였다. 사도 바울도 바리새파에 속한 사람이었다.

바리새인과 세리의 기도의 비유에서도 잘 나타나 있듯이, 바리새인들의 종교적 열심은 어느 누구도 따라가기가 어려웠다. 그들은 하나님의 말씀을 지키는 것을 삶의 최고의 목표로 삼고 그것을 이루기 위해 굉장한 노력을 기울였던 사람들이다. 그들은 모세 오경뿐만 아니라 예언서와 성문서도 하나님의 말씀으로 받아들였으며, 안식일을 철저하게 준수했다.

오늘날 유대교는 바로 이 바리새주의를 말한다. 탈무드는 바리새주의의 가르침을 집대성한 책이다. 불행히도 이들은 예수께서 몇몇 바리새인들에게 퍼부으셨던 비난 때문에 기독교인들에게 "위선자"라는 누명을 쓰고 있다. 예수님 당시에 바리새인들은 5천여 명 정도 되었을 것으로 보인다.

사두개인들은 바리새인들처럼 신약에 그렇게 많이 등장하지는 않는다. 그러나 이들은 종교적으로나 정치적으로나 사회적으로 상당히 중요한 위치를 차지하고 있던 지도자들이다. 사두개인이 예수께 던진 유명한 질문이 있다. 자식이 없이 아내만 남겨 두고 죽으면 그 아내가 시동생과 결혼하는 수혼제에 따라, 어떤 사람이 7명이나 되는 시동생들과 결혼했다면, 이 여자가 부활 때에 누구의 아내가 되겠는가라고 물었다(막 12:18~27). 이것은 예수님을 곤경에 빠뜨리기 위해 던진 질문이었다.

이들이 이런 질문을 던진 것은, 그들은 부활을 믿지 않았기 때문이다(막 12:18). 이에 대해 예수께서는 부활에 대해 분명하게 언급하고 있는 시편이나 예언서의 말씀을 인용하시지 않고, 모세 오경의 말씀을 인용하셨다. 여기에는 이유가 있다. 그들은 모세 오경밖에 받아들이지 않았기 때문이다.

사도 바울이 의회(산헤드린) 앞에서 자신을 변호할 때, 그는 자신이 "죽은 자의 부활"에 관한 일로 재판을 받고 있다고 했다(행 23:6). 그러자 바리새인들이 바울을 옹호하면서 사두개파 사람들과 논쟁이 벌어졌다. 바리새인들은 부활을 믿지만 사두개인들은 부활을 믿지 않았기 때문이다. 산헤드린은 바리새인과 사두개인들로 이루어져 있었다. 그래서 바울은 바리새인들의 지지를 받기 위해 의도적으로 자신이 부활에 관한 소망을 갖고 있다는 것 때문에 재판을 받고 있는 것이라고 호소했던 것으로 보인다.

이렇게 사두개인들은 부활이나 내세, 영생을 믿지 않았다. 뿐만 아니라 영적인 존재도 인정하지 않았다. 그래서 천사나 사단의 존재도 믿지 않았다(행 23:8). 반면에 바리새인들은 부활이나 내세, 영생, 최후의 심판, 천사나 사단 등을 다 믿었다.

그러면 도대체 사두개인들이 어떤 사람들이기에 하나님을 믿으면서도 부활을 믿지 않고 영적인 존재들을 믿지 않는 것일까? "대제사장과 그의 지지자들인 사두개파 사람들이 모두 시기심이 가득 차서 들고일어나 사도들을 잡아다가 옥에 가두었다"(행 5:17). 여기에서도 볼 수 있듯이, 사두개인들은 성전을 맡아서 제사를 드리는 제사장과 레위인들로 이루어져 있다. 이들은 일반 '평신도' 그룹이 아니었다. 아무나 제사장이나 대제사장이 될 수가 없었다. 그것은 태생적으로 주어지는 권한이었다. 레위인으로 태어나지 않으면 제사장이 될 수가 없었던 것이다.

예수님 당시에 이런 제사장들이 8천 명에서 많게는 1만여 명 정도 되었던 것으로 알려져 있다. 이들은 유대교의 핵심인 성전을 책임지는 사람들이었다. 그들은 또한 정치와 같은 세속적인 일에도 깊이 관여되어 있었다. 이들은 실질적으로 최고층의 지도자들이었으며, 명예와 권세를 누리고 있었다. 유대 사회를 장악하고 있는 이들이 바로 사두개파였다.

사두개인들은 부활도 믿지 않고 영생도 믿지 않고 천사나 사단 같은 영적인 존재들을 믿지 않았는데, 바로 제사장들이 그런 사람들이었다는 사실은 충격적이다. 어떻게 제사장이 내세도 믿지 않고, 심판도 믿지 않고, 부활도 믿지 않을 수 있을까? 그러면서 어떻게 제사장으로서 하나님께 제사를 드리고 성전 일을 했을까? 하나님을 믿으면서도, 하나님을 섬기면서도, 그런 일에 자신의 삶을 맡긴 사람들이 내세와 부활, 구원을 믿지 않는다는 것이 신기하기만 하다. 그러나 오늘날도 교회 안에 이런 '사두개파 기독교인'들이 많은 것을 발견할 수 있다.

성경의 방위 표시는 현대와 다르다

"남산 위에 저 소나무 철갑을 두른 듯…" 애국가의 일부분이다. 남산이라는 이름을 가진 산들은 많다. 그러나 그 대표적인 남산은 서울에 있는 남산일 것이다. 그래서 이 노래를 부를 때마다 서울 남산에 있는 소나무를 떠올렸었다. 애국가니까 우리 나라 서울을 상징하는 남산이겠거니 생각했다. 그러나 이 남산은 그 남산을 말하는 것이 아니라고 한다. 여기서 남산은 어느 특정한 산을 일컫는 것이 아니다. 이 남산은 고유명사가 아니라 보통명사로 쓰인 것이다.

남산은 남쪽에 있는 산을 말한다. 그러나 옛날에는 그렇지 않았다. 방위를 나타내는 '남(南)' 자가 아니라 앞 '남' 자로 사용되었다고 한다. 다시 말해 동네 앞에 있는 산을 남산이라고 불렀다. 반면에 '북망산'은 북쪽에 있는 산이 아니라 뒷산을 말한다. 이렇게 우리 조상들은 앞을 남쪽으로 보았고, 뒤를 북쪽으로 보았다. 집들이 남쪽을 향해서 세워져 있었기 때문에 앞을 남쪽이라고 생각했던 것으로 보인다.

1987년 이스라엘 발행

그러면 성경시대의 히브리인들은 어땠을까? 창세기 13장에 아브람과 롯이 땅을 나누는 장면이 나온다. 아브람이 롯에게 먼저 제안을 한다.

"네가 보는 앞에 땅이 얼마든지 있으니, 따로 떨어져 살자. 네가 왼쪽으로 가면 나는 오른쪽으로 가고, 네가 오른쪽으로 가면 나는 왼쪽으로 가겠다"(창 13:9).

"롯은 요단의 온 들판을 가지기로 하고, 동쪽으로 떠났다"(창 13:11).

"롯이 아브람을 떠나 간 뒤에 하나님께서 아브람에게 말씀하셨다. '너 있는 곳에서 눈을 크게 뜨고, 북쪽과 남쪽, 동쪽과 서쪽을 보아라' "(창 13:14).

이를 문자적으로 옮기면 다음과 같다.

"너 있는 곳에서 눈을 크게 뜨고, 보이지 않는 곳(tzaponah)과 네게브(negebah), 앞쪽(qedemah)과 바다(yama)를 보아라."

여기에 표시된 방위를 보면, 보이지 않는 곳을 북쪽, 네게브 사막 지역을 남쪽, 앞쪽을 동쪽, 바다를 서쪽으로 표기하였다. 이스라엘 남쪽에는 사막(네게브)이 있고 서쪽에는 바다(지중해)가 있어서 남쪽과 서쪽을 각각 네게브와 바다로 표현한 것을 볼 수 있다.

또 성경에서는 오른쪽을 남쪽으로, 왼쪽을 북쪽으로 표현하기도 한다. 야곱의 아들 베냐민은 '오른손의 아들' 이라는 뜻이다(창 35:16~18). 다른 아들들은 북쪽에서 낳은 반면 베냐민은 남쪽에서 낳았다. 그래서 이름을 '오른손의 아들' 이라는 뜻을 가진 '베냐민' 이라고 지었다. 이상에서 볼 수 있듯이, 성경시대에는 위가 동쪽, 아래가 서쪽, 왼쪽이 북쪽, 오른쪽은 남쪽을 나타냈다.

마다바 지도 중 일부로서, 예루살렘 주변 지도.

마다바(Madaba, 메데바라고도 불리운다)라는 유명한 지도가 있다. 요르단에 위치한 마다바라고 하는 곳에 세워졌던 비잔틴 교회의 바닥에서 발견된 것으로서, 565년에 만들어졌으며 200만 개의 돌로 모자이크한 지도이다. 이 지도를 보면, 예루살렘 위쪽으로 사해가 그려져 있다. 그리고 요단 강이 왼쪽에서 오른쪽 사해로 흘러 들어가고 있다. 이 지도의 방위도 위가 동쪽, 오른쪽이 남쪽이다.

13세기에 그려진 "시편 지도(Psalter Map)"라는 그림이 있다. 그리스도께서 세상을 주관하고 계심을 상징적으로 보여 주고 있는 그림인데, 예루살렘이 세계의 중심에 위치하고 있으며, 아시아가 위쪽에, 아프리카가 아래쪽 오른편에, 유럽이 아래쪽 왼편에 자리잡고 있다. 이 그림에서도 위가 동쪽으로 되어 있다.

이렇게 중세까지만 해도 성경 지도는 위가 동쪽으로 그려졌다. 이제 이런 이해를 가지고 엘리야가 피했던 그릿 시냇가의 위치에 대해 알아보자.

"너는 여기서 떠나 동으로 가서 요단 앞 그릿 시냇가에 숨고"(왕상 17:3, 개역개정판).

표준 새번역에는 이렇게 번역되어 있다.

"이곳을 떠나서 동쪽으로 가거라. 그리고 거기 요단 강 동쪽에 있는 그릿 시냇가에 숨어서 지내며."

그릿 시냇가의 위치를 개역성경에서는 "요단 앞"이라고 밝히고 있으며, 표준 새번역에서는 "요단 강 동쪽"이라고 밝히고 있다. 위에서 성경의 방위에서 "앞"은 "동쪽"을 의미한다는 것을 살펴보았다. 이런 방위에 대한 지식이 없으면 왜 요단 앞을 요단 동편이라고 번역했는지 알기 어려울 것이다.

"저가 여호와의 말씀과 같이 하여 곧 가서 요단 앞 그릿 시냇가에 머물매"(왕상 17:5, 개역개정판).

이를 NIV에서는 이렇게 옮기고 있다.

"He went to the Kerith Ravine, east of Jordan, and stayed there."

"요단 앞"을 영어 성경에서는 "요단의 동쪽"이라고 번역하고 있다. 이 번역도 성경의 방위를 염두에 둔 것으로 보인다.

개역성경만 가지고는 그릿 시냇가가 요단 강 어느 쪽에 있는지 알 수 없다. "요단 앞"이라는 표현은 막연한 표현으로서 그것만 가지고는 위치를 알 수가 없다. 그러나 표준 새번역과 NIV의 번역을 통해서 우리는 이 그릿 시냇가가 요단 강 동편에 있음을 알 수 있다. 그러나 맥밀란 성경 지도(McMillan Bible Atlas)에서는 그릿 시냇가를 여리고 옆 요단 강 서편에 있는 것으로 그리고 있어(지도 128번) 혼란을 주고 있다.

왜 한밤중에 양을 치고 있었을까?

한밤중에 들에서 양을 치던 목자들이 천사들이 전해 준 예수 탄생의 소식을 듣고 달려가 아기 예수께 경배했다(눅 2:8~12). 탈무드에 의하면 보통 양들은 광야를 제외하고는 방목을 할 수가 없었다. 그러나 베들레헴은 광야 지역이 아니었다. 따라서 양을 방목할 수 없는 곳이었다. 그런데 이 목자들은 들에서 방목하는 양들을 지키고 있었다.

그러면 이 목자들은 어떤 목자들이었으며, 그들이 치던 양들은 어떤 양들이었는가? 미쉬나(오랫동안 구전으로 내려오던 전승들을 200년경에 편찬한 유대 문헌)에 따르면 일반 양들은 아무 곳에서나 방목하지 못하게 하였으나, 성전에 희생 제물로 바쳐질 양들은 방목을 할 수 있도록 되어 있다. 예루살렘에서 가까운 곳에 위치한 베들레헴에서 기르던 양들은 대부분 성전에 바쳐질 희생 제물들이었다. 따라서 이 양들은 들에서 방목할 수가 있었던 것이다.

그러므로 목자들이 치던 양들은 바로 희생 제물로 바쳐질 특별한 양들이었다. 그리고 그들은 하나님께 드려질 양들을 치는 특별히 성별된 사람들이었다. 누가복음에 나오는 이 목자들은 보통 우리가 생각하듯이 가난해서 밤에도 양을 돌보아야 했던 사람들이 아니었다.

목자들이 양을 치던 들판은 베들레헴에서 동쪽으로 2~3km 떨어진 곳에 위치한 아랍 마을인 베이트 사후르(Beit Sahur)로 알려져 있다. 이곳에는 목자들이 양을 치던 들판을 기념하는 교회가 세워져 있다. 이 교회도 예수 탄생 기념 교회처럼 동굴을 기념하기 위해 세워졌다. 교회 전승은 이 동굴에서 세 명의 목자들이 천사에게 예수 탄생의 기쁜 소식을 전해 들었으며, 그들이 죽은 다음에는 모두 이 동굴에 묻혔다고 전한다.

아기 예수는 한겨울의 추위로 떨고 있었을까?

언젠가 재미있는 성탄 카드를 한 장 받았다. 수영복을 입은 산타클로스 할아버지가 야자수 그늘 아래서 비키니를 입은 미녀들과 함께 흥겹게 춤을 추는 그림이었다. 그리고 그 뒤로는 푸른 바다가 넘실거리고 있었다. 산타클로스가 해변에서 성탄절을 지내고 있는 것이다. 크리스마스 카드치고는 이상하지 않은가?

만일 오스트레일리아나 뉴질랜드에 있는 친구에게 성탄 카드를 보낸다고 할 때, 교회당 위에 흰 눈이 쌓여 있거나, 흰 눈 사이로 루돌프 사슴이 끄는 썰매를 타고 달려오는 산타클로스가 있는 그림을 보낸다면, 그것을 받아보는 사람은 자기들의 크리스마스와는 전혀 어울리지 않는다고 생각할 것이다. 크리스마스 때 그곳은 한여름이기 때문이다. 그래서 그곳 사람들은 크리스마스가 되면 다 해변으로 나가서 이글거리는 태양 아래에서 수영을 즐기며 맛있는 음식들을 해먹는다고 한다.

뉴질랜드에 "Upside Down Christmas"라는 캐럴이 있다.

"우리의 크리스마스를 노래해요.
upside down 크리스마스 캐럴을 불러요.
눈은 내리지 않아요.
나무도 발거벗지 않았고요.
아기 예수 그리스도를 환영하며 여름 캐럴을 불러요.
우리의 크리스마스를 노래해요.
upside down 크리스마스 캐럴을 불러요.
햇빛은 따스하게 비치고 공기는 상쾌합니다…
한 아이가 태어나는 순간, 모든 것이 바로 제자리에 서게 되었답니다."

예수께서 탄생하신 날짜는 아무도 모른다. 유대인들 가운데도 기독교인들(Messianic Jewish)이 있는데, 그들은 예수의 탄생이 장막절이었을 것이라고 주장한다. 장막절은 9월 말에서 10월 초순경에 지내는 절기로, 그때는 여름이 끝나고 가을로 접어들기 직전이다. 날씨는 좀 덥기도 하겠지만, 대체로 선선한 편이다.

우리가 지키는 12월 25일에 예수님이 탄생하셨다면, 어떤 기후였을까? 성탄절에 이스라엘 베들레헴의 날씨는 어떠할까? 이때는 이스라엘도 겨울이다. 그러나 이스라엘의 겨울은 우기철이다. 비가 많이 온다. 이 비를 "이른 비"라고 부른다. 겨울에 예루살렘이나 베들레헴에 눈이 오는 것을 보기는 쉽지 않다. 아주 가끔 눈이 오기도 하지만, 보통 비가 많이 온다.

따라서 예수께서 12월에 탄생하셨다면, 그날 밤은 White Christmas가 아니라 Rainy Christmas였을 가능성이 훨씬 크다. 물론 구유에 누워계셨기 때문에 쌀쌀했을 것이다. 그래서 모닥불을 피워놓았을 것이다. 그러나 우리 나라처럼 한겨울의 매서운 추위는 아니었을 것이다.

예수의 탄생 연대가 A.D. 1년이 아닌 이유들

우리가 지금 사용하고 있는 연대 표기(BC, AD)는 예수 탄생 연대를 기준으로 한 것이다. 불교에서는 부처의 탄생 연대를 시점으로 하여 연대를 계산하기도 하며(불기), 우리 나라에서는 단군의 탄생을 기점으로 하여 연대를 계산하기도 한다(단기). 그런가 하면 유대인은 성경의 창조 사건을 기점으로 하여 연대를 계산하는데, 그들은 주전 3760년을 기준으로 연대를 계산한다.

이렇게 여러 가지 연대 기준이 있긴 하나, 가장 보편적인 것은 BC와 AD이다. BC는 Before Christ의 약자이고, AD는 Anno Domini라는 라틴어의 약자로서 '우리 주님의 해'라는 뜻이다. 역사를 예수의 탄생을 기점으로 해서 그 이전과 그 이후로 나누고 있다.

그러나 요즘은 BC와 AD대신에 CE와 BCE라는 용어를 사용하기도 한다. CE는 Common Era, BCE는 Before Common Era의 약자이다. 그러나 예수 탄생을 기준으로 해서 연대를 계산하기는 마찬가지다.

다만 표기법만 다를 뿐이다.

그러면 언제부터 BC와 AD라는 기준을 사용했을까? AD 526년에 황제 유스틴이 수도사 엑시우스에게 로마력을 예수의 탄생을 기점으로 해서 바꾸도록 하라는 명령을 내렸다. 이때부터 예수의 탄생을 기점으로 하는 연대기를 사용하게 되었다. 그렇다면 예수의 탄생은 당연히 AD 1년이 되어야 할 것이다. 그러나 그렇지 않다. 역사 기록에 의하면 수도사 엑시우스가 유스틴 황제의 명령을 받고 로마력을 기독교력으로 환산하는 과정에서 조그만 실수를 하게 되었다. 그는 실수로 BC 749년을 753년으로 계산했다고 한다. 4년간의 오차가 생긴 것이다. 나중에 이 실수를 발견했으나 그것을 수정하는 작업이 너무나 방대해 그냥 사용하게 되었다고 한다. 그렇다면 예수님의 탄생은 AD 1년이 아니라 BC 4년이 되게 된다.

예수님 탄생의 시기에 대해 성경은 어떻게 말하고 있는가? 마태는 헤롯 왕 때에 예수님이 탄생했다고 기록하고 있다. 헤롯은 BC 40년에 유대인의 왕이 되었으며 BC 4년에 죽었다. 그는 예수님을 없애기 위해 두 살 아래의 아이들을 학살한 인물이다. 그렇다고 한다면 예수님의 탄생은 적어도 BC 4년 이전이 되어야 한다.

누가의 기록에 의하면, 아우구스투스 황제의 칙령을 받아 구레뇨 총독이 유대인들에게 호적을 하게 했을 때 예수께서 태어나셨다고 되어 있다. 아우구스투스 황제는 BC 63년에 태어나 AD 14년에 죽었다. 로마의 통치하에서 인구 조사는 14년마다 이루어졌는데, 지금까지 문헌으로 남아 있는 가장 오래된 인구 조사는 AD 20년에 이루어진 것이다. 그렇다고 한다면 AD 6년과 BC 8년에 인구 조사가 이루어졌을 것이고, 우리는 예수의 탄생을 BC 8년으로 추정할 수 있다.

그런데 문제가 되는 것은 구레뇨가 총독으로 있을 때 예수님이 태어나셨다는 것이다. 구레뇨는 BC 10년부터 BC 4년까지 시리아에서

직임을 맡은 적은 있었지만, 그가 총독이 된 것은 AD 6년이었다. 그렇다면 예수님의 탄생은 AD 6년 후라는 말이 된다. 아마 여기에서 누가는 혼동을 한 것으로 보인다. 즉 구레뇨가 시리아 지역의 일을 맡아보고 있었던 때를 총독으로 있던 때로 잘못 생각했던 것 같다. 그것이 사실이라면 예수님의 탄생은 BC 10년에서 BC 4년 사이가 된다.

이런 복음서의 역사 기록들을 종합하면 예수님의 탄생이 BC 8년이 된다. 그러나 보통은 BC 4년에서 BC 6년 사이로 본다.

예수님은 목수가 아니라 석수였다?

예수님의 아버지 요셉이 목수였다는 것은 잘 알려진 사실이다(마 13:55). 예수께서 목수이셨다는 기록은 복음서에 단 한 번 나온다(막 6:3). 일찍 아버지를 여읜 예수께서는 장남으로서 아버지에게 물려받은 목수 일을 하면서 가정을 책임져야 했다. 아버지는 자식에게 기술을 가르치는 것이 의무였다. 탈무드는 그렇게 하지 않는 것은 자식에게 도둑질을 가르치는 것과 같다고 말한다. 그래서 유대의 유명한 랍비들도 모두가 다 직업을 가지고 있었다. 랍비의 대부라 할 수 있는 힐렐도 나무를 자르는 일을 했으며, 바울도 유명한 학자였음에도 불구하고 텐트 만드는 기술을 익혔던 것이다. 마찬가지로 예수께서도 어렸을 때부터 아버지를 통해 목수 일을 배웠던 것이다.

'목수'라는 말은 헬라어로 tekton이다. 이 말의 뜻은 '유능한 장인'으로서, 나무나 돌을 가지고 일하는 사람을 지칭하는 용어이다. 오늘날의 목수나 석수가 여기에 해당한다. 그러나 1세기 팔레스타인의 목수는 주로 돌을 다루는 '석수'였다. 대부분의 건물들을 돌로 지었기 때문이다. 나무를 가지고 무엇을 만드는 일보다는 돌을 캐고, 쪼개고, 다듬고, 옮기고, 그것으로 집을 짓는 일을 주로 했다. 테크톤(tekton)은 집만 지은 것이 아니라 일상 생활에 필요한 항아리, 맷돌 같은 것을 만들기도 했다. 다시 말해 예수님은 오늘날의 목수보다는 석수에 더 가깝다.

예수님 당시에 예루살렘 다음으로 큰 도시는 찌포리(Zippori 또는 Sephoris)였다. 이곳은 나사렛에서 5km 정도밖에 떨어지지 않은 곳으로, 헤롯 안티파스(Herod Antipas)가 갈릴리 지역의 수도로 세웠던 곳이다. 그곳에는 1만여 명 정도가 살고 있었으며, 헤롯 안티파스의 궁전을 비롯해서 여러 로마식 건물들이 즐비하게 서 있었다. 예수님의 고향 가장 가까운 곳에 이렇게 큰 도시가 있었는데도, 복음서에 찌포리에 대한 언급이 한 번도 나오지 않는 것은 이상한 일이다.

그러나 분명히 예수님께서는 이 도시에 자주 가셨을 것이다. 특별히 찌포리는 예수님 당시에 대대적인 도시 복원 공사를 하고 있었으므로, 갈릴리 전역에서 목수(석수)들이 동원되었을 것이다. 목수(석수)였던 아버지 요셉도 아들 예수님과 함께 차출되어 그 도시에 가서 일을 했을 것임이 분명하다. 그러나 그들이 한 일은 오늘날의 목수 일이 아니라 석수 일이었다. 도시 전체가 거의 다 돌로 만들어졌기 때문이다. "The Miracle Maker"라는 영화는 예수께서 아버지와 함께 찌포리 건설 현장에서 일을 하는 모습을 잘 그리고 있다.

이 도시뿐만이 아니라 이스라엘은 대부분의 건물들이 돌로 지어졌다. 목재로 쓸 만한 나무는 귀한 반면, 돌은 얼마든지 있었기 때문이다. 헤롯 성전을 지을 때도 99% 이상 돌로 지었으며, 목재는 이스라엘에서 구하기가 힘들어 레바논에서 수입해 왔다.

석수가 하는 일이 얼마나 힘들겠는가? 그 무거운 돌을 파내고 쪼개고 옮기고 다듬고 깎고 세우고… 목수보다 훨씬 힘든 일일 것이다. 예수님은 바로 그런 일들을 하셨다. 그렇다고 할 때 예수님은 우리가 성화(聖畵)에서 보는 것처럼 그런 여성스러운 이미지가 아니라, 석수처럼 강인한 남성상을 가지고 있었을 것이다.

반석 위에 세운 집과 모래 위에 세운 집의 비유는 바로 이러한 예수님의 '석수'로서의 경험에서 나온 비유이다. 집 짓는 일을 하셨던 예수님의 직접적인 경험에서 나온 또 다른 비유 하나가 있다. "망대 건축자의 비유"가 바로 그것이다. "너희 가운데서 누가 망대를 세우려고 하면 그것을 완성할 만한 비용이 자기에게 있는지를 먼저 앉아서 셈하여 보아야 하지 않겠느냐? 그렇게 하지 않아서 기초만 놓은 채 완성하지 못하면 보는 사람들이 그를 비웃기 시작하여 말하기를 '이 사람이 짓기를 시작만 하고 끝내지는 못하였구나' 할 것이다"(눅 14:28~30).

예수께서는 자신을 "모퉁이 돌"로 표현하셨는데(마 21:42), 이는 예수께서는 많은 건물을 직접 지어본 경험이 있었기 때문에 모퉁이 돌의 중요성을 잘 알고 계셨기 때문일 것이다.

어부들은 가난하고 무식한 사람들이 아니었다

예수께서 바다에 그물을 던지고 있는 베드로와 그의 동생 안드레에게 "나를 따라오너라"고 하셨다. 그러자 그들은 "곧 그물을 버리고" 예수님을 따라갔다(막 1:16~18). 조금 후 배에서 그물을 깁고 있던 야고보와 그의 동생 요한을 보시고 그들을 부르셨다. 그러자 그들도 "곧 배와 부친을 버려 두고" 예수님을 따라갔다(마 4:21~22).

어부에게 있어서 배와 그물은 그들의 전부이다. 그들이 배와 그물을 버려두고 예수님을 따라갔다고 하는 것은 그들의 모든 것을 버리고 예수님을 따라갔음을 뜻한다. 그래서 누가복음에는 "모든 것을 버려 두고" 예수님을 따라갔다고 표현하였다(눅 5:11). 예수님은 그들에게 그들이 모든 것을 버려 두고 예수님을 좇았으므로 하늘에서 큰 상을 받게 될 것이라고 약속하셨다(눅 18:28~30).

베드로와 요한, 야고보가 "배와 그물을 버려 두고" 예수님을 따라갔다고 했는데, 그것은 결코 쉬운 결단이 아니었을 것이다. 그들은 우리

갈릴리 호수에서 발굴된 1세기의 배,
1999년 이스라엘 발행

가 생각하는 대로 무식하고 가난한 어부들이 아니었다. 그 당시의 갈릴리의 어부들은 이스라엘 전역에 소문이 나 있던 사람들이었다. 그들은 결코 가난한 무식쟁이들이 아니었다. 물론 당시는 다 생활이 어려웠지만, 어부들은 그래도 상대적으로 나은 삶을 살 수가 있었다.

갈릴리 호수는 황금 어장이었으며, 그곳에서 잡는 고기는 갈릴리 지역뿐만 아니라 예루살렘에도 공급이 되었으며, 가공해서 외국에까지 수출하였다. 1세기 당시, 이미 막달라 마리아의 고향이었던 막달라에 생선을 절이는 공장이 있었다는 사실은 갈릴리 지역이 얼마나 어업이 발달했는가를 단적으로 잘 말해 준다. 어부들은 다른 사람들에 비해 경제적으로 안정되었던 사람들이다.

더군다나 배를 가지고 있던 어부들은 훨씬 경제적인 형편이 나았다. 베드로도 큰 배를 가지고 있었으며, 세배대의 아들들인 요한과 야고보는 여러 척의 배를 가지고 있었다. 그들은 일꾼들을 고용하기까지 하였다(막 1:20). 말하자면 "세배대 수산주식회사"를 운영하고 있었던 것이다. 예수님의 제자가 된 어부들은 결코 가난한 사람들이 아니었다. 무엇을 한들 고기 잡는 것보다 못하겠느냐는 마음에서 예수님을 따라나선 것이 아니었다. 그들은 "모든 것을 버리고" 예수님을 따랐던 사람들이다.

지붕을 뚫는 일은 그렇게 어려운 일이 아니었다

어떤 사람들이 한 중풍병자를 예수께 데리고 왔다. 그러나 예수께서 계신 집은 이미 사람들로 가득 차 있어서 안으로 한 발자국도 들여놓을 수 없었다. 그러자 그들은 주저하지 않고 지붕 위로 올라가 지붕을 뜯어 구멍을 내고는 중풍병자를 밑으로 달아 내렸다. 예수께서는 그들의 믿음을 보시고 그 병자를 고쳐 주셨다(막 2:1~5).

이 집은 어떻게 생긴 집이었을까? 그들은 우선 지붕 위로 올라갔다고 했다. 갈릴리의 일반적인 집의 모습이 잘 나타나 있다. 중풍병자를 데리고 사다리를 놓고서 지붕 위로 올라간 것이 아니었다. 집 밖에서 지붕 위로 쉽게 올라갈 수 있도록 계단이 만들어져 있었다.

예수께서는 가장 큰 재난이 닥칠 때에 "지붕 위에 있는 사람은, 내려오지도 말고, 제 집 안에서 무엇을 꺼내려고 들어가지도 말아라"(막 13:15)고 경고하셨다. 지붕에는 무엇 하러 올라갔을까? 오늘날은 지붕에 올라갈 일이 거의 없다. 그러나 고대인들에게 있어서 지붕은 중요한 활동 장소였다. 지붕은 다양한 용도로 사용되었다. 그 위에 천막을 치고 쉬기도 하였으며, 곡식들을 널어 말리기도 했고, 그곳에서 일도 했다. 이런 이유에서 율법은 지붕을 안전하게 만들도록 규정하고 있다.

"너희는 집을 새로 지을 때에, 지붕에 난간을 만들어야 한다. 그렇게 하면 사람이 떨어져도 그 살인죄를 너희 집에 지우지 않을 것이다"(신 22:8).

그 사람들은 지붕을 뜯어냈다고 했다. 도대체 어떻게 지붕을 뜯어낼 생각을 할 수 있었을까? 그리고 지붕을 뜯는다는 것이 결코 쉬운 일은 아니었을 텐데, 어떻게 지붕을 뜯어냈을까? 지붕은 진흙으로 만들거나 타일(tile)을 몇 겹으로 깔아서 평평하게 만들었다. 농촌에서는 갈대 같은 것을 엮어 그 위에 진흙을 이겨서 발라 지붕을 만들었기 때문에 비가 많이 오면 새기도 했다. 잠언에서는 다투는 아내를 집 안에 새어들어 오는 빗물에 비유하고 있다. 또한 봄에는 잡초가 자라기도 했다. 그러나 흙이 얇기 때문에 곧 시들어 버리고 만다(시 129:6).

그러나 도시에서는 타일(기와)로 지붕을 덮었다. 마가복음은 사람들이 지붕에 구멍을 뚫고 중풍병자를 달아 내렸다고 했다(막 2:4). 그러나 누가복음에는 기와를 벗기고 사람을 달아내렸다고 되어 있다(눅 5:19). 아마 가버나움 같은 곳에서는 기와로 지붕을 한 집이 거의 없었을 것이다. 누가는 시골 상황에 익숙하지 못하며 그의 기록은 다분히 도시 지향적인 색채를 띠고 있는데, 이런 데서도 그런 면이 드러난다.

중풍병자를 데리고 온 친구들이 지붕을 뜯어내고 그를 달아 내린 것은 오늘날처럼 그렇게 어렵고 복잡한 일은 아니었다. 지붕으로 올라가는 계단이 나 있었으며, 지붕은 평평하고, 또한 쉽게 뜯어낼 수 있는 재료들로 만들어져 있었기 때문이다. 그러므로 뜯기도 쉽고 다시 고치는 것도 어렵지 않았을 것이다.

예수께서는 친구들의 믿음을 보시고 중풍환자를 고쳐 주셨다고 했다. 예수께서 무엇에 감동을 받으신 것일까? 지붕을 뜯어낸 일이었을까? 그들이 친구를 데리고 예수님을 만나러 왔을 때는 이미 사람들이 가득 차서 안으로 들어갈 수가 없었다. 이런 경우 우리라면 어떻게 했겠는가? 밖에서 끝나기를 기다리고 있다가, 다 끝나면 예수께 친구를 데리고 갈 수도 있을 것이다. 아니면, 그날은 그냥 돌아가고 다음날 다시 올 수도 있을 것이다. 또는 밖에서 크게 예수께 소리를 지를 수도 있었을 것이다. 그러나 그들은 다짜고짜 지붕 위로 올라갔다. 그리고 지붕을 뚫고 친구를 달아 내렸다. 친구를 고쳐 주기 위해서 남의 지붕을 뜯어낼 생각까지 했다는 것, 그것이 예수님의 마음을 감동시킨 것이 아닐까?

양은 푸른 초장이 아니라 산등성이나 광야에서 키웠다

시편 23편 하면 끝없이 펼쳐진 푸른 평원에서 양들이 한가로이 풀을 뜯고 있는 광경을 떠올리게 된다. 풀들이 많은 평원지대가 양을 치기에 좋은 것은 두말 할 것도 없다. 필자가 10여 년 동안 살았던 캔사스와 오클라호마는 세계적인 대평원지대이다. 가도가도 끝없이 평원이 펼쳐져 있다. 10시간 이상을 가도 평원밖에 없는 곳이다. 이곳에서는 주로 소들을 방목한다. 키우는 사람도 없다. 1년 내내 방목을 한다. 한쪽에서 풀을 뜯어먹고 옆으로 옮기면 그동안에 그곳에 또 풀이 난다. 그러니 꼴을 걱정할 필요가 없다. 꼴을 먹이기 위해 이곳 저곳 찾아다닐 필요도 없는 것이다.

그러나 팔레스타인은 사정이 다르다. 농토가 좁고 산이 많은 지역이라서 웬만한 평지에는 다 밭을 일구어 농사를 지었다. 양에게 풀을 뜯게 할 목장을 만들 땅이 없는 것이다. 그래서 주로 양은 산간 지역에서 길렀다. 목자는 양들을 데리고 주로 이러한 산간지대(구릉지대)

를 돌아다녔다. 끝없는 초원 위에서 양들이 풀을 뜯는 것이 아니다. 산등성이에는 양들이 먹을 만한 충분한 풀들이 없다. 그래서 목자는 여기저기 풀이 있는 곳을 찾아다녀야 했던 것이다.

잃은 양의 비유에서 목자는 아흔아홉 마리의 양을 "산에다 남겨 두고서" 길 잃은 양을 찾으러 갔다(마 18:12). 이 구절을 대부분의 영어 성경에서는 "산으로 찾으러 갔다"고 번역하였는데(KJV, NKJV, NLT, ASV, HNV), 이는 사본에 따라 다르게 되어 있기 때문이다. 아무튼 99마리의 양을 산에다 남겨놓고 잃은 양을 찾으러 갔든, 잃은 양을 찾으러 산으로 갔든, 분명하게 알 수 있는 것은 양을 키우는 곳이 산이었다고 하는 것이다.

평행 구절인 누가복음에서는 99마리의 양을 "들"에 두고 잃은 양을 찾으러 갔다고 되어 있다(눅 15:4). 그러나 헬라어 원문에는 "광야(eremos)"로 되어 있다. 또한 모든 영어 성경이 "광야"로 번역되어 있다. 그런데 우리말 성경에서만 "들"로 번역되어 있다. 그러나 오해의 소지가 있다. 왜냐하면 여기서 말하는 "들"은 우리가 생각하는 들(평야, 밭)이 아니라, 아무도 살지 않는 외지고 버려진 땅을 말하기 때문이다. 그러므로 들보다는 광야가 훨씬 좋은 표현이다.

이집트 왕궁에서 탈출한 모세는 40년 동안을 미디안 광야에 숨어 지냈다. 그곳에서 모세는 장인 이드로의 양을 치며 살았다. 그러다가 불타는 가시떨기나무 속에서 하나님의 부르심을 받고 출애굽의 지도자가 되게 된다. 우리가 잘 아는 이야기다. 모세가 어디에서 무엇을 하다가 하나님의 부르심을 받았는가? 광야에서 양을 치다가! 어디에서 양을 쳤는가? 광야에서! 이렇게 중동 지방에서는 광야에서 양을 친다. 지금도 베두인들은 광야에서 양을 치며 살아가고 있다. 성경에 나오는 양들은 다 광야에 사는 양들이다. 뉴질랜드나 캔자스의 양들을 생각하면 안 된다.

이른 비와 늦은 비

팔레스타인에서는 여름 내내 가물었다가 잠깐 동안 가을로 접어드는데, 이때 비가 온다. 그리고 겨울이 되면서 본격적인 우기가 시작된다. 팔레스타인에서 농사가 시작되는 시기는 바로 이때이다. 우리 나라에서는 주로 벼농사를 많이 짓기 때문에 봄에 농사를 시작하는 것으로 생각하지만, 팔레스타인은 밀이나 보리 농사가 주된 농사이기 때문에 가을을 농사의 시작철로 여긴다.

그리고 유대력에 따르면 새해가 9월 말에서 10월쯤 시작되어진다. 한 해의 처음이 가을이 되는 것이다. 이때 오랜 여름철 가뭄 끝에 비가 오고 본격적으로 농사가 시작되기 때문에 이때 오는 비를 '이른 비' 라고 부른다. 우리는 봄에 내리는 비를 이른 비라 부르지만, 이스라엘에서는 가을에 내리는 비를 이른 비라고 부른다. 우리는 가을비를 늦은 비라고 부르지만, 유대인들은 봄비를 늦은 비라고 부른다. 그래서 표준 새번역 성경에서는 "이른 비"를 "가을비"로, "늦은 비"를 "봄비"로 옮겼다.

"시온에 사는 사람들아, 주 너희의 하나님과 더불어 기뻐하고 즐거워하여라. 주께서 너희를 변호하여 가을비를 내리셨다. 비를 흡족하게 내려 주셨으니, 옛날처럼 가을비와 봄비를 내려 주셨다. 이제 타작마당에는 곡식이 가득 쌓이고, 포도주와 올리브 기름을 짜는 틀마다 포도주와 기름이 넘칠 것이다"(욜 2:23~24).

예수님 당시의 농부들은 이른 비가 올 때쯤이 되면 비를 간절하게 기다렸다. 비가 와야 농사를 시작할 수 있기 때문이었다. 탈무드에 보면 그때가 되면 농부들은 이런 기도를 드린다. "하나님, 여행자들의 기도를 들어 주지 마옵소서." 여행하는 사람이 무엇을 기도하기에 그 기도를 들어 주지 말라고 기도하는 것일까? 그들은 비가 오지 않고 날씨가 좋기를 기도할 것이다. 그러나 그들의 기도대로 비가 오지 않으면 농사는 망치게 된다. 그래서 여행하는 사람들의 기도를 들어 주지 말라고 기도했던 것이다.

이른 비가 오고 쟁기질을 한 다음 11월경이 되면 씨를 뿌린다. 11월이 지나면서 이스라엘은 본격적으로 겨울철로 접어들게 된다. 그러나 겨울이라고 해서 우리 나라처럼 매서운 추위는 별로 없다. 이스라엘은 겨울에 비가 많이 내린다. 특별히 2월 같은 경우는 2~3일에 한 번씩은 비가 온다. 이때 내리는 겨울비를 성경에서는 "늦은 비"라고 부른다. 이렇게 유대인들에게는 이른 비는 가을비이고, 늦은 비는 봄비이다(신 11:14; 욜 2:23).

추수 때

넓은 들에 익은 곡식 황금 물결 뒤치며
어디든지 태양빛에 향기 진동하도다.
무르익은 저 곡식은 낫을 기다리는데
기회 지나가기 전에 어서 추수합시다.

추수감사절에 가장 많이 부르는 찬송이다. 우리 나라에 황금 물결이 뒤치는 때는 9, 10월이다. 그러나 우리는 이 찬송을 추수감사절에 부른다. 추수감사절은 거의 모든 교회에서 11월 셋째 주일로 지키는데, 그때는 들녘이 텅 빈 때이다. 이미 추수가 끝난 지 한참 후이다. 그때에 이 찬송을 부르노라면 실감이 잘 나지 않는다. 그래서 추수감사절의 본래의 뜻을 되살리자는 의미에서 추석 때 추수감사절을 지키는 교회들도 점점 늘어나고 있다.

우리는 추수한 것에 대해 감사절을 지키는데, 무엇을 추수한 것에 대한 감사인가? 벼에 대한 감사이다. 우리 나라에서는 벼농사가 가장 큰 농사이다. 우리에게는 '농사' 하면 쌀농사지만, 유대인들에게는 그렇지 않다. 그들은 쌀을 먹지 않으므로 쌀농사를 짓지 않고, 논도 없다. 그들에게는 밀이 주요 작물이다.

쌀농사가 주농사인 우리 나라에서는 가을이 추수의 계절이지만, 밀 농사나 보리 농사를 짓는 유대인들에게는 추수의 계절이 가을이 아니라 봄과 초여름이다. 보리 수확이 밀 수확보다 조금 더 빨라 3월에 거두며, 밀은 4, 5월에 황금 물결을 이루게 된다. 우리에게는 위의 찬송이 9, 10월에 어울리지만, 유대인에게는 4, 5월에 어울린다. 우리는 이 찬송을 부르면서 호남 평야나 김제 평야에 벼가 넘실거리는 모습을 연상하지만, 유대인들은 추수 찬송을 부르면서 갈릴리에 밀이 넘실거리며 춤을 추는 모습을 연상한다.

오순절 상징하는 우표. 2002년 이스라엘 발행

둘째아들을 탕자라고 부르는 진짜 이유

왜 탕자의 비유(눅 15:11~32)에 나오는 둘째아들을 탕자라고 부르는가? 아버지가 물려 준 재산을 가지고 허랑방탕한 생활을 했기 때문일까? 아니면 아버지에게서 물려받은 재산을 다 탕진하고 허비했기 때문인가?

유대인이 그를 탕자로 보는 이유는 다른 데 있다. 둘째아들은 아버지에게 언젠가는 자기에게 돌아올 유산을 미리 달라고 청했다. 우리가 보기에는 그럴 수도 있는 것처럼 보인다. 그러나 1세기 유대인들이 이 비유를 들었을 때, 모두 놀랐을 것이다. 그들에게 있어서는 아버지가 살아 계시는데 유산을 물려달라고 하는 일은 있을 수 없는 일이었기 때문이다. "아니 그런 못된 놈이 있나. 그런 불효막심한 놈이 있나?" 청중들은 흥분했을 것이다. 율법에 따르면 그러한 자식은 돌로 쳐죽여야 마땅하다.

유대인들의 상속법에 따르면 부모가 살아있는 경우에는 유산을 물려받을 수 없게 되어 있었다. 유산은 어떤 경우에도 아버지가 죽은 다음에야 물려받을 수가 있었다. 살아있는 아버지에게 재산을 상속해 달라고 하는 것은 아버지에 대한 가장 큰 모독으로 여겼다. 아버지가 살아 있는 동안에는 결코 그 재산을 자식들이 가질 수가 없었던 것이다. 비록 재산을 미리 분배했다 할지라도, 아버지가 죽기 전에는 그 재산에 손을 댈 수가 없게 되어 있었던 것이다(미쉬나, Baba Bathra 8:7).

그런데 이 둘째아들은 아버지가 버젓이 살아 있는데도, 아버지에게 자기에게 돌아올 몫을 미리 달라고 요구했다. 유대인들에게는 이보다 더 큰 불효가 없다. "아버지, 저에게 유산을 물려 주십시오." 이 말은 "아버지, 나에게 필요한 것은 아버지가 아니고 아버지가 갖고 있는 재산입니다. 저에게 돌아올 유산이나 주십시오." "아버지, 아버지는 저에게 있어서 죽은 것이나 다름없습니다. 그러니 나에게 유산을 물려 주십시오." "아버지, 아버지가 빨리 죽어야 유산이 내게 돌아올 텐데 왜 빨리 죽지 않는 겁니까?" 그런 뜻이다. 둘째아들이 탕자인 이유가 바로 여기에 있다.

선한 눈, 악한 눈
—눈은 마음의 창?

마태복음 20장 1~16절의 포도원 품꾼들의 비유를 보면, 한 시간밖에 일하지 않은 사람들에게도 한 데나리온을 주고, 하루 종일 일한 사람들에게도 한 데나리온을 주자, 품꾼들이 주인에게 불평을 한다. 이때 주인은 "내가 선함으로 네가 악하게 보느냐?"(마 20:15, 개역개정판)라고 책망한다. 표준 새번역에는 이렇게 되어 있다. "내가 후하기 때문에 그대 눈에 거슬리오?" 개역과는 상당히 뉘앙스가 다르다. 문자적으로 옮기면 이렇다. "내가 선함으로 너의 눈이 악하냐?"

눈이 악하다는 것은 무슨 뜻일까? 영어로는 evil eye로 되어 있다. 우리말에서는 눈이 좋다, 나쁘다는 말은 해도 눈이 선하다 악하다는 말은 사용하지 않는다. 그런데 같은 표현이 산상설교에서도 발견된다.

"눈은 몸의 등불이니 그러므로 네 눈이 성하면 온몸이 밝을 것이요 눈이 나쁘면 온몸이 어두울 것이니"(마 6:22~23, 개역개정판).

물론 여기에서 눈이 나쁘다는 것은 시력이 안 좋다는 뜻이 아니다. 눈은 마음의 창이라고 했는데, 여기에서는 즉 선한 마음과 악한 마음을 말하는 것이 아닐까? 현대어 성경에서는 그런 의미로 번역을 했다.

"네 눈이 깨끗하면 네 온몸이 밝을 것이고, 네 눈이 악한 생각과 욕망으로 흐려져 있다면 너는 심한 어둠 속에서 헤매게 될 것이다."

그러나 이것은 잘못된 번역이다. 그러면 영적인 눈(영안)을 이야기하는 것일까? 그것은 알레고리적인 해석일 뿐, 본래의 의미는 아니다.

"나쁜 눈(bad eye)"보다는 "악한 눈(evil eye)"이 더욱 적절한 표현이다. "악한 눈"이란 유대 표현법으로서 성경에서도 여러 차례 사용되었다.

"삼가 너는 마음에 악념을 품지 말라…네 궁핍한 형제에게 악한 눈을 들고 아무것도 주지 아니하면 그가 너를 여호와께 호소하리니"(신 15:9, 개역개정판).

"악한 눈이 있는 자의 음식을 먹지 말며 그 진찬을 탐하지 말지어다"(잠 23:6, 개역개정판).

"악한 눈이 있는 자는 재물을 얻기에만 급하고 빈궁이 자기에게로 임할 줄을 알지 못하느니라"(잠 28:22, 개역개정판).

신구약 중간기 문헌에서도 발견되어진다.

"악한 눈은 떡을 탐하고, 그의 상에서 인색하니라"(시락서 14:10).

"선한 사람은 어두운 눈(악한 눈)을 갖고 있지 않다. 그는 모든 사람에게—죄인들에게까지도—자비를 베푼다"(베냐민의 유언 4:2).

우리는 여기에서 악한 눈의 개념을 알 수 있다. 악한 눈이란 이기적이고 탐욕스런 사람, 인색한 사람을 말한다. 재물에 눈이 먼 사람을 보고 유대인들은 "악한 눈"을 가졌다고 한다. 반면에 선한 눈이란 관대한 마음을 가진 사람을 뜻한다. 이처럼 선한 눈, 악한 눈은 물질과 관련해서 사용하는 관용구이다.

눈이 선하면 온몸이 밝을 것이고, 눈이 악하면 온몸이 어두울 것이라는 가르침이 어떤 컨텍스트(context)에 있는가를 살펴보면 더욱 의미가 분명해진다. 바로 앞 문단(마 6:19~21)에서는 하늘에 재물을 쌓으라는 가르침이 나오고 있다. 그리고 눈에 관한 가르침 다음에 나오는 구절(마 6:24)에서는 하나님과 재물을 겸하여 섬길 수 없음을 가르치고 있다. 그리고 이어서 물질에 대한 염려를 하지 말라는 교훈을 주고 있다(마 6:25~34). 이러한 컨텍스트를 고려해볼 때 눈에 관한 가르침도 물질에 대한 교훈과 연관이 있음을 알 수 있다.

포도원 품꾼들의 비유에서 주인은 "선한 눈"을 가진 사람이다. 가장 나중에 온 사람에게 그의 딱한 사정을 알고 하루치 품삯을 준 관대한 사람이었기 때문이다. 그 포도원 주인은 자신을 선하다고 했는데, 그 뜻은 도덕적인 선함이 아니라, "내가 관대하게 대했으므로"라는 의미이다.

반면에 하루 종일 일한 품꾼들은 자기들에게는 더 풍족하게 주지 않고 나중 온 사람들에게 풍족하게 준다고 해서 불만을 토로했는데, 그것은 바로 인색한 마음을 말한다. 자기중심적인 사고방식에서 나온 것이다. 물질에 대한 욕심을 말한다. 이러한 사람들을 히브리적 관용구로 표현하면 "악한 눈을 가진 사람"이 된다. 그들이 선한 눈을 가졌다면 동료에게 은혜를 베푼 주인에게 감사했을 것이다.

그래서 예수께서는 그 주인은 "선한 눈"을 가진 반면 그 품꾼들은 "악한 눈"을 가졌다는 것을, 비유 가운데 나오는 포도원 주인의 입을 통해 말씀하신 것이다.

혼인 잔치를 주제로 한 장례식 설교

"너희는 마음에 근심하지 말라. 하나님을 믿고 또 나를 믿어라. 내 아버지의 집에는 있을 곳이 많다. 그렇지 않다면, 내가 이미 너희에게 일러 주었을 것이다. 나는 너희가 있을 곳을 마련하러 간다. 내가 가서 너희가 있을 곳을 마련하면, 다시 와서 너희를 나에게로 데려다가, 내가 있는 곳에 너희도 함께 있게 하겠다"(요 14:1~3).

걱정하지 말아라, 근심하지 말아라, 하나님이 다 잘 되게 해 주실 것이다… 참으로 위로와 힘을 주는 말씀이 아닐 수 없다. 그러나 이 말씀은 세상 일에 대해 걱정 근심하지 말라고 주어진 말씀이 아닌 죽음에 관한 말씀이다. 죽음에 대하여 염려하지 말라, 죽음 이후의 삶에 대하여 염려하지 말라, 하늘 나라에 맨션이 다 준비되어 있으니 아무 걱정도 하지 말라는 뜻이다.

이 말씀은 장례식장에서 많이 읽혀진다. 그런데 사실 이 말씀은 결혼식을 배경으로 하고 있다. 고대시대에는 신랑이 신부의 부모에게

돈(결혼 지참금)을 주고 딸을 달라고 요청하였다. 신부의 아버지가 결혼을 허락하면, 신랑 될 사람은 신부에게 이렇게 말한다. "내가 집에 가서 당신을 위해 처소를 준비하겠소. 그리고 다 준비가 되면 당신을 데리러 오겠소." 그리고 집으로 돌아가서 함께 살게 될 집을 짓는다. 결혼할 준비가 다 되면 신랑이 신부를 데리러 온다. 그리고 신랑 집에 가서 결혼 잔치를 하게 된다.

예수께서도 제자들에게 세상을 떠나시기 전에 똑같은 약속을 하셨다. "나는 너희가 있을 곳을 마련하러 간다. 내가 가서 너희가 있을 곳을 마련하면, 다시 와서 너희를 나에게로 데려다가, 내가 있는 곳에 너희도 함께 있게 하겠다"(요 14:2~3).

이 약속은 약혼을 한 신랑이 신부집을 떠나면서 신부에게 마지막으로 하는 바로 그 약속이다. 그런데 예수께서 아버지 집으로 떠나시면서 우리에게 이 약속을 하셨다.

이처럼 약혼을 한 신랑은 신부에게 모든 것이 다 준비되면 곧 와서 데리고 가겠다는 약속을 하고 집을 떠난다. 그러나 그때가 언제인지는 신랑도 모르고 신부도 모른다. 신랑의 아버지 외에는 그때와 시간을 알 수가 없다. 그때와 그 시간은 신랑의 아버지만이 알고 있다. 신랑의 아버지가 결혼 날짜를 결정하기 때문이다.

마찬가지로 신랑 되신 그리스도께서 그의 신부(교회)를 데리러 오시는 날은 아버지 되시는 하나님 외에는 아무도 알지 못한다. 신랑 되시는 예수께서도 그 날은 알 수 없다고 하셨다. "그날과 그때는 아무도 모른다. 하늘의 천사들도 모르고, 아들도 모르고, 오직 아버지만 아신다"(마 24:36). "때나 시기는 아버지께서 아버지의 권한으로 정하신 것이니, 너희의 알 바가 아니다"(행 1:7 참조. 마 24:50, 25:13; 살전 5:1).

예수께서도 모른다고 하는 것이 잘 이해가 가지 않을 것이다. 그러나 예수께서는 재림을 결혼에 비유하신 것이다. 혼인 잔치가 이루어지는 때가 예수께서 재림하시는 날이기 때문이다.

신랑은 혼인 잔치가 언제 열리게 될지 모른다. 오직 신랑의 아버지만 알고 있다. 예수께서는 바로 그러한 유대인의 결혼 관습을 이 가르침 속에서 반영하신다. "언제 결혼합니까"라고 물으면, 신랑은 이렇게 대답할 수밖에 없다. "그날과 그때는 아무도 모릅니다. 나도 모르고 어머니도 모르고 형제들도 모르고 오직 아버지만 아십니다." "그날과 그때"에 대하여 본인이신 예수께서도 모르신다고 한 것은 바로 이러한 유대인의 결혼 관습에서 비롯된 것이었다.

신부는 그때를 묻지 않는다. 다만 그녀가 알고 있는 것은 모든 것이 다 준비되면 바로 신랑이 혼인 잔치를 위해 자신을 데리러 올 것이라는 것이다. 신랑이 언제 올지 모르므로 그녀는 모든 것을 준비하고 기다리고 있어야 한다(마 25:13).

예수께서는 우리의 신랑이 되신다. 우리를 위해서 집을 짓기 위하여 아버지 집으로 떠나셨다(승천). 그 집이 다 완성되면 오셔서 우리를 아버지 집으로 데리고 가실 것이다(재림). 그 날이 바로 우리가 하늘 본향으로 돌아가는 날이다. 죽음은 죽음이 아니라 신랑 되신 예수님과 혼인하는 날이다. 우리가 이 세상을 떠나는 날 이 땅에서는 장례식이 거행되지만, 하늘 나라에서는 혼인 잔치를 하게 되는 것이다.

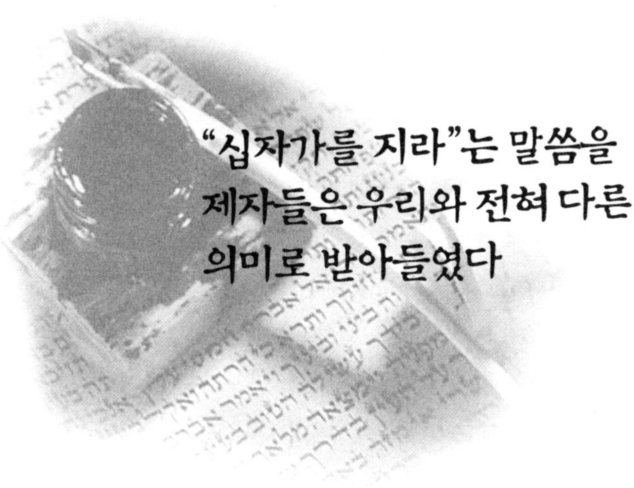

"십자가를 지라"는 말씀을 제자들은 우리와 전혀 다른 의미로 받아들였다

가장 야만적이고 잔인한 처형 방법 가운데 하나인 십자가 처형은 로마 제국에 의해 많이 사용되어졌다. 십자가형의 정확한 유래는 알려져 있지 않으나, 4세기에 로마의 콘스탄틴 황제가 십자가 처형을 폐지할 때까지 800여 년 동안 계속되었으며, 십자가 처형을 받은 사람만도 수만 명에서 많게는 수십만 명에 이를 것으로 추산된다. 한 번에 수천 명을 십자가에 달아 죽인 기록들도 많이 있다.

예루살렘이 무너지기 직전에 로마의 디도 장군은 성벽 앞에서 수많은 유대인들을 십자가에 못박았다. 더 이상 나무를 구할 수 없게 될 때까지 매일 하루에 500명씩 못박았다고 한다. 유대인들에게 겁을 주어 순순히 항복을 받기 위한 것이었다. 이렇게 많은 유대인들이 로마인들에 의해 십자가형을 당했다.

대부분 십자가 처형을 받은 유대인들은 그들이 로마의 식민지 아래에 있기 때문에 그런 처형을 당한 사람들이었다. 유대인들에게 있어서 십자가는 유대인에 대한 이방인들의 박해와 핍박의 상징이었다. 유대인들이 가장 혐오하는 것이 바로 이 십자가였다. 십자가가 오늘날 기독교인들에게는 용서와 구원, 하나님의 사랑을 상징하지만, 유대인들에게는 전혀 그런 의미가 없다. 그들에게는 십자가가 로마에 의해 억울하게 당하는 핍박과 희생의 상징이었다.

예수께서 "내 제자가 되려면 십자가를 지고 나를 따라오라"고 하셨을 때(마 16:24), 그 말씀이 유대인들에게 어떻게 들렸겠는가? 십자가가 얼마나 끔찍한 것인지 그들은 잘 알고 있었다. 십자가는 져야 할 대상이 아니라, 피해야 할 것이었다. 십자가는 로마인들에 대한 분노와 복수심을 불러일으키는 대상이었다. 그런데 예수께서는 십자가를 지라고 하셨다. 그 말씀을 들은 사람들은 자신들의 귀를 의심했을 것이다. "예? 뭐라고요? 십자가를 지라고요? 그걸 왜 지라는 것입니까?"

예수께서 이 말씀을 하셨을 때는 아직 십자가에 예수님이 달려 돌아가시기 전이다. 아직 아무도 십자가를 구원의 상징으로, 거룩한 자기 희생으로, 인류에 대한 사랑의 상징으로 생각하지 않았다. 십자가는 끔찍한 사형틀에 지나지 않았다. 그것은 박해와 핍박과 억울한 희생의 상징일 뿐이었다. 그런데 예수께서는 그 십자가를 지라고 가르치셨던 것이다.

그러면 예수님이 십자가를 지라고 했을 때 그 말씀의 의도는 무엇이었겠는가? 제자들은 그 가르침을 어떻게 이해했겠는가? 십자가에 달리신 예수님처럼 이웃을 위해 자신을 희생하라, 모든 사람을 사랑해야 한다, 용서해야 한다, 자기를 포기해야 한다, 모든 고난을 감수해야 한다, 죽도록 충성해야 한다… 그런 의미였을까?

그렇지 않다. 1세기 유대인들은 "십자가를 지고 나를 따라오라!"는 예수님의 말씀을 우리와는 전혀 다른 의미로 받아들였다. "너희가 이방인들에게 부당하게 수난과 핍박, 박해를 받고 있는 것처럼, 나를 따르는 자들도 부당하게 그러한 일들을 당하게 될 것이다. 그러나 그 십자가를 피해서는 안 된다. 나를 따르기 위해서는 어떠한 핍박과 박해도 각오하고 죽음의 자리에까지 나아갈 수 있어야 한다. 그래야 끝까지 나를 따를 수가 있다. 믿음을 지키기 위해 순교의 자리에까지 나아갈 각오가 되어 있어야 내 제자가 될 수 있다."

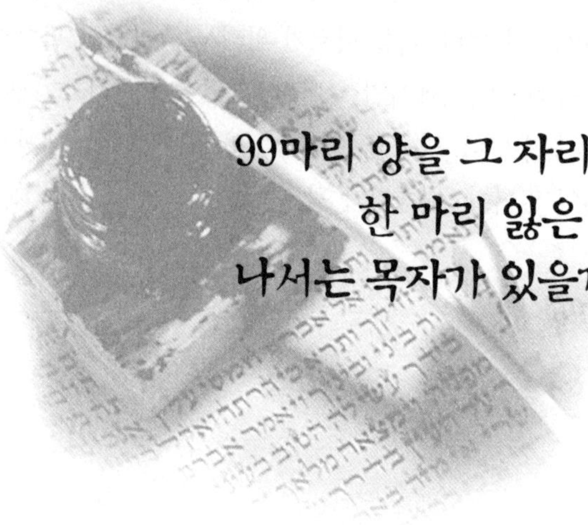

99마리 양을 그 자리에 두고 한 마리 잃은 양을 찾아 나서는 목자가 있을까?

100마리의 양을 키우는 목자가 있었다. 어느 날 하루 종일 양을 치다가 집으로 돌아오면서 세어보니 99마리밖에 없었다. 한 마리가 없는 것이었다. 다시 세어보았으나 마찬가지였다. 그 목자는 그 즉시로 잃은 양 한 마리를 찾아 나섰다. 99마리 양을 그 자리에 두고. 예수님이 말씀하신 잃은 양의 비유이다.

우리는 이 비유를 들으면서 이렇게 생각하게 된다. 세상에 그런 목자가 다 있단 말인가? 내일 찾으러 가면 되지, 날도 어두워져 가는데, 그 시간에 꼭 찾으러 가야 한단 말인가? 그러면 나머지 99마리는 어떻게 하란 말인가?

그 대답을 우리는 설교 속에서 듣게 된다. "우리의 상식으로는 말이 안 되는 것입니다. 어떻게 한 마리 양을 위해서 99마리 양을 포기한단 말입니까? 세상에 그런 목자는 아무도 없을 것입니다. 그러나 예수님은 한 마리 양을 찾기 위해 99마리의 양을 포기하는 분이십니다. 한 영혼을 온 천하보다 더 귀하게 여기시는 분입니다."

정말 그럴까? 다시 한 번 본문을 읽어보자.

"너희 생각에는 어떻겠느뇨 만일 어떤 사람이 양 일백 마리가 있는데 그 중에 하나가 길을 잃었으면…" (마 18:12).

백 마리 양 가운데 한 마리를 잃어버렸다고 할 때 너희라면 어떻게 하겠느냐 라고 물으셨다. 예수님의 청중들은 뭐라고 대답했을까? 당장 찾으러 간다고 했을까, 아니면 내일 찾으러 가겠다고 했을까?

"만일 어떤 사람이 양 일백 마리가 있는데 그 중에 하나가 길을 잃었으면 그 아흔아홉 마리를 산에 두고 가서 길 잃은 양을 찾지 않겠느냐"(마 18:12).

"너희 중에 어느 사람이 양 일백 마리가 있는데 그 중에 하나를 잃으면 아흔아홉 마리를 들에 두고 그 잃은 것을 찾도록 찾아 다니지 아니하느냐"(눅 15:4).

99마리를 산에 두고 길 잃은 양을 찾아 나서는 사람이 어디 있겠느냐가 아니다. 당연히 찾으러 갈 것이라고 하셨다. 누구든 그렇게 할 것이라는 것이다.

그 이유가 무엇일까? 유대인이나 베두인들은 양을 잃어버린 것을 안 즉시로 그 양을 찾아 나선다. 그렇지 않으면 그 양의 생명이 위태하게 된다. 양이 움직일 때는 늑대나 이리도 같이 움직인다. 호시탐탐 양을 노리는 것이다. 양이 목자를 잃어버리게 되면 맹수의 밥이 되는 것은 시간 문제이다. 또 양은 광야에서 키운다. 광야 여기 저기 험한 골짜기들이 있다. 날은 점점 어두워져 가고 목자는 보이지 않고 그러면 양은 더 초조하게 된다. 두려워 떨게 된다. 공황 상태에 빠지게 된다. 그러다가 골짜기에 떨어져 죽게 되고 만다. 만일 잃은 양을 즉시로 찾아 나서지 않고 다음 날 찾아 나선다면 찾기는 찾을 것이다. 그러나 잃은 양을 품에 안고 돌아오는 것이 아니라 뼈만 가지고 돌아오게 될 것이다. 그야말로 "내일이면 늦으리!"이다.

잃은 양의 비유에 보면 목자가 양의 숫자를 세었다고 했다. 이것은 단순한 비유가 아니다. 지금도 양을 치는 사람들은 수시로 양의 숫자를 센다. 양의 숫자를 세는 것은 매우 중요한 일이다. 양을 잃었을 때 빨리 그 사실을 발견하면 찾을 수 있지만, 그렇지 않고 양을 잃어버린 사실을 하루나 이틀 후에 알게 되면, 그 양은 살아남았을 가능성이 거의 없기 때문이다.

99마리 양은 들(산)에 두고 잃은 양을 찾으러 갔다고 했는데, 어떻게 99마리 양을 위험한 상태에 내버려 두고 한 마리 양을 찾으러 갈 수 있단 말인가? 100마리 정도의 양을 돌보기 위해서는 적어도 두 사람은 필요하다. 대개 가족이 함께 양을 치기 때문에 이런 경우 아버지가 잃은 양을 찾으러 가고, 아들이 99마리 양을 지킨다. 그럼으로 99마리의 양들은 걱정하지 않아도 된다. 내버려 둔 것이 아니다.

우리는 목자가 99마리 양을 두고 한 마리 양을 찾으러 갔다고 하는 대목에서 감동을 받는데, 유대인 청중들은 그렇지 않다. 그들에게는 그렇게 하는 것이 당연하기 때문이다. 그들의 예측이 빗나간 곳은 따로 있다. 마지막 장면이다. 잃은 양 한 마리를 찾아서 돌아와서 온 동네 사람들을 다 초청해서 잔치를 벌였다고 하는 대목에서 유대인들은 "그런 사람이 어디 있어?"라고 하면서 빙그레 웃었을 것이다.

잃은 동전의 비유에서도 마찬가지다. 잃어버린 동전 하나를 찾고서는 그 다음날 동네 잔치를 벌였다. 이 대목에서도 유대인 청중들은 빙그레 웃었을 것이다. "그게 말이나 되나?" 정말 말이 안 되는 이야기 아닌가?

잃은 아들(탕자)의 비유에서도 마찬가지다. 탕자가 돌아왔을 때 아버지는 동네 잔치를 벌였다. 큰아들은 어떻게 반응했는가? "이건 말도 안 돼. 세상에 어떻게 이럴 수가 있단 말인가? 나를 위해서는 돼지 새끼 한 마리 잡지 않더니, 망나니 같은 자식을 위해서는 소를 잡아주다니…." 큰아들의 입장에서 보면 정말 말이 안 되는 이야기다.

이 세 비유는 서로 짝을 이루고 있다. 같은 메시지를 담고 있다. 청중들은 이 세 비유를 들으면서 한결같이 마지막 부분, 잔치를 벌였다는 대목에서 의외라는 반응을 보였을 것이다. "뭐라고? 그게 말이 돼? 그런 사람이 다 있어?" 이 비유들을 통해서 예수님은 잃은 영혼을 도로 찾았을 때의 기쁨을 강조하셨던 것으로 보인다.

유월절 식탁에 웬 포도주?

"최후의 만찬" 상에는 어떤 음식이 올라왔을까? 레오나르도 다 빈치가 그린 "최후의 만찬"에는 빵과 생선이 올라와 있다. 보통 사람들, 특별히 갈릴리 호수 주변에 살고 있던 사람들의 식탁에는 흔히 빵과 생선이 올라왔다. 오병이어의 기적에서 한 아이가 도시락으로 빵과 생선을 싸오지 않았는가?

예수께서는 부활하신 후 갈릴리 호수에서 고기를 잡고 있던 제자들에게 오셔서 그들을 위해서 조반을 친히 준비하셨다. 그날 아침 메뉴는 생선구이와 막 구운 빵이었다. 이렇게 갈릴리 사람들은 주식이 빵이었고, 생선도 쉽게 구할 수 있었으므로 자주 상에 올라왔다. 그러나 최후의 만찬은 유월절 '세데르' 였기 때문에 유월절에 먹는 음식이 올라와 있어야 한다. 빵은 그렇다치고 생선이 올라와 있는 것은 상식 밖의 일이다.

오늘날 유대인들은 유월절에 양고기, 포도주, 마짜(누룩 없는 빵),

사과, 시나몬(cinnamon), 쓴 나물, 구운 계란 등을 먹는다. 구약에서는 유월절에 어떤 음식을 먹도록 했는가? 누룩 없는 빵과 양고기, 그리고 쓴 나물이다. 예수님이 드셨던 최후의 만찬에도 이런 것들이 올라와 있었음에 틀림없다. 그런데 거기에 한 가지 더 올라온 것이 있었다. 포도주이다. 포도주를 따라 주시면서 "이것은 내 피다. 받아 마셔라"라고 말씀하지 않으셨는가?

어떻게 된 것인가? 유월절 식탁에 웬 포도주가 올라와 있었을까? 구약에는 유월절에 포도주를 마셔야 한다는 규정이 없지 않는가? 최후의 만찬을 위해 따로 준비한 것일까? 예수님의 피를 상징하는 포도주를 특별히 준비했던 것일까?

지금도 그렇지만 예수님 당시에도 이미 유월절에 포도주를 마시는 관습이 있었다. 유월절 음식 가운데 가장 중요한 것 두 가지가 바로 누룩 없는 빵과 포도주였다. 구약시대에는 없었지만 후대에 포도주를 마시는 관습이 생기게 된 것이다. 신구약 중간기 문헌에 유월절에 포도주를 마셨다는 기록이 나온다(희년서 49:6). 유월절에 포도주를 마시는 관습은 예수님이 오시기 훨씬 이전에 생긴 관습이다. 그 관습에 따라 예수께서도 유월절 만찬 때 포도주를 마셨던 것이다.

유월절을 상징하는 우표. 2002년 이스라엘 발행

예수님 당시에는 유월절 만찬시 포도주를 4잔 마셨다. 명절 분위기를 위해서 마신 것이 아니라, 한 잔 한 잔에는 의미가 담겨 있었다. 즉 출애굽기 6장 6~7절에 나오는 4가지 구원 약속을 한 가지씩 기억하며 마셨던 것이다. 이 중에 세 번째 잔은 "구원의 잔"이라고 불렀으며, "나는 너희를 구속하리라"는 말씀을 기억하며 마셨다. 네 번째 마지막 잔은 "완성의 잔"이라고 불렀으며, "너희를 나의 백성으로 삼고 나는 너희의 하나님이 될 것이다"는 말씀을 기억하며 마셨다.

예수께서는 세 번째 잔을 마시면서 "이것은 내가 너희를 위하여 흘리는 바 나의 언약의 피다. 받아 마셔라"고 하셨다. "구원의 잔"을 마실 때, 예수님은 구원을 위해 자신의 피를 흘리실 것을 말씀하신 것이다. 이 잔을 마신 후 하나님의 나라에서 새 포도주를 마실 때까지 더 이상 포도주를 마시지 않겠다고 하셨다(마 26:29).

네 번째 마지막 잔은 드시지 않은 것이다. 마지막 마시는 "완성의 잔"은 이 땅에서 마시지 않고 하나님의 나라에서 마시겠다고 하셨다. 구원의 완성은 하나님의 나라에서 이루어지기 때문이다(마 26:29; 계 3:20, 19:6~9).

부활 후에 예수께서 “열두 제자”에게 나타나셨다고 하는데

“많은 제자들을 만들라”고 하는 것은 제자들에 대한 모든 랍비들의 가장 큰 바람이었다(Pikre Aboth 1:1). 많은 사람들이 자신의 가르침을 따르고 그대로 행하기를 원하는 것은 당연한 일이었다. 전승에 의하면 사도 바울의 스승이었던 가말리엘은 1천 명의 제자들을 두었다고 한다. 예수께서 제자들에게 주신 지상 명령도 모든 족속으로 제자를 삼으라는 것이었다(마 28:19).

그러나 예수께서는 12명만을 제자로 삼으셨다. 성경에서 이 12명의 그룹에 대한 최초의 언급은 고린도전서 15장 5절에 나타난다. 바울은 여기에서 12제자 그룹을 단순히 “열둘(The Twelve, 한글 성경에서는 “열두 제자”로 옮겼다)”이라고만 지칭하고 있다.

사도행전 6장 2절에서도 그들을 단순히 “열둘(The Twelve)”이라고 표현하고 있다. 이것은 당시의 기독교인들에게 이러한 용어가 익숙해 있었음을 보여 주는 것이다. “열둘”이라고 할 때 기독교인들은 “열두 제자(사도)"를 뜻하는 것임을 알고 있었던 것이다.

예수께서는 의도적으로 열두 사람을 제자로 택하셨다. 이는 12라는 숫자가 유대인들에게 상징하는 바와 예수님의 사역이 밀접한 관련이 있었기 때문이다. 유대인들에게 있어서 12는 상당히 상징적인 숫자이다. 이스라엘은 12지파로 이루어져 있었다. 그러나 예수님 당시에는 10지파는 사라졌고 2지파(유다, 베냐민)만 남아 있었다. 다른 지파는 주전 722년, 사마리아가 멸망당할 때 뿔뿔이 흩어지고 말았던 것이다.

그래서 유대인들은 메시아가 임하는 때에 흩어졌던 모든 지파들이 다 예루살렘으로 다시 모여들 것이라고 기대하고 있었다. 12지파의 회복이 그들의 종말론의 핵심을 이루고 있었던 것이다(Sanders, Jesus and Judaism). 이러한 사상은 신구약 중간기 문헌과 사해 사본 가운데 잘 반영되어 있다(시락서 35:11, 48:10; 바룩 4:37, 5:5; 마카비하 1:27~28, 2:18; 희년서 1:15; 솔로몬의 시편 11:2~3, 17:28~31, 17:50; 1QM 2:2~3; 2QT 8:14~16, 57~5~6).

이렇게 12지파의 회복에 대한 강렬한 기대를 갖고 있는 유대인들에게, 예수께서는 12지파를 상징하는 12제자를 택하심으로(참조. 마 19:28), 하나님의 나라가 그들 가운데 이미 임하였음을 보여 주셨다. 말하자면 12제자들은 예수님의 메시지의 핵심이었던 "하나님의 나라"에 대한 "가시적인 선포(visual proclamation)"였다. 예수께서는 결코 12명의 그룹이 숫자적으로 적당한 규모였기 때문에 12명을 택하신 것이 아니었다. 예수께서는 열두 사람을 제자로 택하심으로써, 자신의 메시아성과 하나님 나라의 임재, 그리고 종말의 도래를 상징적으로 선포하셨다.

이 12라는 숫자가 초대교회에서 얼마나 중요한 역할을 했는지는 고린도전서 15장 5절에서 발견할 수 있다. 여기에서 바울은 부활하신 그리스도께서 "열둘(열두 제자)"에게 나타나셨다고 한다. 그러나 생각해 보라. 부활하신 예수께서는 12제자에게가 아니라 열한 제자에게 나타나셨다고 해야 맞다. 이미 가룟 유다는 빠져 버렸고, 아직 유다의 자리를 보선하지 않은 상태였기 때문이다. 그러나 바울은 11제자에게가 아니라 "열둘"에게 나타나셨다고 기록하고 있다. 그러면 바울이 실수를 한 것일까?

그렇지 않다. 초대 교인들에게는 11명이냐 12명이냐 하는 사실적인 숫자가 중요한 것이 아니었다. 바울이나 당시의 사람들에게 있어서는 실제적인 숫자보다 "열둘"이 상징하는 바가 더 중요했다. 그래서 그들은 열두 제자를 "열둘"이라고 불렀던 것이다. "열둘"은 바로 사도들을 의미하는 용어였기 때문에 부활하신 예수님이 "열둘"에게 나타나셨다고 한 것이다.

예수께서 승천하신 다음 초대 교인들이 가장 먼저 한 일이 무엇이었는가? 열둘에서 빠져나간 하나를 채우는 일이었다. 즉 가룟 유다 자리를 대신할 사람을 선택하는 일이었다. 꼭 그 자리를 채워야 할 이유라도 있었을까? 그 일이 그렇게 중요한 일이었는가? 열한 명이나 열두 명이나 무슨 차이가 있는가? 열한 명으로는 힘이 부족하니까 한 명을 더 뽑으려고 했던 것일까? 아니다. 12라는 숫자를 채우기 위해 한 명을 더 뽑았던 것이다.

"맛디아가 뽑혀서 열한 사도와 함께 사도의 수에 들었다"(행 1:26).

주목할 만한 사실은 이때 선택된 맛디아는 그 이후로는 성경에 그의 활동상에 대하여 한 번도 언급이 되지 않는다는 점이다. 그럼에도 불구하고 사도행전이 12에서 빠져 버린 한 사람을 채우는 일부터 시작하고 있다는 사실은, 예수님과 마찬가지로 초대교회도 12라는 상징적인 숫자를 상당히 중요시했음을 잘 보여 주는 것이다.

그러면 12제자만이 늘 예수님과 함께 다녔는가? 그렇지 않다. 12제자 이외에도 늘 12제자들처럼 예수님을 따라다닌 사람들이 많이 있었다. 예수께서 12제자만을 데리고 다니신 것은 아니었다. 가룟 유다를 대신할 사람을 뽑을 때 제자들은 "주 예수께서 우리와 함께 지내시는 동안에, 곧 요한이 세례를 주던 때로부터 시작해서 예수께서 우리를 떠나 하늘로 올라가신 날까지 늘 우리와 함께 다닌 사람들 가운데" 한 사람을 뽑아야 한다고 자격 조건을 제시했다(행 1:21~22). 그리고 그 가운데서 둘을 천거하여 맛디아가 뽑히게 되었던 것이다.

예수께서 공생애를 시작하실 때부터 제자들 외에도 예수님과 함께 항상 같이 다녔던 사람들이 많이 있었음을 알 수 있다. 그들은 제자와 다를 바가 없었으나, 제자라고 불리지 않았다. 오직 12명만이 제자라고 불렸던 것이다. 여기에서 우리는 다시 한 번, 12제자를 선택하신 예수님의 의도를 발견하게 된다.

왜 벗고 있다가, 옷을 입고 물 속으로 뛰어들었을까?

베드로는 정확히 3년 만에 주섬주섬 그물을 챙겨들었다. "나는 고기나 잡으러 가야겠다." 그러자 다른 제자들도 같이 가자고 따라나섰다. 이렇게 해서 7명의 제자들은(나다나엘은 제자가 아니었지만, 제자들과 함께 고기를 잡았다) 두 배에 나누어 타고 밤새도록 그물을 던져 고기를 잡았다. 그러나 한 마리도 잡지 못한 채, 동이 터오자 밖으로 나왔다.

그때 저만큼 호숫가에 희미하게 보이는 한 사람이 있었다. 요한은 한눈에 그를 알아보았다. 예수님이셨던 것이다. "주님이시다" 하고 그는 외쳤다. 그런데 갑자기 풍덩하는 소리와 함께 누군가 물 속으로 뛰어들었다. 그리고 90미터나 되는 거리를 헤엄쳐서 호숫가로 나갔다. 다른 제자들은 배를 저어 나오고 있는 사이에, 베드로는 그 사이를 못 참고 바다로 뛰어들어 헤엄쳐 먼저 예수께로 갔던 것이다(요 21:7~8).

여기서 베드로와 요한의 성격 차이를 보게 된다. 요한이 예수님을 먼저 보았으나, 예수께 먼저 간 사람은 베드로였다. 예루살렘에서도 그와 비슷한 일이 있었다. 예수님의 무덤을 방문했던 막달라 마리아가 헐레벌떡 달려와, 예수님의 무덤이 열렸고 시신이 없어졌다는 소식을 제자들에게 알려 주었다. 그러자 베드로가 그 말이 떨어지기가 무섭게 후닥닥 무덤을 향해 뛰어갔다. 이어서 요한도 달려갔다.

요한이 먼저 무덤에 도착했다. 그러나 요한은 무덤에는 들어가지 않고 밖에서 무덤 안을 조심스럽게 들여다보고 있었다. 그러는 사이에 뒤따라온 베드로가 무덤 안으로 쏜살같이 직행했다. 요한이 먼저 무덤에 도착했지만, 무덤에 먼저 들어간 자는 베드로였다. 요한은 무덤 문 앞에서, 안에서 무슨 일이 일어났는가 조심스럽게 들여다보고 있는 사이에, 베드로는 앞뒤 가리지 않고 무덤 안으로 달려들어갔다.

다시 돌아가서, 베드로는 예수님을 보자마자 바다 속으로 뛰어들었다. 그런데 이상한 것은, 옷을 벗고 있다가 겉옷을 챙겨 입고 물 속으로 뛰어들어갔다는 것이다(요 21:7). 이상하지 않는가? 물 속에 뛰어들 때는 입고 있던 옷도 벗어야 하는데, 베드로는 거꾸로 옷을 벗고 있다가 겉옷을 챙겨 입고 물 속으로 뛰어들었다. 어떻게 이해를 해야 하는가? 베드로가 옷을 홀랑 벗고 고기를 잡고 있었다는 말인가? 그랬다고 할지라도 왜 옷을 입고 바다에 뛰어들었을까?

요한복음 21장은 갈릴리 호수에서의 고기잡이 풍경을 잘 보여 주고 있다. 사람들은 주로 밤중에 고기를 잡았다. 그리고 함께 그물을 이용해서 고기를 잡았다. 밤새도록 고기를 잡다가 동이 트면 호숫가로 나온다. 이렇게 해서 거두어들인 수확은 대개 똑같이 나누었다.

갈릴리 호수에서는 밤에 남자들만이 고기를 잡았다. 밤새도록 물과 싸우는 것이 어부들의 일과이다. 옷은 입으나마나였다. 금방 젖기 때문에 입을 필요가 없었는지도 모른다. 특히 여름철 같은 때는 덥기 때문에 옷을 입지 않고 고기를 잡았다. 남자들끼리 일을 했기 때문에 옷을 벗어도 상관이 없었을 것이다. 바로 이러한 고기잡이 풍경을 요한복음은 잘 보여 주고 있다. 베드로도 옷을 다 벗고 고기를 잡고 있었던 것이다.

그런데 예수님이 오셨다는 말을 듣고는 겉옷을 입고 물 속으로 뛰어들었다. 벗은 몸으로 예수님 앞에 나타날 수는 없는 일 아닌가? 그래서 그 와중에도 겉옷을 입고 물 속으로 뛰어들었던 것이다.

내가 잘못 알았던 127가지 성경 이야기

어, 그게 아니네?

1판 1쇄 발행 _ 2004년 4월 15일
1판 5쇄 발행 _ 2019년 5월 25일

지은이 _ 이진희
펴낸이 _ 이형규
펴낸곳 _ 쿰란출판사

주소 _ 서울특별시 종로구 이화장길 6
편집부 _ 745-1007, 745-1301~2, 747-1212, 743-1300
영업부 _ 747-1004, FAX 745-8490
본사평생전화번호 _ 0502-756-1004
홈페이지 _ http://www.qumran.co.kr
E-mail _ qrbooks@gmail.com / qrbooks@daum.net
한글인터넷주소 _ 쿰란, 쿰란출판사
등록 _ 제1-670호(1988.2.27)
책임교열 _ 임영주•김현경

 ISBN 979-11-6143-255-7 93230